Avis, Mein Weg nach oben

MEIN WEG NACH OBEN

Das Geheimnis des unternehmerischen Erfolgs

von
Warren Avis

Rudolf Haufe Verlag
Freiburg im Breisgau

CIP-Kurztitelaufnahme der Deutschen Bibliothek

Avis, Warren:
Mein Weg nach oben: d. Geheimnis d. unternehmer. Erfolgs / von Warren Avis. [Einzig berecht. Übers. aus d. Amerikan. von Erwin Schuhmacher]. – Freiburg im Breisgau: Haufe, 1987.
Einheitssacht.: Take a chance to be first ‹dt.›
ISBN 3-448-01794-9

ISBN 3-448-01794-9 Bestell-Nr. 01.23

Einzig berechtigte Übersetzung aus dem Amerikanischen von Erwin Schuhmacher.

Titel der Originalausgabe: „Take a Chance to Be First"

Umschlagentwurf: Philippe Dudek, Freiburg i. Br.

Satz und Druck: Rombach: Druckhaus KG, Freiburg i. Br.

Vorwort

Es wäre unmöglich, jedem einzeln zu danken, der zu diesem Buch einen Beitrag geleistet hat. Einige besondere Dankesworte sind jedoch angebracht. Im Laufe der Jahre haben viele Personen prägend auf mein Berufsleben und meine Sachkenntnis eingewirkt, darunter Bankiers, Buchhalter, Geschäftspartner und andere Unternehmer. Besonders zu Dank verpflichtet bin ich jedoch Sid McNiece, mein Freund und langjährigen Geschäftspartner, für seinen immerwährenden Rat und seine Unterstützung. Viele der auf den folgenden Seiten beschriebenen Erfahrungen wären ohne seine Hilfe und Anleitung nicht möglich gewesen.

Auch die Beiträge von William Proctor zu diesem Buch schätze ich sehr. Während der vielen produktiven Stunden, die wir in guter Zusammenarbeit beim Redigieren des Textes verbrachten, hatte ich die Gelegenheit, die Geschäftsprinzipien, die mich in der Vergangenheit implizit geleitet haben, noch stärker herauszustellen. Zugleich hat Bill seinen eigenen Worten nach dabei selbst viel gelernt, nicht nur über das Einmaleins meiner Geschäftsmethoden, sondern auch über die Vorteile, die es mit sich bringt, wenn man den Auftrag, ein Buch zu schreiben, wie ein unternehmerisches Projekt anpackt. Ihn und seine Lektoratskollegin Kim Flowers muß ich vor allem für ihre Fähigkeit loben, dem Buchprojekt auch während der Phase der technischen Durchführung ganz nahe zu bleiben, die meines Erachtens für den Erfolg jedes Unternehmens ganz entscheidend ist.

Ferner stehe ich in der Schuld der vielen Freunde und Kollegen, die das Manuskript in den verschiedenen Stadien seines Zustandekommens gelesen und mit wertvollen Anregungen versehen haben. Ganz besonders dankbar bin ich Professor Vittorio de Nora für seine Anregungen und Kommentare.

Schließlich möchte ich meiner Frau Yanna für ihre Hilfe und Geduld bei der Lektüre und Beurteilung des Manuskripts danken, nicht zuletzt dafür, daß sie meine alles Privatleben verschlingende Inanspruchnahme durch das Buchprojekt zu verschiedenen Zeiten geduldig hingenommen hat.

Warren Avis

Inhaltsverzeichnis

Seite

1. Kapitel

Unternehmer sein – das große Abenteuer

„Man erzählt, . . . einer der Took-Vorfahren müsse vor langer, langer Zeit eine Fee zur Frau genommen haben. Das war natürlich absurd. Aber ganz gewiß gab es in dieser Familie etwas, was nicht völlig in die Art der Hobbits paßte, und gelegentlich brachen Angehörige des Took-Clans auf, um in der Ferne Abenteuer zu erleben. Sie verschwanden klammheimlich, und die Familie vertuschte das. Die Tatsache bleibt bestehen, daß die Tooks nicht so respektabel waren wie die Baggins, obwohl sie zweifellos wohlhabender waren.“
J. R. R. Tolkien
Der kleine Hobbit

Als ich mich zum ersten Mal ins Geschäftsleben stürzte, wollte ich fünf Ziele erreichen:

- Ich wollte eine Menge Geld verdienen
- Ich wollte ein aufregendes Leben führen
- Ich wollte mein eigener Herr sein
- Ich wollte der Beste sein bei allem, was ich unternahm
- Ich wollte einen Beitrag zum Wohle der Gesellschaft leisten.

Von Anfang an tat ich alles, was legitim war, um diese Ziele zu erreichen. Um es mit den Worten von Plunkett von Tammany Hall auszudrücken: „Ich erkannte meine Chancen und hab sie beim Schopf gepackt." Kurz gesagt, ich stürzte mich Hals über Kopf in mein ganz persönliches Abenteuer im rauhen, aber aufregenden Territorium des freien Unternehmertums.

In späteren Jahren war Geld kein vorrangiges Motiv mehr, und das Verlangen nach Kreativität und bedeutsamen Dienstleistungen für andere trat in den Vordergrund. Doch blieb dabei der Wunsch, Abenteuer zu erleben, unabhängig zu sein und als erster im Ziel anzukommen, sehr stark – so stark jedenfalls, daß ich an nicht weniger als zwanzig bis dreißig Unternehmen als Hauptaktionär beteiligt war, darunter die Avis Rent-A-Car.

Inzwischen ist mir auch klar geworden, daß der Unternehmer die ganz besondere Spezies eines amerikanischen Helden ist, jemand, dem viele gerne nacheifern würden, wenn sie nur wüßten, wie. Ein ganz auf sich selbst gestellter, unabhängiger Geschäftsmann zu sein, ist eine mögliche Lösung für den tiefsitzenden Drang nach persönlicher Freiheit. Wie aufregend unser Leben Außenstehenden auch erscheinen mag, wir selbst finden es oft monoton. Deshalb suchen wir ständig nach Möglichkeiten, aus einengenden Formen auszubrechen und den Fesseln unserer täglichen, sich stets wiederholenden und oft langweiligen Verantwortlichkeiten zu entkommen.

Kurz gesagt – wir suchen das Abenteuer.

Einige Leute geben sich mit Abenteuern im Geist zufrieden. In Filmen, Büchern oder einfach Tagträumen werden sie zu ruhelosen Jetset-Angehörigen, prahlerischen Glücksrittern oder bezaubernden femmes fatales. Die Bogart-Bacall Flucht vom Lehnstuhl aus in die Phantasie stärkt sie dann zwischendurch für die erneute Begegnung mit häuslicher oder beruflicher Langeweile.

Viele Menschen jedoch begnügen sich nicht mit geistigen Abenteuern. Für sie mögen die vielleicht der *Anfang* sein, doch müssen sie genau wie der Took Clan in Tolkiens klassischem Roman *Der Kleine Hobbit* auch praktisch etwas unternehmen. Schließlich ist das die Art und Weise, wie die Geschichte der Menschheit voranschreitet, wie Legenden und echte Helden entstehen.

Jedes Zeitalter hat seine abenteuerlustigen Aktivisten, die einen Weg finden, ihre besondere Rolle in der Welt der Wirklichkeit zu spielen. Früher waren es die spanischen Eroberer, die englischen Freibeuter, die Samurai, die amerikanischen Pioniere des Wilden Westens, furchtlose Söldner oder unruhestiftende Sektierer. Heute finden wir sie in jener besonderen Gruppe von Unabhängigen, die wir Unternehmer nennen.

Die meisten Historiker stimmen darin überein, daß die Blütezeit des freien amerikanischen Unternehmertums so richtig erst im späten 18. und frühen 19. Jahrhundert begann. Zwar waren schon vorher ökonomische Freigeister in den Kolonien der Neuen Welt am Werk gewesen. Festen Boden zur Entwicklung ihrer hochfliegenden Träume fanden Unternehmer jedoch erst, als die Vereinigten Staaten formell konstituiert waren und durch die Gesetzgebung das unabhängige Unternehmertum begünstigten.

Von diesem Augenblick an war die Bühne bereitet für die aufregendsten massenhaften Geniestreiche aller Zeiten, für das große unternehmerische Abenteuer. In seinem klassischen Werk *Die Demokratie in Amerika* berichtet der französische Beobachter Alexis de Tocqueville nach seiner Reise in die Vereinigten Staaten in den 1830er Jahren über die ersten Phasen dieser Entwicklung: „In Demokratien gibt es nichts Großartigeres oder Brillanteres als den Handel. Er zieht die Aufmerksamkeit der Öffentlichkeit auf sich und belebt die Einbildungskraft der Massen; alle energetischen Leidenschaften zielen auf ihn . . ."

Tocqueville erläutert dann das Phänomen des freien Unternehmertums mit Hinweisen auf die berauschende Wirkung des finanziellen

Risikos: „Wer inmitten dieser demokratischen Fluktuationen lebt, hat stets das Bild der *Chance* vor seinen Augen und schließlich begeistert er sich für jede Tätigkeit, bei der die Chance eine Rolle spielt. So werden die Menschen dazu verleitet, sich dem Geschäftsleben zuzuwenden, nicht nur wegen des lockenden Profits, sondern aus Lust an der ständigen *Erregung,* die diese Betätigung auslöst."

Das war eine Zeit fieberhaften und höchst gewinnbringenden Spaßes. Aber wie alle schönen Dinge konnte auch die Blütezeit des freien Unternehmertums nicht ewig dauern. Für viele begann schon vor etwa zwanzig Jahren das Sterbeglöckchen des amerikanischen Unternehmers zu läuten. So mancher hatte den großen Helden schon feierlich zu Grabe getragen – mit allen Ehren, Zapfenstreich und sonstigem Klimbim.

Unbestreitbar hatte der Unternehmer unendlich viel zur Entwicklung des amerikanischen Systems freier Wirtschaft beigetragen, ganz zu schweigen von der früheren Position der Vereinigten Staaten in der Weltwirtschaft. Die Bürger waren in einem Maße wohlhabend geworden wie nie zuvor in der Geschichte – und das zumeist durch diesen brillanten, unabhängigen Emporkömmling. Er hatte zahllose finanzielle Kriege durchgestanden, aus denen er schließlich mit einem ganz besonderen Flair als Sieger hervorgegangen war.

Doch das war Schnee von gestern. Die Zeit des Unternehmers war jetzt vorbei. Er war ein Anachronismus. Man hatte ihn ja bereits für tot erklärt, mausetot.

Trotz des Pessimismus vieler Finanzmagnaten in den fünfziger und sechziger Jahren unseres Jahrhunderts war *ich* davon *nicht* überzeugt. Ich glaubte immer noch an die Lebenskraft des Unternehmers. Schließlich *bin* ich ja einer von dieser Sorte.

Doch so einfach war das nicht. Ich erinnere mich noch lebhaft hitziger Debatten in jenen Tagen über die Zukunftsaussichten des kleinen Geschäftsmannes. Einer meiner Hauptgegner war ein guter Freund, einer der führenden Psychologen der Welt.

„Echte Forschung wird nur noch ganz oben von den großen Konzernen betrieben", argumentierte er. „Die haben den größeren Mitarbeiterstab und die besten Teams für Forschung und Entwicklung. Den kleinen Mann hat man einfach an die Wand gedrückt."

In mancher Hinsicht war das ein zwingendes Argument. Vor zwanzig oder dreißig Jahren schien es wenig handfeste Kerle zu geben, die es fertig brachten, einen Betrieb in einer privaten Garage zu gründen und ihn dann zu einem Unternehmen mit einem Umsatz von mehreren Millionen Dollar auszubauen. Auch Experten wie John Kenneth Galbraith in seinem 1967er Bestseller *The New Industrial State* stellten fest, der freie Unternehmer werde in seiner bisherigen Stellung als an vorderster Front stehender Wirtschaftsführer durch das auswuchernde Management gigantischer Konzerne abgelöst.

An einigen dieser Beobachtungen war zweifellos etwas Wahres. Dennoch hatte ich das unbestimmte Gefühl, ich wäre nicht dazu verdammt, der letzte einer aussterbenden Spezies zu sein. Irgend etwas sagte mir, der freie Unternehmer werde in voller Kraft wieder auferstehen. Zwar wußte ich nicht, wann oder wie das geschehen würde, nur daß es geschehen würde, dessen war ich absolut sicher. Und so kam es auch.

Wie ein Phoenix, der jugendlich und frisch aus der eigenen Asche aufsteigt, stürmte der amerikanische freie Unternehmer in den jüngst vergangenen Jahren wieder auf die Szene, und zwar mit einer neuen Lebenskraft, die in der ganzen Welt Aufregung und Nachahmungsdrang erweckte. Mit wegweisenden Hightech- und Computerindustrien brachen gewissermaßen über Nacht winzige Einmann-Unternehmen aus ihren Startlöchern auf.

Die Nachrichtenmedien haben über diese unglaubliche Auferstehung, die ein neues Zeitalter freien Unternehmertums einleitete, ausführlich berichtet. Um einen leichten Geschmack von dem zu bekommen, was da geschehen ist, braucht man sich nur eine Auswahl von Schlagzeilen anzusehen. Die dazugehörigen Berichte stammen aus so unterschiedlichen Quellen wie *The New York Times, Reader's Digest, The Wallstreet Journal, The Christian Science Monitor, Business Week, Forbes, Fortune,* und so weiter.

„Neuer Pioniergeist weht in der Wirtschaft: Angesport durch neue Technologien und Risikokapital haben Unternehmer sich neue Märkte erschlossen und Millionen verdient."

„Amerikas dynamische freie Unternehmer ... risikofreudig schaffen sie zwei Drittel aller neuen Jobs."

„Das Schweden von heute schaut auf seine Unternehmer."

„Unternehmer in China ergreifen schnell ihre Chance, trotz offizieller Bremsen und Feindseligkeit."

„Neugegründete Unternehmen blühen in Japan auf."

Die Liste solcher Schlagzeilen ließe sich endlos fortsetzen. Es ist augenfällig, daß wir auf dem Kamm einer Welle des Unternehmertums dahineilen. Der amerikanische Unternehmer reitet wieder scharfen Galopp und wirft jedem den Fehdehandschuh hin. Alle, die eine Extraportion Mut besitzen und dazu vom nagenden Gefühl beherrscht werden, sie müßten aus der monotonen Routine des Lebens ausbrechen, ruft er auf, mit einer aufregenden und einträglichen Idee an ihn heranzutreten und mit ihm gemeinsam das große Abenteuer zu suchen!

Im tiefsten Innern *möchte praktisch jeder ein freier Unternehmer sein.* Ich habe noch keinen Gehalts- oder Lohnempfänger getroffen, der sich nicht danach sehnt, sein eigener Herr zu sein und, statt für jemand anderen, für sich selbst zu arbeiten. Ob Mann oder Frau, jung oder alt – jeder träumt von dieser Art Unabhängigkeit.

Natürlich bewegt eine Vielzahl von Faktoren den Menschen, seinen eigenen Weg zu suchen. An erster Stelle steht das Verlangen nach mehr persönlicher Macht, nach Entkommen aus Armut, nach dem Aufbau eines persönlichen Vermögens und nach Unabhängigkeit. Erwähnenswert ist aber auch die Herausforderung, „einen weiteren Berggipfel zu erklimmen"; dazu kommen Mangel an gesellschaftlicher Akzeptanz, ein Gefühl der Unterlegenheit, das Verlangen nach mehr Kreativität, der innere Zwang, anderen zu helfen, der feste Entschluß, „meine Kinder sollen es einmal besser haben, als ich selbst es hatte".

Kurz gesagt, die Motive sind so verschieden wie die Individuen. Allen gemeinsam ist jedoch das tiefe Bedürfnis, zumindest über einen wichtigen Teil des eigenen Lebens selbst zu verfügen. Wer so ist, wie die meisten anderen Menschen, der möchte sein eigenes Brikett Torf stechen und dann eine führende Persönlichkeit werden – vielleicht sogar die *Nummer Eins* – in dem persönlichen Herrschaftsbereich, den er mit eigener Intelligenz und eigener Kraft geschaffen hat.

Natürlich ist es ein gewaltiger Sprung vom Erfolgs*wunsch* zum tatsächlichen Erreichen des Zieles. Daher habe ich auf den folgenden Seiten versucht, am Beispiel meiner eigenen Erfolge und Fehler die praktischen Implikationen der unternehmerischen Persönlichkeit zu verdeutlichen.

Dabei muß ganz speziell folgendes begriffen werden:
- Welche ganz entscheidenden persönlichen Eigenschaften ein erfolgreicher Unternehmer besitzen muß;
- Was es wirklich bedeutet, in einem selbstgewählten Bereich führend zu sein;

- Das grundlegende Geheimnis, ein erfolgreiches Unternehmen zu starten;
- Vorteile und Fallgruben der Zusammenarbeit mit einem Partner;
- Wie man die „Mega-Dollar-Grenze“ zum wirklich „Großen Geld“ überwindet;
- Warum Einzelgänger lausige Unternehmer abgeben;
- Wie man die juristischen Verstrickungen des Unternehmertums vermeidet;
- Einige Lehren aus den Erfahrungen mit Avis Rent-A-Car;
- Implikationen aus meinen Fehlern (fast jede Wolke hat einen Silberstreifen; man muß nur wissen, wo man ihn suchen soll!)
- Die entscheidenden Axiome für Unternehmer.

Beginnen wir jetzt unsere Erforschung der draufgängerischen Unternehmerpersönlichkeit mit einer persönlichen Note – meinen eigenen Erfahrungen bei der Gründung von Avis Rent-A-Car.

2. Kapitel

Das Abenteuer Avis Rent-A-Car

„Ein Mann reist um die ganze Welt auf der Suche nach dem, was ihm vorschwebt. Und als er nach Hause zurückkehrt, findet er es."
Georg Moore
The Brook Kerith, 1916

Ein Unternehmer mag in seiner Laufbahn ganze Serien bedeutender geschäftlicher Erfolge zu verzeichnen haben. Gelegentlich wird es darunter ein oder zwei Gipfelleistungen besonderer Art geben. Genau das geschah, als ich das große Glück hatte, noch während meiner turbulenten zwanziger Lebensjahre das Konzept von Avis Rent-A-Car zu formulieren.

Es war eine sehr abenteuerliche Zeit, die mich auf diesen unternehmerischen Gipfel beförderte. Zugleich erschloß diese Erfahrung mir wichtige Grundsätze, die ich seither stets beherzigt habe.

Das Konzept, Leihwagen auf Flughäfen zur Verfügung zu stellen fiel mir erstmals ein, als ich im Zweiten Weltkrieg Kampfflieger bei der US-Luftwaffe war. Damals war ich viel im eigenen Lande wie im Ausland und in den Kriegsgebieten unterwegs. Wo immer ich ankam, niemals fanden meine Crew und ich anständige Transportmöglichkeiten auf dem Boden. Nach der Landung mußten wir oft ein Taxi zu einer vielleicht fünfzig Meilen entfernten Stadt suchen. Manchmal transportierten wir in den Bombenschächten unserer Flugzeuge sogar Motorräder, damit wir uns nach der Landung frei bewegen konnten.

Zu jener Zeit gab es überhaupt keine Möglichkeiten, auf den Flughäfen einen Wagen zu mieten. Das Hertz-System hatte sich in vielen Städten des Landes etabliert – jedoch nicht auf den Flughäfen. Und in den Jahren 1946 und 1947 haben reisende Geschäftsleute noch nicht so oft Wagen gemietet. Mietwagenbüros befanden sich in Garagen von Nebenstraßen und boten alte Schlitten als „fahrbereit" an. Kreditkarten für diesen Zweck waren unbekannt. Während einer Geschäftsreise einen Wagen zu mieten, konnte sehr mühsam sein. Für die Fahrt mit dem Taxi vom Flughafen zu einer Mietgarage und die Suche nach einem passenden Gefährt brauchte man gewöhnlich ein bis zwei Stunden. Dann dauerte es wieder stundenlang, das Fahrzeug zurückzugeben und mit dem Taxi zum Flughafen zurückzukehren.

Es galt also eindeutig ein geradezu schreiendes Bedürfnis zu befriedigen, wenn die nationalen und internationalen Fluggesellschaften den Geschäftsleuten rund um die Welt eine wirksame Dienstleistung anbieten wollten. Manchmal benötigte ich mehr Zeit, um vom Flughafen zu einer Mietgarage und von dort zu meinem Hotel zu gelangen, als für die ganze Flugreise.

Die Idee begann noch während meines Dienstes in der Luftwaffe Gestalt anzunehmen. Ich dachte weiter darüber nach und entwickelte sie. Mir war dabei folgendes klar: Wer ein Mietwagensystem auf Flughäfen einrichten wollte, mußte es landesweit tun. Passagiere, die in einen beliebigen Teil unseres Landes flogen, mußten wissen, daß ihnen an jedem größeren Landeplatz ein Mietwagen zur Verfügung stehen würde. Ohne ein nationales Image und Netz würde das Konzept viel von seinem „Aha-Effekt" verlieren und konnte sogar scheitern.

Es gab jedoch ein beträchtliches Startproblem für mich. Damals fand man auf keinem Flughafen ein nationales Mietwagenbüro. Niemand hatte bisher versucht, so etwas einzurichten. Alle, auch die Manager von Hertz, hielten das für unmöglich. Es bedurfte also eines umfassenden öffentlichen Informations- und Schulungsprogramms, um die Idee dem Kunden zu vermitteln und die Nachfrage anzuregen.

Hinderlich war ferner folgendes: Die meisten Leute, denen ich meine Idee mit der Bitte um Rat oder Hilfe vortrug, erklärten schlichtweg, dieses Konzept werde nie funktionieren. Die Einwände umfaßten die ganze denkbare Bandbreite negativen Denkens. Man sagte, es werde unmöglich sein, ein landesweites Mietwagensystem zu kontrollieren. Bei den Geschäftsleuten werde es nicht genug Nachfrage geben. Die Kosten für den Kauf und die Wartung der Fahrzeuge würden jeden Profit aushöhlen. Was immer man sich ausdenken konnte, die Neinsager warfen es mir an den Kopf. Ich nehme an, viele dieser Argumente haben seinerzeit Hertz bewogen, sich von den Flughäfen fernzuhalten.

Ich dagegen war ganz sicher, daß die Sache funktionieren würde – so sicher, daß ich zehntausend Dollar meines eigenen hart verdienten Geldes in das Mietwagenkonzept steckte, um es in Gang zu bringen. Ich lieh mir weitere 75 000 Dollar, für die ich persönlich bürgte. Das war Ende der 1940er Jahre eine Menge Geld für einen gerade flügge werdenden Jungunternehmer. Doch hatte ich gerade für einen solchen Zweck Geld auf die hohe Kante gelegt. Die Entscheidung, „in mich selbst zu investieren", war ein Teil meiner persönlichen Philosophie, freies Geld stets für mich arbeiten zu lassen.

Für mein Mietwagenkonzept hatte ich zunächst die Flughäfen Detroit Willow Run und Miami ins Auge gefaßt. Für Detroit entschied ich mich, weil ich dort viele Jahre gelebt hatte und das Gebiet wie meine Hosentasche kannte. Auch die Wahl von Miami war ganz natürlich, weil dort zu jener Zeit die zahlreichste Mietwagenkundschaft der ganzen Welt anzutreffen war. Die Leute flogen ständig geschäftlich oder zum Urlaub nach Florida, und eine stetig wachsende Zahl machte es sich zur Gewohnheit, in den großen Städten Autos zu mieten. Da schien es logisch, daß es auch viele Möglichkeiten für ein Projekt auf dem Flughafen geben werde. Aus diesem Grunde unterzeichneten wir Exklusivverträge mit Willow Run in Detroit und mit dem Flughafen Miami.

Zum Erziehungsprogramm für unsere Kunden gehörte, daß wir unsere Mietwagenbüros neben den Gepäckausgaben der Flughäfen einrichteten, wo die Passagiere etwa zwanzig Minuten auf ihr Gepäck warten mußten. An dieser Lokalität war sonst niemand geschäftlich interessiert, während sie für uns ideal war. Viele Leute wußten damals noch gar nicht, wie man einen Wagen mietet. Also nutzten wir die zeitliche Verzögerung der Gepäckauslieferung dazu, ihnen unser System zu erklären.

Natürlich ergaben sich beim Aushandeln aller Details mit den Flughafenverwaltungen viele Probleme. Wir diskutierten endlos, wo genau wir unser Büro einrichten durften, welche Art von Hinweisen wir wo anbringen durften und wo unsere Parkplätze sein sollten. Dank unserer Beharrlichkeit befanden sie sich stets auf dem Parkgelände genau gegenüber dem Haupttérminal.

Es waren aber auch viele interne Unternehmensfragen zu lösen: Wie sollten unsere Mietverträge textlich abgefaßt sein? Welche Art von Kfz-Versicherung sollten wir anbieten? Wie sollte das Personal in unseren Mietwagenbüros beschaffen sein, und wie sollten wir es schulen?

Da wir gerade erst in dieses Geschäft einstiegen, war ich damals in größere unmittelbare Verantwortlichkeiten eingebunden als praktisch zu jeder anderen Zeit meines Lebens. Ich unterzeichnete die Verträge mit den Flughafenverwaltungen, stellte persönlich viele unserer Mitarbeiter ein, managte die täglichen unternehmerischen Aufgaben und formulierte die Strategie der Ausdehnung unserer Geschäfte auf die anderen großen Flughäfen des Landes. Das einzige, was ich damals nicht tat, war persönlich am Mietwagenschalter zu sitzen!

Am Anfang war für uns nur ein halbes Dutzend Angestellte in den Flughafenbüros tätig. Das Geschäft wuchs jedoch so schnell, daß wir eine grundlegende Theorie für die Organisation unseres Unternehmens entwickeln mußten.

Die Aufgabe war klar: (1) Ich brauchte einen Plan, wie man die Einzelheiten aller Mietoperationen von einem zentralen Büro aus steuern konnte, und (2) wir mußten ein Arragement für die Vergabe von Lizenzen ausarbeiten. Das sollte uns die Möglichkeit verschaffen, die besten lokalen Mitarbeiter für uns zu gewinnen, die in zahlreichen Großstädten die Verantwortung für die täglichen Geschäftsvorgänge übernehmen konnten – eine notwendige Voraussetzung, unser Unternehmen zu einem wirklich nationalen und internationalen Betrieb auszubauen.

Ich entschied mich für diese Methode, weil wir weder die Zeit noch das Geld noch die Fähigkeiten hatten, eine komplette nationale Organisation ohne Lizenznehmer zu betreiben. Wir konnten niemals so schnell wachsen, wie wir es wünschten, wenn ich quasi im Handumdrehen alleine die volle Verantwortung für die Finanzierung, das Vermieten der Fahrzeuge und das Management eines landesweiten Mietwagensystems übernehmen sollte.

Erst viele Jahre später, nachdem ich Avis Rent-A-Car verkauft hatte, erfuhr ich von meinem größten Schnitzer im Umgang mit Lizenznehmern. Damals war ich recht vertrauensselig und naiv. Es dämmerte mir nicht einmal, daß einer von ihnen versuchen könnte, mich durch Meldung niedrigerer Einkünfte, als er wirklich vereinnahmte, zu betrügen. Auch meinte ich damals, es mir nicht leisten zu können, Buchprüfer zur Kontrolle meiner Filialen im ganzen Land einzusetzen. Außerdem wollte ich das gar nicht!

Dieses Verhalten erwies sich als falsch. Die Leute, die das Unternehmen von mir übernahmen, *haben* Buchprüfer eingesetzt. Dabei holten sie ein Vielfaches des Geldes herein, das sie den Buchprüfern bezahlen mußten. Mein großes Glück war es gewesen, daß die Firma Avis Rent-A-Car, solange sie mir gehörte, so schnell wuchs und so unglaublich erfolgreich war, daß meine Fehler kaum ins Gewicht fielen.

Nachdem wir unser System in Detroit und Miami eingerichtet hatten, explodierte unser Wachstum wie Dynamit. Wir handelten mit einem erstklassigen bereits in Miami tätigen Geschäftsmann einen Lizenzvertrag aus. Dann richteten wir Zweigstellen auf den Flughäfen von New York, Chicago, Dallas und Washington, D. C. ein.

Wir befolgten dabei recht einfache Grundregeln. Fanden wir in den Städten, mit deren Flughafenverwaltungen wir Verträge abschlossen, gute Mietwagenfirmen vor, dann brachten wir sie dazu, in unserem Namen auch das Flughafengeschäft zu übernehmen. Andernfalls stiegen wir selbst ein und organisierten den Betrieb alleine.

Als das Geschäft in der Anfangszeit noch gering war, konnten wir es uns nicht leisten, für jede Schicht an jedem Schalter einen Angestellten zu haben. Auch hatten wir noch nicht die Mittel, ihnen eine passende Dienstkleidung zu geben. Da Bargeld stets knapp war, mußte ich ständig neu entscheiden, wo ich sofort investieren und wo ich noch warten sollte.

Während der Anlaufzeit ergab sich ein interessantes Nebenproblem. Ich wollte die Schalter mit jungen Damen besetzen, zu deren Aufgaben es auch gehörte, die Kunden vom Schalterbereich zu den Parkplätzen unserer Mietwagen zu begleiten. Sie mußten dem Kunden auch erklären, wie das Mietsystem funktionierte, und ihm danach persönlich die Fahrzeuge übergeben.

Viele Leute meinten, junge Frauen könnten das nicht! Es zeigte sich jedoch schnell, daß Frauen für diese Tätigkeit genauso leistungsfähig sind wie Männer. Heute wird dieser Job praktisch nur noch von Frauen wahrgenommen, mit einer Einschränkung: Da die Kundschaft inzwischen mit dem System bestens vertraut ist, brauchen die jungen Damen die Kunden nicht mehr zu den Parkplätzen zu begleiten.

Die Beachtung aller dieser Einzelheiten und die sorgfältige Planung zahlten sich aus. Innerhalb von sieben Jahren entwickelte Avis sich zum zweitgrößten internationalen Mietwagenunternehmen. In den USA hatten wir Hunderte von Zweigstellen eingerichtet, und in Europa organisierten wir unseren Betrieb viele Jahre bevor Hertz überhaupt versuchte, dort Fuß zu fassen. Während der ersten drei Jahre war Hertz für uns überhaupt keine Konkurrenz. Diese Firma hielt sich zurück, weil ihre Manager fest damit rechneten, unser Flughafensystem werde fehlschlagen und ich würde pleite gehen.

Parallel zur explosiven Ausweitung unseres Geschäfts wurden wir schlagartig zu Pionieren in einer ganzen Reihe von damit zusammenhängenden Geschäftsbereichen, beispielsweise als Urheber des Kreditkartenkonzepts für Mietwagen.

Wieder riet mir alle Welt ab mit der Behauptung, ich würde dabei noch mein letztes Hemd verlieren, etwa weil wir zahllosen faulen Kunden zum Opfer fallen würden. Ich wußte jedoch, daß man Kundschaft am besten damit anzog, wenn man jedermann das Mieten eines Wagens so einfach wie möglich machte.

Um auch wirklich kreditwürdige Kunden anzulocken, brachten wir die Fluggesellschaften dazu, unsere Avis-Geschäftskarte gleichzeitig mit ihrer Flugkreditkarte zu übersenden. Für uns war das ein sicherer Schachzug. Für die Flugkreditkarte mußte der Kunde 450 Dollar Sicherheit hinterlegen; außerdem schrieben die Fluggesellschaften ihren Kunden Schecks gut. So konnten wir uns in ihr System der Überprüfung der Kreditwürdigkeit einschalten, was uns sehr viel Zeit und Kosten einsparte. Außerdem legten diese Gesellschaften ihren postalischen Benachrichtigungen ein Faltblatt mit der Beschreibung unseres Mietwagensystems bei.

Das waren damals wirklich noch geruhsame Zeiten für das Reisegeschäft. Wir arbeiteten Hand in Hand mit den Fluggesellschaften und entwickelten unsere Operationen gemeinsam. Unser Mietwagensystem verbesserte die Attraktivität von Flugreisen, und natürlich erschloß das Anwachsen des Luftverkehrs uns neue Geschäftsmöglichkeiten.

Angesichts dieser geradezu idyllischen geschäftlichen Situation könnte der Leser zu Recht fragen: „Was zum Teufel hat Hertz während dieser Zeit getan?"

Wie gesagt, wir wurden innerhalb von sieben Jahren zum zweitgrößten Mietwagenunternehmen der Welt. Das fünfundzwanzig Jahre alte Unternehmen Hertz, damals im Besitz von General Motors, blieb die Nummer Eins – aber *nicht* auf den Flughäfen. Diese Firma lehnte es hartnäckig ab, sich auf Flughäfen zu installieren, und hielt an ausschließlich innerstädtischen Filialen fest. Selbst angesichts unserer rasanten Entwicklung predigten die Hertz Manager überall im Land, unser System werde nicht funktionieren. Inzwischen saßen wir ihnen schon dicht auf den Fersen; aber sie warteten weiter ab, fest davon überzeugt, daß wir scheitern mußten.

Als wir nach drei Jahren das Gegenteil bewiesen hatten, fing Hertz an, sich zu bewegen, sprang auf den fahrenden Zug auf und begann alles nachzuahmen, womit wir Pionierarbeit geleistet hatten. Ich bin ehrlichen Herzens überzeugt, daß Hertz bis heute keine einzige eigene Idee im Mietwagengeschäft auf Flughäfen gehabt hat.

Während der Anfangsjahre unserer Wachstumsperiode, so hektisch sie auch war, habe ich niemals das Gefühl gehabt, die Kontrolle über unser Wachstum zu verlieren. Daß ich unsere explosive Geschäftsausweitung ziemlich gut im Griff hatte, verdanke ich einem: Wir bedienten uns sehr früh des Computers.

Dieses damals brandneue Hightech-Produkt versetzte uns in die Lage, Arbeit und Leistung jedes einzelnen Angestellten im ganzen Lande laufend zu kontrollieren. Die Analyse der Zahl der Mietverträge und der abgefertigten Kunden sagte uns genau, wieviele Angestellte zu welchen Zeiten an den Schaltern sein mußten.

Natürlich waren Computer noch sehr unhandlich und teuer, als wir in den fünfziger Jahren unsere Organisation aufbauten. Obwohl wir sie so frühzeitig einsetzten, erstellten wir viele unserer Analysen auf die alte Art. In vielen Fällen benutzten wir nur Papier und Bleistift, um zu errechnen, wieviele Mietverträge ein einzelner Angestellter pro Arbeitstag abwickeln konnte. Dann kalkulierten wir die Spitzenzeiten sowie die ruhigsten Stunden unserer Zweigstellen. An Hand dieser Informationen entschieden wir, ob wir das Personal einer Agentur aufstocken oder verringern sollten.

Ständig steigende Produktivität war stets das vorherrschende Ziel. Deshalb hielten wir während unserer Expansion stets Ausschau nach Mustern, aus denen sich das Leistungsniveau verschiedener Filialen ablesen ließ. Da stießen wir etwa auf eine Filiale irgendwo im Lande mit einem Jahresumsatz von 100 000 Dollar bei zehn Angestellten. In einer anderen Gegend brachten fünfzehn Angestellte nur denselben Umsatz. Das war Grund genug, die Arbeit dieser fünfzehn unter die Lupe zu nehmen.

In einigen Fällen stellte sich dann heraus, daß das Management inkompetent war, in anderen benötigte das Personal bessere Schulung. Gelegentlich hingen Schwierigkeiten beim Mietwagengeschäft mit rein lokalen Verhältnissen zusammen. Dann mußten wir entscheiden, uns entweder mit einer weniger gewinnbringenden Filiale abzufinden oder aber in Zusammenarbeit mit der Flughafenverwaltung einen besseren Platz für unseren Schalter zu suchen.

Manchmal waren die niedrigen Einkünfte aber auch eine Folge der Unehrlichkeit der Angestellten. Da machte die Filiale einen Umsatz von weit über 100 000 Dollar, meldete uns jedoch ein geringeres Einkommen, wobei das unterschlagene Geld in die Taschen der Angestellten floß. Wir versuchten, jedes auftretende Problem sofort zu identifizieren und zu korrigieren, so daß wir unser Wachstum und unseren Gewinn stets unter Kontrolle hatten.

Im Verlauf dieser Entwicklung ergab sich eindeutig, daß der reisende Geschäftsmann der Kunde war, der unsere Dienstleistung am meisten benötigte. Es war unser großes Problem, ihm das zu vermitteln und ihn zu überzeugen, unsere Dienste in Anspruch zu nehmen. Da wir nicht viel Geld für Werbung ausgeben konnten, mußten wir ständig kreativ sein. Deshalb setzte ich mich mit mehreren jungen, agressiven Managern in den Fluggesellschaften in Verbindung, darunter einige hochkarätige Verkaufsmanager.

Nebenbei gesagt: Mit den Jahren habe ich gelernt, daß es viel mehr einbringt, Leute im mittleren und gehobenen Management zu kennen, als direkt mit dem Mann an der Spitze zu verhandeln.

Natürlich habe ich viele Topleute gekannt, ebenso die volkstümliche Redensart: „Hast du den obersten Chef in der Tasche, dann fallen alle anderen hinein wie Dominosteine." Aber glauben Sie das ja nicht!

Ohne die Unterstützung einflußreicher Leute im mittleren und gehobenen Management stoßen die Vorschläge eines betriebsfremden Unternehmers automatisch auf Schwierigkeiten. Ein gewiefter mittlerer Manager findet Mittel und Wege, das beste Projekt zu Fall zu bringen. Er kann fast stets seinen Chef überreden, ein neues Projekt abzulehnen – selbst wenn es von einem guten Freund vorgeschlagen wird.

Der Boss sagt vielleicht: „Die Idee dieses Burschen gefällt mir. Was halten Sie davon?" Da kann der Verkaufsmanager leicht antworten: „Die Qualität des Service ist nicht gut . . . Der Preis stimmt nicht . . .

diese Burschen werden niemals liefern, was sie versprechen, und werden unseren Ruf in der Branche schädigen.“

Deshalb habe ich mich stets mit den Verkaufsleitern und mit anderen mittleren und gehobenen Managern angefreundet. Und das hat sich ausgezahlt.

Zunächst einmal brachten wir die Fluggesellschaften dazu, die Avis-Werbung in die Sitztaschen ihrer Flugzeuge zu plazieren. Bisher durften dort nur reine Fluginformationen stecken. Wir nun demonstrierten auf diese Weise unter anderem, daß ein Avis Mietwagen auf dem Flughafen es dem Reisenden ermöglichte, von New York nach Chikago oder Detroit zu fliegen, dort seinen Geschäften nachzugehen und noch am selben Tag nach Hause zurückzukehren. Ohne Avis Airlines Rent-A-Car war das unmöglich. Die Fluggesellschaften förderten also ihr eigenes Geschäft, wenn sie unsere dünnen und billigen Werbeinformationen in die Taschen der Flugzeugsitze steckten und so für die Benutzung unserer Mietwagen warben. In vieler Hinsicht waren diese Avis-Informationen Vorläufer der heutigen Magazine auf Inlandflügen. In den Flugzeugen der damaligen Zeit gab es noch keine Magazine. Wir hatten jedoch herausgefunden, daß die Passagiere praktisch alles lasen, was sie in den Sitztaschen fanden, einschließlich unserer ausführlichen Beschreibung des Mietwagensystems. So konnten wir mit geringem finanziellen Aufwand Tausende von Geschäftsreisenden über unser System informieren. Wie zu erwarten, steigerte die Zusammenarbeit mit den Fluggesellschaften unser beider Geschäft.

Dann taten wir einen kühnen Schritt, der Hertz auf die Palme trieb. Ich überredete die Fluggesellschaft American Airlines, mit uns eine gemeinsame Anzeige aufzugeben – eine halbe Seite American, eine halbe Seite Avis. Jeder bezahlte die Hälfte, und ich bediente mich der Werbeagentur der Fluggesellschaft, um auch unseren Teil der Werbung zu gestalten. Diese Agentur unterstützte uns und arbeitete für uns, und die Zusammenarbeit verlief geradezu traumhaft.

Diese Anzeige trug auf großartige Weise dazu bei, in den Augen der Öffentlichkeit eine enge Verbindung zwischen uns und der Fluggesellschaft herzustellen. Trotz unserer Kraftanstrengungen zur Festigung des Flughafengeschäfts fehlte es uns stets an Bargeld. Wir mußten für unsere Werbebroschüren das dünnste Papier verwenden, weil es billiger war. Außerdem plazierten wir unsere ersten ganzseitigen Anzeigen zusammen mit Fluggesellschaften zunächst in den weniger teuren Wirtschaftsmagazinen. Dazu gehörte damals auch *Business Week*. Wir dachten daran, daß der Kunde sich normalerweise nicht daran erinnert, in welcher Zeitschrift er eine Anzeige gelesen hat. Ist sie groß und gut plaziert, dann neigt er zu der Annahme, sie sei in *vielen* Zeitschriften erschienen. Man bedenke: Wir waren damals ein gerade flügge werdendes Unternehmen mit wenig Kapital, jedoch mit der starken Motivation ein nationales Image zu erwerben.

Und das gelang uns trotz begrenzter Geldmittel – vor allem, weil wir in den Augen der Öffentlichkeit eng mit American Airlines verbunden schienen. Nun schien die Zeit reif, ähnliches auch mit anderen Fluggesellschaften zu versuchen.

Unsere Beziehungen zu American Airlines bestimmten auch das Tempo der Abmachungen mit anderen Gesellschaften. Bei unserer Zusammenarbeit mit American Airlines hatte niemand jemals nach einem schriftlichen Vertrag gefragt. Auf beiden Seiten waren wir junge, kreative Menschen, die einander vertrauten. Und so war es auch mit den anderen Gesellschaften.

In jener Zeit war ich so beschäftigt, daß ich selten Briefe schrieb, geschweige denn Verträge abfaßte. Ich war ständig im Flugzeug unterwegs, um in ganz Amerika neue Filialen einzurichten, Verträge mit Flughafenverwaltungen auszuhandeln und Lizenzabsprachen zu unterzeichnen. Auch konnte ich mir keinen großen Stab in der Zentrale zur Erledigung der vielfältigen Sekretariatsarbeiten und der juristischen Angelegenheiten leisten.

Bei meinen Kontakten mit den verschiedenen Fluggesellschaften lernte ich – wann immer eine etwas unternahm, folgten die anderen ihr bald. So dauerte es auch nicht lange, bis die meisten Fluggesellschaften das Avis-Material kostenlos in den Flugzeugen mitführten, gemeinsame ganzseitige Werbeanzeigen mit uns aufgaben und zur Hälfte bezahlten.

Und schließlich tat ich noch etwas, was mir rückblickend als Gipfel der Chuzpe erscheint: Ich ging zu *American* und danach zu den anderen Gesellschaften mit dem Vorschlag, uns für Mietwagenreservierungen kostenlosen Telex-Service zuzugestehen.

Zunächst einmal sperrte man sich bei American Airlines ein wenig, u. a. wegen der Besorgnis, was geschehen sollte, wenn keine Mietwagen zur Verfügung stehen würden. Ich löste das Problem mit der Zusicherung höchster Priorität für ihre Reservierungen.

Schließlich kamen wir überein, das Konzept zwischen New York und Detroit zu testen. Es funktionierte ohne eine einzige Beschwerde, so daß es uns bald gelang, kostenlose Telex-Reservierungen für Avis Mietwagen bei allen Fluggesellschaften landesweit einzurichten.

Können Sie sich vorstellen, daß man ein solches Verlangen an eine der heutigen Fluggesellschaften stellt? Glauben Sie mir – eher könnte man sie um eine Boeing 747 bitten, als mit ihnen eine Innovation einführen, wie sie die kostenlose Telex-Reservierung von Avis Mietwagen bedeutete.

Heute erledigen die Fluggesellschaften Reservierungen für zusätzliche Dienstleistungen wie Mietwagen oder Hotelzimmer für hohe Gebühren – eine für sie recht einträgliche Entwicklung.

Den ständigen Mangel an Bargeld während der ersten Phasen unseres unternehmerischen Abenteuers glichen wir durch eine kreative Finanzierungsmethode aus: Wir erwarben unsere Wagen zu Großhandelspreisen und konnten sie später zu einem höheren Preis weiterverkaufen.

Das funktionierte folgendermaßen: Schon bevor ich in das Mietwagengeschäft einstieg, hatte ich im Raum Detroit einen sehr erfolgreichen Handel mit Ford-Automobilen aufgebaut. Zwischen dem Verkauf und dem Vermieten von Kraftwagen bestehen ja viele Ähnlichkeiten. Deshalb setzte ich mir meinen Denkerhut auf, um herauszufinden, wie man beide Geschäfte so miteinander verknüpfen konnte, daß sie wechselseitig Nutzen brachten.

Zunächst legte ich eine für ein Mietwagenunternehmen der damaligen Zeit neue Strategie fest. Ich beschloß, für die Vermietung alljährlich *neue* Wagen anzuschaffen. Unsere Geschäftsreisenden sollten sich an einen Service gewöhnen, der ihnen die bestmöglichen Fahrzeuge mit der geringsten Anfälligkeit für Pannen lieferte. Die Ford-Manager begrüßten diesen Gedanken – vor allem, nachdem ich sie davon überzeugt hatte, daß gute Erfahrungen mit Ford-Mietwagen die Kunden schließlich dazu bringen würden, sich auch für den privaten Gebrauch einen Ford zuzulegen.

Und so kam es dazu, daß die Kunden, die von uns einen Wagen mieteten, praktisch „eine Testfahrt" mit einem Ford machten. Da Hertz damals zu General Motors gehörte, verstärkte dies noch meine Argumente, vor allem, weil Hertz seltsamerweise die Gewohnheit hatte, alte Kisten statt neuer Automobile zu vermieten.

Das stärkste Argument für meine Entscheidung, die beiden Geschäftsformen miteinander zu verbinden, hing jedoch mit dem besonderen Zustand der Wirtschaft kurz nach dem Kriege zusammen.

Damals waren Kraftwagen knapp, und die Regierung setzte die Preise fest für den Verkauf von Kraftwagen an das allgemeine Käuferpublikum. Ich fand folgendes heraus: Kaufte ich die Mietwagen für Avis neu, ließ sie dann sechs Monate laufen, um sie dann durch mein Ford-Handelsgeschäft wiederzuverkaufen, waren sie im Augenblick des Wiederverkaufs mehr wert als beim Einkauf. Ich kaufte etwa einen Neuwagen für eintausend Dollar (denken Sie daran, es war 1947!) und konnte ihn sechs Monate später auf dem Gebrauchtwagenmarkt für 1200 Dollar verkaufen – und das alles, weil Automobile damals Mangelware waren und die Regierung die Preise kontrollierte!

Noch etwas anderes war für das Ansehen von Avis von größter Bedeutung: Geschäftsleute, die zuvor niemals Wagen gemietet hatten, kamen nun zu uns, weil unsere Mietwagen selten gewartet werden mußten. Unseren Kunden blieben durch die Neuwagen all die Unannehmlichkeiten erspart, die sie bei der Konkurrenz erlebt hatten. Außerdem brauchten wir kein besonderes Werkstattsystem zur Wartung und Reparatur.

Die Preiskontrolle durch die Regierung war zwar nur von kurzer Dauer, doch verschaffte sie uns ein beachtliches Polster von Bareinnahmen, das wir für den weiteren Ausbau nutzen konnten. In den ersten Jahren hielten wir eine sehr hohe Gewinnmarge durch, weil unsere Fahrzeuge keinen Wertverlust durch Abschreibung erlitten.

Mit der Ausbreitung des Avis Systems zeigte sich auch bald die Bedeutung unserer rechtlichen Absprachen mit den Flughafenverwaltungen. Exklusivverträge sicherten uns das gesamte Mietwagengeschäft auf den Flughäfen. (Obwohl unsere Zusammenarbeit durch Handschlag bestätigt wurde, hatten wir mit den Flughafenverwaltungen alles schriftlich festgelegt.) Damit war Avis jahrelang das einzige Mietwagensystem auf bedeutenden Flughäfen wie Washington National Airport, Miami International Airport, Dallas Love Field und Detroit Metropolitan Airport. Diese Absprachen ermöglichten es uns, auch in Los Angeles, Houston und anderswo maximales Wachstum zu erreichen, ohne uns wegen der Anwesenheit von Konkurrenten Sorgen machen zu müssen.

Natürlich trieb diese Entwicklung das Management von Hertz noch mehr zum Wahnsinn. Aber wir sahen einfach keine Möglichkeit, ihm den Gefallen zu tun und pleite zu machen. Im Gegenteil – wir expandierten exponentiell!

Bei unserem Einstieg ins Mietwagengeschäft versicherte Hertz-Präsident Walter Jacobs jedermann, wir würden eine Bauchlandung machen, alleine schon wegen des vielen Geldes, das wir für Werbung und die schnelle Expansion ausgaben. Die Praxis widerlegte ihn jedoch, und wir gediehen prächtig.

Die Angelegenheit ging Jacobs schließlich auf die Nerven. Immer wieder marschierten seine Mitarbeiter in sein Büro, warfen ihm unsere Avis Werbung auf den Tisch und sagten: „Das also ist der Kerl, der pleite machen wird!" Am Ende wurde Jacobs so wütend, daß er damit drohte: „Der Nächste, der mir eine Avis Reklame auf den Tisch knallt, wird gefeuert!"

Schließlich begann Hertz, sich ebenfalls auf Flughäfen zu etablieren. Wir waren ihnen jedoch um Jahre voraus, so daß sie stets gezwungen waren, Nachlaufen zu spielen.

Der Krieg mit Hertz dauerte während all der Jahre, in denen Avis mir gehörte. Glücklicherweise reichten unser Elan, unsere Abwehrsysteme und freundschaftlichen Kontakte zu den Fluggesellschaften aus, alle Angriffe abzuwehren.

Hier ein Beispiel für die Barrakudamentalität, die in den rauhen Gewässern der frühen Mietwagenkonkurrenz auf Flughäfen herrschte. Ich war dabei, mit einem guten Bekannten, dem ein Mietwagenbetrieb auf einem Flughafen in Florida gehörte, eine Abmachung unter Dach und Fach zu bringen. Seine Firma steckte in den roten Zahlen, und wir dachten an eine Fusion. Er war jedoch so hoch verschuldet, daß uns das Risiko zu hoch schien.

Unser Zögern veranlaßte den Inhaber dieser Firma, sich nach anderen Partnern umzusehen. Dabei richtete er es so ein, daß er dabei gesehen wurde, wie er sich mit mir während einer Veranstaltung von Fluggesellschaften unterhielt. Dann erwähnte er unsere Verhandlungen gegenüber Hertz-Managern, die keinen Augenblick zögerten, ihm für sein Unternehmen einen so hohen Preis zu bieten, daß wir unmöglich dagegenhalten konnten.

Das Hertz-Angebot lag um so vieles über dem wirklichen Wert der Firma, daß er es einfach nicht ausschlagen konnte. Wir blieben dennoch gute Freunde und loyal zueinander. Auch als er nach dem Verkauf zum Hertz-Verwaltungsrat gehörte nahm er kein Blatt vor den Mund, vor allem, wenn jemand falsche Behauptungen darüber aufstellte, wer das Mietwagensystem für Flughäfen gegründet hatte. Die Hertz-Anhänger erboste das, doch konnten sie nichts dagegen unternehmen, weil dieser Mann in ihrem Verwaltungsrat saß. Nun stellt sich die Frage, was wir aus der hier erörterten „Mietwagen-Lektion" für Lehren ziehen können. Mir fallen mehrere ein:

- Die große unternehmerische Idee entsteht wahrscheinlich aus einem allgemeinen Bedarf. Beim Avis-System erkannten wir den Bedarf an Mietwagen auf Flughäfen und beeilten uns, ihn zu befriedigen.

- Man braucht nicht unbedingt viel Geld, um ein größeres Unternehmen auf die Beine zu stellen. Was man wirklich braucht, sind kreative finanzielle Konzepte zur Streckung der begrenzten Eigenmittel.

- Ausgezeichnete geschäftliche Freundschaften auf der Grundlage gegenseitigen Vertrauens können erheblich zu großen unternehmerischen Leistungen beitragen.

- Bleiben Sie nicht auf Ihren Gewinnen sitzen – pumpen Sie diese zurück in eines Ihrer aussichtsreichsten Unternehmen.

Ich steckte meine Ersparnisse aus meiner Dienstzeit bei der Luftwaffe in mein Ford-Vertriebsgeschäft und danach meine im Handel mit Ford-Wagen erzielten Gewinne in das Avis-Mietwagen-System. Sie selbst arbeiten hart – Ihr Geld sollte es auch tun!

Ich erträumte das Avis-Mietwagen-System während meiner zwanziger Jahre als Captain bei der Luftwaffe. In meinen dreißiger Jahren verkaufte ich es für mehrere Millionen. Da waren wir an einem Punkt angelangt, an dem das Geschäft so umfangreich geworden war, daß jedes weitere Wachstum einen Manager erforderte, der sich rund um die Uhr um alles kümmerte. Wie Sie wissen, mochte ich eine solche Rolle nicht. Ich war jemand, der stets neue Ideen hatte und etwas neu aufbauen wollte – kurz gesagt, ein Unternehmer.

Heute denke ich anders. Gerne würde ich Avis zurückkaufen und zur Nummer Eins in der Welt machen. Diesen Wunsch halte ich für realistisch, weil meine Fähigkeiten, ein solches Unternehmen zu leiten, ohne mich selbst dabei ins Grab zu bringen, sich erheblich gesteigert haben.

Die Mentalität der Hertz-Manager ist immer noch so wie zu der Zeit, als Avis mir gehörte. Vor kurzem wurde der gegenwärtige Hertz-Präsident Frank Olsen von der New York Times gefragt, was er von meinem Wunsch halte, Avis wieder zu übernehmen und zur Nummer Eins aller Mietwagenunternehmen der Welt zu machen.

„So lange kann er nicht mehr leben“, antwortete Olson.

Meine Reaktion darauf: Das wird nicht der Präsident von Hertz, sondern die amerikanische Öffentlichkeit entscheiden – auf der Grundlage des Service und der Preise, die Avis anzubieten hat. Das letzte Kapitel dieser besonderen Geschichte ist noch nicht geschrieben!

Im Jahre 1954 tat ich etwas, was viele andere Unternehmen tun. Ich hatte ein Unternehmen aufgebaut und verkaufte es dann mit ordentlichem Gewinn, so daß ich mich auf neue Abenteuer einlassen konnte. Außerdem wollte ich ja auch das Leben genießen – und dazu gehörten nicht sechzehn Arbeitsstunden am Tag! Meine Erfahrung unterscheidet sich von der vieler anderer Unternehmer, daß ich das große Glück hatte, einen schnellen und phänomenalen Erfolg zu erringen. Daraufhin verfügte ich nunmehr über genügend Geld, um es in ein Risikokapital-Projekt zu stecken, das meine Phantasie reizte.

Kurz gesagt: Mit relativ jungen Jahren war ich startbereit, in größeren Tiefen zu erkunden, was es wirklich bedeutet, in der amerikanischen Geschäftswelt ein „Draufgänger" zu sein.

3. Kapitel

Sind Sie ein Draufgänger?

„Jetzt war der Mann aus Virginia an der Reihe, seinen Wetteinsatz zu nennen oder auszuscheiden, doch er schwieg zunächst. Trampas war aufgebracht: „Deinen Einsatz, du Sohn einer . . ." Die Pistole des Mannes aus Virginia war blitzartig da. Seine Hand lag lässig auf dem Tisch, ohne der Waffe eine Zielrichtung zu geben. Und mit derselben sanften Stimme, einer Stimme, die fast wie Streicheln klang, aber gedehnter als sonst, so daß zwischen jedem Wort ein Abstand war, befahl er Trampas: „Lächle, wenn du so etwas zu mir sagst!" und er blickte Trampas über den Tisch hinweg an. Ja, die Stimme klang sanft. In meinen Ohren klang sie jedoch wie ein Totenglöckchen von irgendwo her. Und schlagartig herrschte tiefes Schweigen in dem großen Raum."

Owen Wister
The Virginian

Das dramatische Flair und der schäbige Individualismus der einstigen wagemutigen Draufgänger, Westernhelden oder Forschungsreisenden haben stets die Phantasie angeregt. Solche Phantasien von persönlicher Freiheit mögen sich auch heutzutage in den Köpfen von Angestellten austoben, die in den großen Konzernen an ihren Schreibtischen hocken und sich danach sehnen, ihrem monotonen Tagesablauf zu entfliehen.

Irgendwann einmal haben fast alle Arbeitenden das dringende Bedürfnis verspürt, die Fesseln ihres Systems abzuschütteln. Sie möchten ihre Flügel ausbreiten und heraus aus den Zwängen des konventionellen *business as usual.*

Wie muß denn nun die Persönlichkeit beschaffen sein, die sich ganz auf sich selbst verläßt – und das auch noch erfolgreich?

Auf einer Ebene konzentriert sich die Antwort auf diese Frage auf den Mythos des eiskalten Draufgängers. Die Volksmeinung hat die unabhängige, dandyhafte Erscheinung des freien Geschäftsmannes oft mit dem prahlerischen Abenteurer verglichen, wie wir ihn aus den Geschichten eines Owen Wister oder Louis L'Amour kennen. Dieser Persönlichkeitstyp taucht in mehreren Generationen und historischen Epochen immer wieder auf. Im amerikanischen Westen nannte man ihn „Revolverheld", auf hoher See „Freibeuter oder Pirat" – und im abenländischen Kapitalismus „Unternehmer".

Natürlich steckt in diesem Mythos etwas Wahres. Die besten Unternehmer weisen gewisse Ähnlichkeiten mit den altmodischen Abenteurern früherer Epochen auf. Wie der Revolverheld, Pirat oder Forschungsreisende ist der Unternehmer oft unkonventionell. Er neigt dazu, mit einer neuen Idee an die Öffentlichkeit zu treten und diese dann auf eine unerwartete, aufregende Weise zu verwirklichen. Er ist auch gewillt, durch Eingehen ungewöhnlicher Risiken seine Lebensweise aufs Spiel zu setzen.

Aber man muß wissen, daß da doch gewisse Unterschiede bestehen. Zunächst einmal handelten Freibeuter und Revolverhelden außerhalb des Gesetzes. Im Gegensatz zu ihnen muß der Unternehmer seine Tätigkeit innerhalb des Rechtssystems ausüben. (Leider läßt unser heutiges Rechtssystem viel zu wünschen übrig. Es gestattet oft unethisches Verhalten, wenn nicht sogar ausgesprochenes Piratentum.)

Einige spezielle persönliche *und* geschäftliche Kennzeichen und Bedingungen unterscheiden die unternehmerische Persönlichkeit von allen anderen. Diese Voraussetzungen – die wir in diesem und im nächsten Kapitel behandeln werden – stellen gewiß keinen erschöpfenden Katalog dar. Viele Unternehmer mögen andere Eigenschaften oder Vorzüge aufweisen, die für sie selbst von gleicher Bedeutung sind. Immerhin, wenn diese Voraussetzungen in Ihrem Leben gegeben sind, werden Sie als Unternehmer leichter auf die bewußte Goldgrube stoßen. Wenden wir uns zunächst etwas gründlicher den „persönlichen Voraussetzungen" des Erfolgs zu, anschließend den spezifisch unternehmerischen Eigenschaften.

Persönliche Voraussetzung Nr. 1: **Ein unbelastetes Privatleben**

Die Fülle von Verpflichtungen und Verbindlichkeiten zu Beginn jedes neuen Abenteuers bringt es mit sich, daß viele erfolgreiche Unternehmer unverheiratet sind. Sie werden kaum welche mit fünf oder sechs Kindern und einem Berg familiärer Verantwortungen finden. Tatsächlich wäre es bei solchen familiären Verhältnissen unverantwortlich, sich auf draufgängerische Abenteuer einzulassen – es sei denn, man ist eine äußerst ungewöhnliche und begabte Persönlichkeit.

Oft sind auch die Ehefrauen von Unternehmern beruflich tätig. In fast jedem erfolgreichen Fall hat sich auch die Ehefrau dem unternehmerischen Abenteuer verschrieben. Andernfalls besteht die Gefahr, daß entweder die Ehe oder das Abenteuer scheitert. Es ist also von entscheidender Bedeutung, daß Familie, Freunde und Geschäftspartner mit Ihnen an einem Strang ziehen und Sie nicht von Ihrem Ziel abzubringen suchen.

Einer meiner Freunde hatte sich gerade eine Yacht nach seinem Geschmack eingerichtet und dabei hervorragende Arbeit geleistet. Aber dann sah seine Frau sich sein Werk an und nörgelte überall herum. Als sie so eine Weile weitermachte, fragte ich sie: „Ist dir eigentlich klar, was du da tust?"

Sie hatte nicht den Schimmer einer Ahnung, daß sie ihren Mann ungewollt zerstörte. Meines Wissens hatte sie das schon bei einigen seiner geschäftlichen Projekte getan. An normalen Standards gemessen war er ein erfolgreicher Mann. Doch hätte er viel mehr erreichen können und wäre glücklicher gewesen, wenn seine Frau ihn moralisch unterstützt hätte, statt ihn ständig zu demontieren.

Ständige Kritik kann jedes Vertrauensverhältnis zerstören, während Unterstützung Erfolg und Glücksgefühl bewirkt. Dieses Prinzip gilt natürlich für beide Geschlechter. Ob Mann oder Frau – der zum Opfer gemachte Ehepartner wird im Wettkampf um ein erfolgreiches Leben, eine glückliche Ehe oder Erfolg im Beruf stets weiter hinten landen.

Persönliche Voraussetzung Nr. 2: **Ein ernster Fall von Besessenheit**

Die besten Unternehmer denken einspurig.

Ein typischer junger Unternehmer alten Stils nahm es auf sich, alleine in einer Einzimmerwohnung zu leben, die nur fließendes kaltes Wasser hatte und zu der er zu Fuß vier Stockwerke steigen mußte. Er arbeitete achtzehn Stunden am Tag, ohne die geringste Annehmlichkeit. Kurz gesagt, er lebte und arbeitete nur für seinen Betrieb, und am Ende schaffte er es auch. Aber nur eines von fünf Projekten war erfolgreich; die anderen scheiterten trotz bester Absichten und aller Mühen.

Wer ein neues geschäftliches Wagnis unternimmt, muß viel persönlichen Einsatz investieren. Man sagt, für einen erfolgreichen Geschäftsmann stehe an erster Stelle sein Geschäft, an zweiter die Familie und dann erst folgen die eventuellen Hobbys. Da steckt eine Menge Wahrheit drin.

Am 20. Mai 1985 publizierte das *Wall Street Journal* einen Sonderbericht über Unternehmer. Darin sagt der Gründer eines erfolgreichen Wasserski-Unternehmens, er sei oft in Gedanken bei seinen Geschäften, selbst wenn er mit seiner Familie einen Ausflug ins Grüne macht.

Vielleicht sagt unterwegs seine Frau zu ihm, „Nun unterhalte dich doch mal mit mir". Er aber holt ein Taschendiktiergerät hervor und fängt an, ein neues Konzept zu diktieren, das ihm gerade eingefallen ist. „Manchmal behandelt er uns wie seine Arbeiter und nicht wie seine Familie", klagt seine Frau. Und auf die Frage, ob er die Familie über seine Arbeit stelle, antwortete der sehr erfolgreiche Unternehmer: „Da stellen Sie mir aber eine unangenehme Frage. Natürlich muß ich jetzt die Familie zuerst nennen."

Eine häufige und natürliche Folgeerscheinung der unternehmerischen Zwangsvorstellung ist die Neigung des Unternehmers, auch bei Situationen außerhalb seiner Firma die Führung zu ergreifen. Unternehmer sind vom unabhängigen Leben besessen und widersetzen sich jeder Art von Autorität. Besteht irgendwo ein Vakuum an Autorität, wird der Unternehmer sich wahrscheinlich sofort einschalten und beginnen, die Fäden zu ziehen, Leute herumzukommandieren und ganz allgemein versuchen, die Kontrolle über die Situation zu erlangen.

Das kann eine große Stärke sein, kann sich jedoch auch negativ auswirken, wie es mir bei einem gesellschaftlichen Ereignis mit einem Freund widerfuhr. Wir waren beide zu einem Empfang eingeladen, und als mein Freund erfuhr, daß ich im Beverly Hills Hotel wohnte, sagte er: „Ich werde Dich abholen, und dann kannst du mit uns zusammen zu den Gastgebern fahren."

Als sein Wagen am Hotel vorfuhr, saß er auf einem der Vordersitze, und wir anderen drei der Gruppe saßen hinten. In dem für mich typischen Stil ordnete ich an: „He, Freundchen, steig aus und komm zu uns nach hinten!"

Darauf mein Freund zu den beiden anderen: „Na bitte, habe ich es euch nicht gesagt? Sobald Warren eintrudelt, übernimmt er das Kommando."

Er sagte es freundlich lächelnd auf nette Weise, doch beeindruckte es mich sehr. Seither achte ich stets darauf, nicht immer anderen zu sagen, was sie tun sollen. Und es hat sich herausgestellt, daß in neunzig Prozent der Fälle, in denen ich den Mund halte oder nur eine sanfte Andeutung mache, ohnehin das geschieht, was geschehen muß.

Ganz gewiß sollte ein Unternehmer versuchen, sich in seiner Freizeit zu entspannen und das Leben zu genießen. Doch ist es nicht immer leicht, eine völlig andere Rolle zu übernehmen, wenn man mit Haut und Haaren ein Projekt verfolgt, mit ihm lebt und atmet und wie ein Truppenführer an der Front mit Kommandos um sich wirft.

Während der Anfangsstadien eines neuen Unternehmens *muß* man tatsächlich bereit sein, einen erheblichen Teil seines Privatlebens dem Konzept zu widmen, das man zum Erfolg führen will, sonst ist man ein Dilettant, und Dilettanten sind in unserer schnell beweglichen und mit harten Bandagen kämpfenden Geschäftswelt einfach nicht konkurrenzfähig. Es mag stimmen, daß fast jedermann ein erfolgreiches Geschäft auf die Beine stellen kann – aber nur, wenn er bereit ist, dafür eine nahezu monomanische Besessenheit aufzubringen.

Persönliche Voraussetzung Nr. 3: **Standfestigkeit**

Der Aufbau eines erfolgreichen Unternehmens dauert *immer* länger, als der Unternehmer es erwartet. Er (oder sie) glaubt, die gute Zeit werde schon morgen anbrechen. Aber morgen gibt es nicht, sondern immer nur übermorgen oder den Tag danach.

Ich gehöre auch zu den Leuten, die immer erwarten, ein Projekt früher zu Ende zu bringen, als es dann tatsächlich möglich ist. Immer bin ich der festen Überzeugung, die Sache werde morgen abgeschlossen sein, und doch dauert es stets länger als erwartet. Selbst nachdem ich inzwischen eine ganze Reihe erfolgreicher Unternehmen aufgebaut habe, muß ich *immer noch* lernen, länger zu warten, auszuharren und mehr Geduld zu haben.

Wie lange dauert es vernünftigerweise, bis man eine geschäftliche Idee zu einem erfolgreichen und gewinnbringenden Unternehmen umgewandelt hat?

In der Regel braucht man von den ersten Anfängen bis zum Erfolg drei bis fünf Jahre. Auch wenn einige Firmen, etwa aus dem Hightech-Bereich, fast sofort riesige Gewinne erzielen, so sind sie doch Ausnahmen von der Regel. Schlägt Ihr neugegründetes Unternehmen in weniger als fünf Jahren groß ein, dann sind Sie ein Glückspilz. Haben Sie nach fünf Jahren immer noch schwer zu kämpfen, dann sollten Sie es vielleicht mit einer anderen Idee oder in einer anderen Branche versuchen – oder aber Ihren Managementstil grundlegend überdenken.

Ich gebe zu, daß Ihnen das als massive Inanspruchnahme Ihres Privatlebens erscheinen mag – fünf Jahre herzugeben, um ein unternehmerisches Ziel zu erreichen. Aber so lange dauert es nun einmal. Man muß einfach während einer Mindestzahl von Jahren stets voll präsent sein, bis die eigene Idee an Schwungkraft gewinnt und die

Chance erhält, substantielle Gewinne zu erzielen. Es scheint so etwas wie ein geheimes Gesetz des Marktes zu geben, das einen bestimmten Input von Zeit, Kreativität und Energie erfordert.

Als von Natur aus ungeduldiger Mensch mußte ich in dieser Hinsicht viel Lehrgeld zahlen. Ich möchte die Ergebnisse stets jetzt, sofort sehen – oder besser noch, gestern. Wer aber auf einem Gebiet ein erfolgreicher Draufgänger sein will, darf nicht so sein. Können Sie sich den Westernhelden Wyatt Earp vorstellen, wie er an dem Tag, an dem er zum ersten Male einen Colt in der Hand hat, die staubige Straße entlanggeht und dann sein Ziel mit Blattschuß trifft? Natürlich nicht! Es bedarf jahrelanger Übung, schnell aus der Hüfte ziehen und unfehlbar treffen zu können. Genau dasselbe gilt auch für den Unternehmer-Draufgänger.

Doch steckt in jedem von uns die Versuchung, die harte Vorbereitungsarbeit einfach zu überspringen und die Ernte sofort in die Scheuer zu fahren. Im Laufe der Jahre habe ich eingesehen, daß meine größte Schwäche in der mangelnden Bereitschaft besteht, gelegentlich einen Job so lange zu behalten, wie es notwendig ist, um optimale Ergebnisse zu erzielen.

Kaum habe ich eine Firma auf feste Beine gestellt, habe ich schon Lust, mich neuen Gelegenheiten zuzuwenden. Zum Ausgleich dieser Charaktereigenschaft bin ich dazu übergegangen, Topmanager zu Spitzengehältern einzustellen, die meine Arbeit übernehmen, wenn ich beschließe, mich auf neue Abenteuer einzulassen. Hätte ich gelernt, das schon vor Jahren zu tun, dann würde ich heute hundertmal mehr Geld besitzen. Mit erfahrenen und kompetenten Managern kann ich ein Unternehmen sehr erfolgreich leiten, ohne ins Alltagsmanagement eingebunden zu sein.

Persönliche Voraussetzung Nr. 4: **Ein hoher Energiespiegel, funktionsfähig gehalten durch Perioden der Entspannung**

Angesichts meines sehr intensiven Lebenswandels brauche ich viel Freizeit, um Jahr für Jahr meine Standfestigkeit zu erhalten. Würde ich mein Tempo nicht richtig einstellen und gut auf meine physischen und emotionalen Bedürfnisse achten, dann wäre ich bald ausgebrannt – und hätte wohl auch mit allerlei Gesundheitsproblemen zu kämpfen.

Dieses Prinzip begriff ich bereits vor vielen Jahren, während meiner ersten geschäftlichen Aktivitäten als selbständiger Handelsvertreter. Damals arbeitete ich für eine einzige Firma, deren Management mich als einen ihrer Angestellten betrachtete, jedoch mit einigen bemerkenswerten Unterschieden. Erstens arbeitete ich viel härter als der durchschnittliche Angestellte. Außerdem war ich freiberuflich tätig – oft zu ungewöhnlicher Stunde – und erhielt als Bezahlung nur eine Kommission vom Umsatz.

Meine Veranlagung, mich allen Herausforderungen mit Leib und Seele zu stellen, machte es erforderlich, daß ich von Zeit zu Zeit die Möglichkeit erhielt, meine Energien aufzufrischen. Deshalb gewährte ich mir selbst von Anfang an großzügig Urlaube.

Als ich einmal einem Topmanager der Firma sagte, ich wollte zur Weihnachtszeit einen Monat Urlaub machen, explodierte er: „Noch kein Mitarbeiter unserer Firma hat jemals mehr als zwei Wochen Urlaub genommen! Und Sie kommen daher und sagen, Sie wollen einen ganzen Monat wegbleiben!"

„Genau so ist es", antwortete ich – und wies ihn darauf hin, daß wir im Gegensatz zu anderen Firmen im Dezember ohnehin wenig Geschäfte tätigten.

„Okay, Sie sind *beinahe* gefeuert!“ sagte er. Er lächelte dabei, denn ich war sein bester Handelsvertreter. Solange ich ihm viele Aufträge brachte, konnte er wirklich nicht wegen eines Monats Urlaub Streit anfangen. Doch bat er mich, unsere kleine Absprache niemandem gegenüber zu erwähnen, weil das schlecht für die Betriebsmoral sein könnte.

Ohne Wissen der Firma nahm ich mir zusätzlich zu den regelmäßigen Ferien auch während des übrigen Jahres eine Menge Freizeit. Arbeitete ich mit Volldampf an einem Projekt, dann machte mir ein Arbeitstag von sechzehn oder achtzehn Stunden nichts aus. Doch unterbrach ich meine Arbeit immer wieder durch Augenblicke der Freude und Entspannung. Was nützt das viele Geld, wenn man so hart dafür arbeiten muß, daß einem nicht die Zeit bleibt, es auch zu genießen. Das war zumindest meine Philosophie. Vielen Menschen gelingt es nicht, ihr Leben zu genießen, während sie noch jung sind. Zu denen wollte ich auf keinen Fall gehören!

Auf jeden Fall brauchte diese Firma bei mir nicht über fehlenden Erfolg zu klagen. Um aber nach einer „entspannten“ Philosophie zu leben *und* einen hervorragenden Umsatz zu erzielen, dazu muß man gut organisiert sein und arbeiten wie ein Ackergaul, wenn die Zeit zum Arbeiten da ist.

Meine besondere Methode bestand darin, in jedem Monat etwa drei Wochen wirklich zu schuften und den Rest frei zu nehmen. Während der drei Wochen jedoch galt es Volldampf voraus zu fahren, bei Tag und Nacht.

Ich setzte mich in meinen Wagen und fuhr zunächst durch Indianapolis, St. Louis, Kansas City und dann durch andere Städte im Staate Missouri. Die ganze Route war sorgfältig geplant; ich wußte genau, wen ich besuchen wollte und zu welcher Zeit. Die Abende und die Stunden des Mittagessens waren ebenfalls Kunden gewidmet. Meine Agenda war bis zur letzten Minute ausgebucht.

Woher nimmt man die Energie dafür? Es ist natürlich sehr gut, wenn man bereits damit geboren wurde. Viele Unternehmer verfügen von Kindesbeinen an über ein gesundes Niveau von Antriebskraft und Ehrgeiz. Aber es gehört doch noch mehr dazu. Selbst nach Jahrzehnten unternehmerischer Anstrengungen haben meine Energien kaum nachgelassen. Das schreibe ich meiner Fähigkeit zu, mir auch Freude und Entspannung zu gönnen, aber auch meiner Angewohnheit, vernünftig zu essen und regelmäßig Sport zu betreiben. In gewisser Hinsicht könnte man mich als Gesundheitsprotz bezeichnen.

Während meiner häufigen Urlaube oder freien Tage sitze ich nicht einfach da oder hänge herum und warte auf Snacks oder großartige Schlemmermahlzeiten, sondern beschäftige mich anderweitig so, daß ich das Essen vergesse.

Ich nehme meistens nur eine Mahlzeit pro Tag zu mir – und das stets am Abend. Doch habe ich mir im Laufe der Jahre angewöhnt, täglich zwischendurch Obst zur Auftrechterhaltung der Energien zu essen.

Für mich ist typisch, daß ich nicht frühstücke, jedoch am späten Vormittag eine kleine Mahlzeit mit viel Ballaststoffen und wenig Cholesteringehalt zu mir nehme, hauptsächlich als Energiespender und zur Verringerung des Risikos eines zu hohen Cholesterinspiegels oder von Dickdarmkrebs. Am Abend esse ich gewöhnlich Fisch oder eine andere Mahlzeit mit wenig Fettgehalt.

Meine sportliche Betätigung: Ich schwimme viel, betreibe Surfen, Reitsport und Wasser-Ski. Letzteres mag vielleicht nicht so anstrengend erscheinen. Doch so, wie ich diesen Sport betreibe, verbrennt er viele Kalorien. Ich hänge auf einem Ski hinter dem Boot und schwinge etwa eine Stunde lang im Kielwasser weit nach links und nach rechts. Dabei halte ich mich an eine alte Redensart: „Wer Wasser-Ski betreibt, bekommt keine Arthritis.“

Trotz meiner ganz bestimmten persönlichen und gesundheitsbezogenen Routine kann ich mein Leben nicht auf vorhersagbare, exakt festgelegte Weise Tag für Tag, Monat für Monat und Jahr für Jahr planen. Zwar organisiere ich meine Zeit höchst wirksam, jedoch nach meinem speziellen emotionalen und physischen Metabolismus. Ich gehe an eine Sache während einer kurzen Periode sehr intensiv heran; dann aber nehme ich mir die Freizeit, um meine Energien und das Interesse für andere Dinge wiederzugewinnen.

Es war für mich ganz natürlich, diese Methode zu Beginn meiner Karriere zu entwickeln, da ich ein sorgloser Junggeselle war. Mir stand vollkommen frei hinzugehen, wohin ich wollte, und bei einem Kunden so lange zu bleiben, wie ich es für angebracht hielt.

Natürlich war es in vielen Städten an den Wochenenden ziemlich langweilig. Deshalb habe ich stets versucht, so viele geschäftliche Besprechungen wie möglich auf Wochenenden zu legen. Bars habe ich stets gehaßt; auch lebte ich nicht gerne alleine in Hotelzimmern. Doch war ich der Ansicht, für jeweils drei Wochen lasse sich alles ertragen. Und mehr Zeit brauchte ich nicht, um für die vorhin erwähnte Firma die höchsten Umsätze zu erreichen.

Während einer ziemlich langen Zeit in Europa habe ich erkannt, daß meine vor Jahren entwickelte Lebensweise dem entspricht, was man als europäischen Lebensstil bezeichnen könnte. Auf dem europäischen Kontinent findet man die Einstellung, Geldmachen sei nicht das Endziel aller Bemühungen. Geschäftemachen ist nur ein Teil der eigenen Existenz.

Der typische Amerikaner jedoch denkt nur an Geschäfte. Selbst wenn ein gestandener Geschäftsmann sich in den Ruhestand zurückzieht – und das gilt besonders für den angestellten Manager – möchte er oft wieder einer Arbeit nachgehen. Denn der Manager eines amerikanischen Unternehmens übt Macht über Menschen aus; und über andere zu herrschen, das kann zu einer starken Droge werden. Und noch etwas: Wer niemals gelernt hat, sich zu entspannen und andere Dinge des Lebens zu genießen, dem wird es bald langweilig.

Wird ein hochrangiger, bei einem großen Unternehmen angestellter Manager in Pension geschickt, dann verliert er einen großen Teil seiner Identität. Und dann stellen sich oft erhebliche gesundheitliche Probleme ein. Herzanfälle treten besonders häufig kurz nach der Pensionierung auf, doch sind sie nicht die normale Todesursache. Viele Ex-Manager sterben tatsächlich an gebrochenem Herzen. Das Telefon läutet nicht mehr. Sie werden nicht mehr gebraucht, haben es außerdem versäumt, sich außer ihren Berufskollegen wirkliche Freunde zu machen. Auch die Ziele, die sie sich einst setzten, bieten keine Möglichkeiten mehr. Und so wird ihr Leben wertlos, zumindest glauben sie das.

So sieht die Lebensweise eines angestellten Unternehmers aus. Wer aber sein eigener Herr ist, der wird nicht in Pension geschickt. Mit zunehmendem Alter kann er einige Verantwortungen und zeitliche Verpflichtungen reduzieren. Hat man gelernt, standfest zu sein, braucht man sich nie ganz von der heißgeliebten Tätigkeit zurückzuziehen – zumindest nicht, solange man es nicht ausdrücklich will.

Persönliche Voraussetzung Nr. 5: **Gute Menschenkenntnis**

Ein Hautproblem war stets mein Versäumnis, für die Unternehmen, die ich aufbaute oder in die ich mich einkaufte, die richtigen Leute einzustellen. Bei vielen Gelegenheiten ließ ich mich zu leicht von geistreichen Einstellungsgesprächen mit jungen Draufgängern täuschen und vertraute gegen mein besseres geschäftliches Urteil ihrem nur bescheidenen unternehmerischen Hintergrund. Und mehr als einmal mußte ich das hinterher bereuen.

Da traf ich einen augenscheinlich intelligenten und eindrucksvollen jungen Heißsporn – Alter Mitte Zwanzig – mit einer großartigen Idee für ein Fabrikationsprojekt. Mir war von Anfang an klar, daß das noch einiger „grauer Haare" bedurfte. Damit will ich sagen, er brauchte einige ältere Manager mit beträchtlicher Erfahrung für die Leitung der Produktions- und der Finanzabteilung des Unternehmens. Leider war er überzeugt, er wisse schon alles, und machte bankrott.

Beim Aufbau eines Unternehmens gilt ein fundamentaler Grundsatz: Man braucht beides – hart zupackende, kreative junge Leute (oder den klassischen Billy-the-Kid-Draufgängertyp) *plus* gestandene, erfahrene ältere Manager. Ohne die „grauen Haare" ist man oft von Anfang an zum Scheitern verurteilt. Ich wünschte, ich hätte diese Lektion bereits viel früher gelernt, weil ich durch entsprechende Vertragsklauseln eine Menge Fehler vermieden hätte. Unerfahrene Partner hätte ich ja nur dazu verpflichten brauchen, erfahrene Manager dort einzustellen, wo sie benötigt wurden.

Gegen mein besseres Wissen ließ ich mich von einem anderen jungen Unternehmer überreden, den Faktor „graue Haare" zu vergessen. Und so vergab er Jobs, deren einwandfreie Erledigung langer Erfahrung bedurft hätte, an unqualifizierte persönliche Freunde. Leider machte sich dieser Mangel sehr schnell bemerkbar. Die Firma ging wegen Kostenüberschreitungen und anderer Fehler fast in die Brüche, bis schließlich erfahrene Manager eingestellt wurden.

In jüngster Zeit gelingt es mir besser, die Zielsetzung des Managements verschiedener Firmen aufeinander abzustimmen – aber erst, nachdem ich hart an mir selbst gearbeitet habe, dem Mangel an Urteilsfähigkeit bei der Einstellung der richtigen Leute abzuhelfen. Bei unserer Zuteilung von Risikokapital ist es fast zum automatischen Verfahren geworden, voraussichtliche Unternehmer nach den Qualifikationen der Leute zu beurteilen, die sie eingestellt haben oder einzustellen gedenken. Erreichen wir in diesem Punkt keine „Übereinstimmung der Geister“, dann investieren wir nicht.

Ein potentieller Geschäftspartner sollte fünf spezifische persönliche Eigenschaften haben: Gute Erscheinung, Persönlichkeit, Intelligenz, Integrität und gesellschaftlichen Status.

Das äußere Erscheinungsbild

Ein saloppes, ungepflegtes oder sonstwie physisch nicht repräsentables Erscheinungsbild ist auf jeden Fall ein Negativposten. Der halbe Erfolg jedes Geschäftsmannes besteht darin, erst einmal den Fuß in die Tür zu bekommen. Und man wird nie den Fuß in *irgendeine* Tür setzen können, wenn man keinen guten Eindruck macht.

Zwei junge Männer traten an einen Anleger von Risikokapital heran. Er sollte ihnen eine Firma finanzieren, die spezielle Wirtschaftsinformationen publizieren wollte. Einer der beiden Möchtegern-Unternehmer war sportlich und adrett gekleidet. Er *sah* schon erfolgreich *aus*. Der andere hatte Übergewicht; sein oberster Hemdknopf stand offen, seine Krawatte hing schief; er schien stets zu schwitzen und außer Atem zu sein.

Um die Geschichte abzukürzen: Der Anleger traf sich separat mit dem smart aussehenden jungen Mann und schlug ihm vor: „Ihre Idee ist gut. Warum verwirklichen Sie sie nicht alleine? Ihr Kamerad wird nur ein Hemmschuh für Sie sein.“

Tatsache war, daß der unordentlich ausschauende junge Mann über viele Aspekte des geplanten Unternehmens besser Bescheid wußte als sein Partner. Doch der Anleger ließ sich nicht überreden, und so kam der Vertrag nicht zustande, weil der adrette Jungunternehmer seinem ungepflegten Gefährten gegenüber loyal bleiben wollte.

Und die Moral von der Geschicht? Wer sich auf ein neues geschäftliches Unternehmen einlassen will, sollte zunächst eine knallharte, ehrliche Beurteilung seiner eigenen äußeren Erscheinung vornehmen und beispielsweise sein affektiertes Benehmen korrigieren.

Persönlichkeit

Für jeden Unternehmer ist es wesentlich, Persönlichkeit zu besitzen. „Persönlichkeit" ist die Eigenschaft, die bewirkt, daß die Mitmenschen sich in Ihrer Gesellschaft wohl fühlen. Menschen mit Persönlichkeit sind Gefühlen und Bedürfnissen anderer gegenüber empfänglich und zu echter Kommunikation fähig. Einige Eigenschaften gehören *nicht* zur Persönlichkeit: *nicht* aalglatt, *nicht* grob, *nicht* sarkastisch sein, und *nicht* immer zu spät kommen.

Eine mir bekannte Inhaberin einer Boutique besitzt einen scharfen Verstand, und sie nutzt ihn nur allzu oft, um andere damit zu reizen oder Späße auf deren Kosten zu machen. Sie ist intelligent und verfügt auch über andere gute Eigenschaften. Zudem ist sie attraktiv – ihrer gepflegten äußeren Erscheinung widmet sie täglich eine Stunde. Leider verwendet sie nicht eine einzige Minute darauf, die Wirkung ihrer Persönlichkeit dadurch zu verbessern, daß sie einmal darüber nachdenkt, welchen Eindruck sie auf ihre Mitmenschen macht.

Da diese Dame eine recht ungemütliche Aura um sich verbreitet, mögen die meisten Menschen es nicht, sich lange in ihre Nähe aufzuhalten. An sie denkt man bestimmt nicht zuerst, wenn man mit jemandem Geschäfte machen oder Leute zu einer Gesellschaft einladen will. Daher gelingen ihr auch nicht die guten Abschlüsse, die sie zum weiteren Ausbau ihrer Firma benötigt. Und natürlich leidet auch ihr Privatleben darunter.

Intelligenz

Damit ist nicht einfach der Intelligenzquotient (IQ) oder gar angeborene Genialität gemeint, obwohl die besten Unternehmer zweifellos ziemlich clever und helle sind. Ich meine vielmehr die Art von Intelligenz, die man braucht, um ein neues Unternehmen in Schwung zu bringen. Dazu gehören a) die Fähigkeit zu kommunizieren und b) geradeaus und logisch zu denken.

Mit anderen Worten – Leute von durchschnittlicher Intelligenz und unterdurchschnittlicher Bildung können durchaus ein florierendes Unternehmen auf die Beine stellen, *vorausgesetzt* sie können untereinander und mit ihren Kunden richtig kommunizieren. Eine wirksame Kommunikation gibt ihnen die Möglichkeit, ihre Probleme konstruktiv zu lösen, produktiv zusammenzuarbeiten und gute gemeinsame Entscheidungen zu treffen.

Der erfolgreiche Unternehmer muß die Art von Intelligenz besitzen, die es ihm ermöglicht, sich die richtigen Ziele zu setzen und sich auf wichtige Prioritäten zu konzentrieren. Eine typische Schwäche junger, unerfahrener Unternehmer ist ihre Unfähigkeit, ihre Zielsetzungen enger zu fassen. Sie neigen dazu, alles gleichzeitig anzupacken, weil sie es nicht verstehen, ihre Energien und Ressourcen zur Verwirklichung präziser Zielsetzungen massiert einzusetzen.

Ein sehr gescheiter junger Mann wollte ein gemeinnütziges Unternehmen gründen. Ihn faszinierten viele Ideen, die er alle auf einmal verwirklichen wollte. Natürlich fehlten ihm die Zeit, die Fähigkeit und der finanzielle Rückhalt, alles das zu tun, wofür er sich interessierte. Das Ergebnis: Jahrelang erreichte er überhaupt nichts; seine Karriere war ein totaler Flop.

Schließlich öffnete er sich dem Rat einiger Freunde, die ihm von Anfang an gesagt hatten, er müsse seine beachtlichen Fähigkeiten auf ein oder zwei Dinge konzentrieren. Als er diesen Rat befolgte, begann seine Organisation geradezu sprunghaft aufzublühen.

Es genügt also nicht, einen hohen Intelligenzquotienten zu besitzen. Man muß auch praktische Methoden beherrschen, die eigene Intelligenz zur Verwirklichung unternehmerischer Ziele einzusetzen.

Integrität

Sie sollten jedem, mit dem Sie zusammenarbeiten wollen, vertrauen können – und die anderen müssen Ihnen vertrauen können. Behaupten Sie gegenüber Kollegen oder Kunden, etwas erledigt zu haben, was Sie nicht getan haben, dann wird das deren Vertrauen erschüttern, sobald sie dahinterkommen. Schlimmer noch – täuschen Sie einen Geschäftspartner, kann das Ihr Ansehen in der Branche für immer ruinieren. Unehrlichkeit ist etwas, was in Arbeitsbeziehungen gewöhnlich eine unüberwindliche Schranke aufrichtet.

Eine Dame gründete eine Stellenvermittlung, die außerordentlich erfolgversprechend schien, für sie selbst wie für die Mitarbeiter, mit denen gemeinsam sie die Agentur aufbaute.

Eines Freitags beauftragte sie einen der Angestellten, einen scheinbar sehr gescheiten und vielversprechenden jungen Mann, ein sehr wichtiges Päckchen mit der Nachtpost an einen wichtigen Kunden abzuschicken. Nun hatte der junge Mann an diesem Nachmittag einige persönliche Dinge zu erledigen, weshalb er das Päckchen erst am Montag morgen zur Post brachte.

Als die zornige Chefin am Montag danach fragte, belog er sie. Da er das Päckchen weisungsgemäß am Freitag aufgegen habe, müsse es wohl verlorengegangen sein. Natürlich wurde seine Lüge schon am Tage darauf offenkundig, als das Päckchen eintraf und der Kunde das Absendedatum auf dem Einlieferungsschein feststellte.

Die Chefin dachte einige Tage über die Unaufrichtigkeit nach und kam schließlich zu der Überzeugung, daß sie unter diesen Umständen mit dem jungen Mann nicht mehr zusammenarbeiten konnte. Sie entließ ihn.

Der junge Mann hat dadurch eine große Chance verpaßt. Seine Kollegen erreichten mit dem Wachsen der Firma verantwortungsvolle und gut bezahlte Posten, was er zweifellos auch geschafft hätte, wenn er mehr Integrität bewiesen hätte. Leider machen die meisten Menschen sich nicht klar, wie sehr mangelnde Integrität zum Verlust von Freunden und zu geschäftlichen Fehlschlägen führen kann.

Status

Es ist sehr schwierig, über dieses Thema zu sprechen. Wenn man es nur anschneidet, denken viele Menschen in unserer egalitären Gesellschaft, man progagiere elitäres Denken. Dennoch halte ich es für wichtig, daß ein angehender Unternehmer folgendes begreift: Wenn ihm zufällig bewußt wird, daß er für ein bestimmtes Unternehmen den falschen gesellschaftlichen Status hat, dann wird sich das bestimmt zum Nachteil auswirken.

Was genau ist Status?

Den richtigen Status besitzen, das bedeutet nicht zwangsläufig, zur High Society zu gehören. Es bedeutet nur zu wissen, wie man sich gesellschaftlich in die Gruppe einreiht, die man beeinflussen möchte.

Ein relativ hoher Status geht oft schon mit der erworbenen Bildung oder dem Berufsstand einher: Ärzte, Rechtsanwälte und sonstige Akademiker genießen bei den meisten geschäftlichen Zusammenkünften hohes Ansehen. Auch Titel heben den Status einer Person an – Präsident, Professor, Vorstandsvorsitzender . . . oder in Europa ererbte Titel wie Herzog, Graf und dergleichen.

Außerdem scheint der Besitz eines beträchtlichen Vermögens – oder auch nur der *Anschein,* über viel Geld zu verfügen – zum Status beizutragen. Ferner tun dies besondere Ehrungen, die einem zuteil wurden, Auszeichnungen, die man erhalten, oder Bücher, die man geschrieben hat. Selbst die Stadt oder der Stadtteil, in dem man lebt, kann Status verleihen. In New York wird eine Adresse in der Park Avenue oder Fifth Avenue mehr Status verleihen als eine in den Außenbezirken von Brooklyn oder Queens.

Keines dieser Elemente ist von entscheidender Bedeutung für das Ziel, ein erfolgreicher Unternehmer zu werden. Doch können sie bestimmt hilfreich sein. Sieht man etwa Ihren Status als zu niedrig an, dann können Sie schon als Verlierer gelten. Und Sie werden stets draußen vor der Tür stehen.

Ein junger Unternehmer wurde zu einer Party geladen, die teils rein gesellschaftlichen, teils geschäftlichen Zielen diente. Zu den Gästen gehörten auch einige sehr intellektuelle und vermögende Herren der besten Gesellschaft. Er war auf der Suche nach Kapitalgebern für ein von ihm geplantes Unternehmen. Der junge Mann schien über alles zu verfügen, was man dafür benötigt. Er besaß ein gutes Aussehen, eine gewinnende Persönlichkeit, unverkennbare Intelligenz und die Reputation absoluter Integrität. Doch stellte sich schnell heraus, daß die junge Frau in seiner Begleitung überhaupt nicht zu diesem Bild paßte.

Bei der abendlichen Unterhaltung stand sie ständig mit der englischen Sprache auf dem Kriegsfuß und beging einen faux pas nach dem anderen. Der Schaden war schließlich irreparabel, und der junge Unternehmer hatte es in den Augen der potentiellen Geldgeber verdorben, weil die gesellschaftliche Unzulänglichkeit seiner Begleiterin den eigenen Status erheblich minderte.

Man muß gar nicht elitär denken – nur realistisch muß man sein! Status ist ein Faktor, den die Leute bewußt oder unbewußt zur Einschätzung des geschäftlichen Potentials anderer nutzen. Und in dieser besonderen Gruppe waren die Statuserfordernisse strenger, als sie in vielen anderen Situationen gewesen wären. Da der junge Unternehmer diese Tatsache nicht erkannte, verlor er die Chance, für sein Projekt finanziellen Rückhalt zu bekommen.

Das Grundprinzip ist einfach: Man muß die Mentalität der Leute kennen, mit denen man es zu tun hat, und man muß den gesunden Menschenverstand nutzen. Es ist nun einmal so, daß Bankers nicht ohne Krawatte herumlaufen; also komme man nicht in salopper oder schlampiger Kleidung, wenn man von einem Bankier Geld haben will.

Natürlich kann andererseits protziges Zurschaustellen eines „hohen Status“ schädlich sein. Ich habe mich oft in Situationen befunden, in denen es darauf ankam, das Image eines biederen, netten Kerls zu verbreiten, um potentielle Kunden oder Anleger für mich einzunehmen. Unter solchen Umständen könnte das Image blaublütiger Herkunft die eigenen Chancen eher vermindern als fördern.

Will man also jemanden einstellen, zum Partner nehmen oder ganz allgemein beurteilen, dann beachte man die hier erwähnten fünf Punkte. Konzentrieren Sie sich auf das äußere Erscheinungsbild, die Persönlichkeit, Intelligenz, Integrität und Status. So wird man einen Menschen am ehesten beurteilen. Gelegentlich kann man diesen Test auch mit sich selbst machen, um herauszufinden, wie man auf andere wirkt. Dabei sollte man vor allem die größte eigene Schwäche identifizieren und dann versuchen, sie zu korrigieren.

Diese „persönlichen Voraussetzungen“ für unternehmerischen Erfolg gelten natürlich auch für jeden beliebigen anderen Lebensbereich, einschließlich Nebenbeschäftigungen, kulturelle und kirchliche Aktivitäten. Natürlich verschmelzen sie auch mit der zweiten bedeutsamen Kategorie, den *geschäftlichen* Voraussetzungen. Die Draufgänger-Persönlichkeit verfügt über beide Merkmale.

4. Kapitel

Die unternehmerische Persönlichkeit

„Derjenige darf sich erfolgreich nennen,
der gut gelebt, oft gelacht und viel geliebt hat."
Bessie Anderson Stanley
Preisgekrönte Definition in einem
Preisausschreiben des Brown Book
Magazine 1904

Persönliche Eigenschaften sind das solide Fundament jedes geschäftlichen Erfolgs. Die Fähigkeit, in spezifischen Situationen innerhalb von Handel und Industrie etwas leisten zu können, entscheidet jedoch letztlich über Erfolg oder Mißerfolg eines Unternehmens. Die nachfolgend beschriebenen „geschäftlichen Voraussetzungen" sollen dazu beitragen, ein Individuum zu dem zu formen, was man als Unternehmerpersönlichkeit bezeichnen könnte.

Geschäftliche Voraussetzung Nr. 1: **Der feste Glaube, daß nichts unmöglich ist**

Um Großes leisten zu können, muß der Mensch fest daran glauben, daß nichts unmöglich ist. Das ist jedoch nicht so leicht. Ich habe oft gesagt: Hätte ich vorher gewußt, wieviel Kopfschmerzen es mir bereiten würde, die Avis Rent-A-Car Gesellschaft in Gang zu bringen – eigentlich auch viele meiner späteren Unternehmen – dann hätte ich nie den Mut aufgebracht, damit überhaupt anzufangen.

Bei meinem Mietwagenprojekt war das Problem nicht das Geld, da wir von Anfang an Gewinne erzielten. Sorgen bereitete mir jedoch das Tempo unserer Expansion. Wuchsen wir nämlich zu schnell, dann würden wir nicht in der Lage sein, das Managementsystem auf die Beine zu stellen, mit dem wir gewissermaßen über Nacht landesweit operieren konnten. Und doch mußte ich zwangsläufig unseren Schwung und unsere Bruttoertragsziffer, unseren *cash-flow*, beibehalten. Deswegen entschloß ich mich, Lizenznehmer mit nachgewiesenem Managementtalent für den Betrieb der neuen Flughafenfilialen in verschiedenen Regionen des Landes zu suchen.

Ich wußte, daß einige Lizenznehmer eines Tages fünfzehn bis zwanzig Millionen Dollar im Jahr umsetzen würden, wenn sie und wir erfolgreich waren. Dennoch entschied ich ganz bewußt, den besten Betreibern die Lizenz *kostenlos* zu überlassen. Das schien mir der beste Weg, den selbst erteilten Auftrag so schnell wie möglich zu verwirklichen, also das größte Mietwagensystem der Welt aufzubauen.

Anfänglich hatte ich keine Ahnung, was es bedeutete, Lizenznehmer auszusuchen und mit ihnen zusammenzuarbeiten. Dazu kam noch, daß mir erst nach und nach die anderen Plackereien bewußt wurden, der ganze Papierkrieg und die Auswahl und Anstellung des Personals, das für ein wirklich internationales Unternehmen gebraucht wurde.

Ganz offen gesagt: Bei vorherigem Wissen um diese Schwierigkeiten wäre ich vielleicht schon entmutigt gewesen, bevor die Sache richtig losging. Allgemein ausgedrückt: Die vorherige Kenntnis aller Fallgruben eines kaufmännischen Unternehmens kann das Verlangen zunichte machen, es überhaupt zu beginnen. Aus dieser Sicht ist Unwissenheit ein Segen für den Unternehmer, zumindest ein gewisser Grad von Unwissenheit. Probleme, die gelöst werden müssen, *werden* gelöst, denn für einen seiner Sache verschworenen Unternehmer gilt wahrhaftig der Spruch, „Not macht erfinderisch".

Noch eines ist zu bedenken. Wer zu viel negativ denkt, dem bleibt viel weniger Zeit für das Positive – für die Ideen und Projekte, für die eine echte Erfolgschance besteht. Daher soll der Unternehmer sich auf die produktiven Möglichkeiten konzentrieren und auch versuchen, sich mit Kollegen zu umgeben, die positiv und realistisch statt negativ denken.

Eine für viele erfolgreiche Menschen typische Variante der „Das kriegen wir schon hin"-Haltung ist die fehlende Bereitschaft, ein Nein als Antwort zu akzeptieren. Ich war oft versucht, es hinzunehmen, wenn jemand, der es eigentlich wissen mußte, mir sagte: „Das geht nicht! ... Das kann nicht funktionieren! ... Das ist nicht gestattet! ..." Andererseits danke ich noch heute meinem Glücksstern, daß ich zumindest bei einem bedeutenden Immobiliengeschäft nicht dem Rat derjenigen folgte, die mir sagten, die Sache sei unmöglich.

Mit Hilfe mehrerer Kredite hatte ich ein Drittel der Anteile an einem Gebäude mit 100 Appartements erworben. Dann hatte mein Partner eine glänzende Idee: Wir sollten die einzelnen Appartements als Eigentumswohnungen verkaufen, obwohl dieser Wohnungstyp zu jener Zeit in den Vereinigten Staaten noch gar nicht richtig bekannt war.

Das Konzept war neu und reizte mich; also machte ich mit. Doch standen wir sofort vor einem großen Problem. Ein anderer Partner erklärte: „Eine Finanzierung für dieses Projekt bekommen wir nur, wenn wir mindestens fünfzig Prozent der Appartements verkauft haben. Das ist in diesem Bundesstaat Gesetz."

Zunächst akzeptierte ich diese Anschauung, und wir arbeiteten wie besessen daran, genug Wohneinheiten zu verkaufen, um die Fünfzig-Prozent-Klausel zu erfüllen. Über vierzig Prozent schafften wir, die fünfziger Marke konnten wir jedoch nicht erreichen. Auch waren die Verkäufe ja noch nicht rechtsgültig, solange wir die fünfzig Prozent nicht erreicht hatten. Nun begannen einige von uns gewonnene Käufer wieder auszusteigen, bis nur noch zwanzig übrigblieben. Während dieses frustrierenden Zeitraums verloren wir etwa eine Millionen Dollar an Mieten für die freibleibenden Appartements, Werbekosten, Zinsen für aufgenommene Kredite, Anwalts- und Managementkosten.

Die Situation schien völlig verfahren – bis ich beschloß, ein paar Fragen zu stellen. Wir gingen zu unserem Hypothekenmakler, um uns näher informieren zu lassen, und erkannten sofort unseren Fehler: Es *gab kein* Gesetz, das fünfzig Prozent Verkäufe verlangte, bevor die gewünschten Kredite verfügbar wurden! Das war vielmehr nur eine private Politik der Hypothekenmakler. Ein guter Anwalt hätte diesen teuren und frustrierenden Irrtum verhindern können. Nach intensiven Verhandlungen überzeugten wir den Makler, daß wir nun die Finanzierung vorantreiben sollten, auch wenn wir noch nicht die Käufer für fünfzig Prozent unserer Eigentumswohnungen vorweisen konnten. Makler und Banken begriffen endlich, daß es auch in ihrem Interesse lag, uns das Projekt durchziehen zu lassen, und stimmten der Freigabe des Geldes zu.

Em Ende holten wir nicht nur die verlorene Million Dollar wieder herein; wir erzielten auch eine Million Gewinn. Diese Erfahrung, das angeblich Unmögliche möglich zu machen und dabei viel Geld zu verdienen, veranlaßte mich, groß ins Geschäft mit Eigentumswohnungen einzusteigen. Als in den sechziger und siebziger Jahren Eigentumswohnungen nach und nach zu einem wichtigen Unternehmenszweig wurden, stiegen wir in dreizehn Bundesstaaten ein. Es dauerte nicht lange, da erzielten wir Umsätze von 200 Millionen Dollar, darunter ein zwanzig Millionen Dollar Projekt im Georgetown Bezirk von Washington, D. C.

Das war damals eine gewinnträchtige, kreative Zeit, die auch Spaß machte. Wir führten Neuerungen ein (die seither Allgemeingut geworden sind), etwa Autostellplätze für jedes Appartement, ferner Klubhäuser, in denen die Inhaber der Eigentumswohnungen mit Nachbarn zusammenkommen und kommunizieren konnten. Außerdem gaben wir der Vereinigung der Wohnungsinhaber jedes Großprojektes die finanziellen Mittel, die Gestaltung der Eingangshallen ihrer Gebäude selbst zu bestimmen.

Als wir in diesen Markt einstiegen, warnten uns viele „Experten“, wir wüßten nicht, was wir tun. Die Kritik konzentrierte sich oft auf unsere Methode der Preisgestaltung. Häufig sagte man uns: „Diese Wohneinheiten werden Sie niemals verkaufen, weil der Preis zu hoch ist.“ Oder aber man sagte: „Das wird Ihnen nie Gewinn bringen, weil Sie diese Wohnungen zu billig verkaufen.“

Das war alles ein Teil jenes uralten „Sie wissen ja gar nicht, was Sie tun, und außerdem ist es unmöglich“ – Syndroms, das ich inzwischen zu ignorieren gelernt habe. Statt auf die Pessimisten zu hören oder mir wegen meines eigenen mangelnden Wissens Sorgen zu machen, erkundete ich direkt die Meinung des „Mannes auf der Straße“. Achtundvierzig Stunden nachdem wir einen Komplex von Eigentumswohnungen auf den Markt gebracht hatten, wußte er uns unfehlbar zu sagen, ob wir den Preis der Wohneinheiten zu hoch oder zu niedrig angesetzt hatten. Entweder wurde überhaupt nicht gekauft, oder alle Wohnungen gingen so schnell weg, daß im Vergleich damit der berühmte kalifornische Goldrausch wie ein Sonntagsspaziergang ausgesehen hätte. Sobald wir die Reaktion unserer potentiellen Käufer studiert hatten, paßten wir unsere Preise entsprechend an.

Man soll also die Aussagen typischer Neinsager nicht so ernst nehmen. Vielen Leuten fehlt einfach das Vertrauen und die Kreativität, so lange mit einem Problem zu ringen, bis die Lösung gefunden ist. Wer jedoch bereit ist, Ja statt Nein zu sagen, und zu glauben, daß alles möglich und nichts unmöglich ist – der wird erstaunt sein über alle die Glücksfälle und positiven Abenteuer, die nur darauf warten, eine positive Einstellung zu belohnen.

Geschäftliche Voraussetzung Nr. 2: **Die Bereitschaft, das geplante Geschäft zu verlieren**

Wer sich zum ersten Male als Unternehmer betätigt, muß viel persönliche Risiken und emotionalen Streß auf sich nehmen. Ich selbst war mein Leben lang mit dem Aufbau vieler Unternehmen beschäftigt, weshalb für mich Risiken längst feste Bestandteile meines Lebens geworden sind. Doch habe ich auch gelernt, wie ich mein persönliches Risiko begrenzen kann, etwa indem ich niemals persönlich für Kredite bürge. Ich meine, nichts ist die Sache wert, deswegen bankrott zu gehen.

Als Anfänger mußte ich jedoch an neue Projekte eher mit einer Methode des Alles oder Nichts herangehen. Deshalb bürgte ich damals persönlich, und wahrscheinlich tun junge Unternehmer das auch heute.

Vor vielen Jahren wurde ich als selbständiger Handelsvertreter für ein Unternehmen der chemischen Industrie im Mittleren Westen tätig. Ich arbeitete nur für Kommissionen, obwohl ich die Option hatte, es auch für ein festes Gehalt zu tun. Ich war zwar nur für eine einzige Firma tätig, agierte in der Praxis jedoch wie ein selbständiger Unternehmer.

Auf diese Weise hatte ich die größten Verdienstmöglichkeiten, aber auch Risiken. Es hätte ja sein können, daß ich für das besondere Produkt ein ungeeigneter Handelsvertreter war. Oder aber – selbst wenn ich mich als fähig erwiesen hätte – bestand doch die Möglichkeit, daß es für das Produkt in dem mir zugewiesenen Bezirk keinen Markt gab. Und es hätte sein können, daß der Verdienst nicht ausreichte, meine Bedürfnisse zu decken.

Zum Glück erwies sich das Risiko als lohnenswert. Ich wurde der Spitzenvertreter der Firma und verdiente bald mehr als jeder andere in diesem Unternehmen, ausgenommen der Vorstandsvorsitzende.

Das besagt jedoch nicht, daß diese Tätigkeitsform die richtige für jedermann ist. Schließlich war ich ledig und keiner Familie verantwortlich – ein Vorteil, den nicht jeder strebsame Unternehmer für sich in Anspruch nehmen kann.

Nehmen wir das Beispiel eines guten Bekannten, der sich mit dem Gedanken trägt, sich selbständig zu machen. Er ist Mitte vierzig, verheiratet, hat drei Kinder, von denen zwei ein College besuchen. Als Manager eines großen Unternehmens war er recht erfolgreich. Außerdem hat er in den vergangenen zehn Jahren mit harter Arbeit runde 50 000 Dollar gespart.

Diese Summe sollte an sich für ihn und seine Frau eine stille Reserve für den Fall sein, daß etwas schief ging oder er seinen Job verlor. Natürlich gab das keine große Sicherheit, doch würde es reichen, einige Monate lang die Hypothek abzuzahlen und den laufenden Lebensunterhalt zu bestreiten. Nun aber versucht ein Kollege ihn dazu zu überreden, ein eigenes Unternehmen zur Vermarktung von Kinderspielzeug für Lehrzwecke aufzubauen.

In diesem Fall müßte mein Bekannter seine gesamten Ersparnisse in das neue Geschäft stecken und nach Büroschluß und an den Wochenenden zusätzlich arbeiten. Am Ende stünde der Verzicht auf seine feste Anstellung und der volle Einstieg in das neue Unternehmen innerhalb von sechs Monaten.

Aber er fühlt sich unsicher und füllt die Seiten seines Notizblocks mit Berechnungen, wie er seine Kinder durch das College bringen kann, falls er bei diesem Unternehmen alles verliert und im nächsten Jahr ohne Job dasitzt.

Was ich ihm rate? Ich sagte ihm, er solle das ganze vergessen. Dafür sprechen viele Gründe. Zunächst einmal könnte er einen größeren finanziellen Verlust gerade jetzt nicht verschmerzen – und er weiß das. Wegen der familiären Umstände – und *nicht* wegen eines Charakterfehlers – fehlen ihm der Mut und die Unabhängigkeit, die ein Unternehmer braucht, um etwas Neues zu schaffen. Er hat so hart geschuftet, um die 50 000 Dollar zu sparen, unter Verzicht auf neue Autos, Fernsehempfänger und kostspielige Urlaube, daß ich meine, er könnte ein Scheitern emotional nicht verkraften. Er müßte das ganze Risiko auf sich nehmen, die eigene und die Sicherheit der Familie aufs Spiel setzen – und das würde einfach zu viel für ihn sein.

Kurz gesagt: Ein erfolgreicher Unternehmer muß bereit sein *alles* zu verlieren und wieder bei Null anzufangen. Diese Haltung alleine verschafft ihm die gefühlsmäßige Freiheit, große Chancen beim Schopf zu packen, alle Risiken logisch abzuwägen und bei schwierigen Entscheidungen, wie sie gerade im Anfangsstadium jedes neuen Unternehmens zu treffen sind, einen klaren Kopf zu behalten.

Geschäftliche Voraussetzung Nr. 3: **Genügend Startkapital**

Eine bewährte Faustregel besagt, daß es wahrscheinlich doppelt so viel kosten wird, ein neues Unternehmen aufzubauen, wie man anfänglich annimmt. Als Minimum muß man mit fünfzig Prozent mehr Kapital rechnen, als man selbst nach gewissenhafter Planung und Vorausberechnung annimmt.

Warum ist das so? Vielleicht weil alle erfolgreichen Unternehmer chronische Optimisten sind, fest davon überzeugt, das Unmögliche verwirklichen zu können. Also neigen sie dazu, die Zahl der auftretenden Probleme zu unterschätzen. Dazu gehören etwa die verschiedenen Mehrkosten und zwangsläufigen Unzulänglichkeiten, Produkte, die ihren Zweck nicht voll erfüllen, zumindest nicht während der ersten Produktionsphasen.

Man sollte deshalb sehr sorgsam rechnen und planen, daraus die Summe errechnen, die man als Startkapital braucht – und dann fünfzig Prozent draufschlagen oder, besser noch, die Summe verdoppeln. Das ist dann die Summe, die Sie wahrscheinlich benötigen, bevor Ihr neues Unternehmen soviel Gewinn abwirft, daß es sich selbst trägt.

Und wenn man nicht über so viel Kapital verfügt?

Die meisten Anfänger besitzen es nicht. Sie können keine Bank oder Risikokapitalgeber überreden, sie finanziell abzustützen, und es fehlen ihnen die persönlichen Ressourcen, das Kapital selbst zu erzeugen. Aufgrund von „Milchmädchenrechnungen" und als positive Denker wagen sie es dennoch, überzeugt davon, sie könnten gegen jede Wahrscheinlichkeit gewinnen. Glücklicherweise gelingt es einigen tatsächlich; sie machen das Unmögliche wahr. Viele andere geraten jedoch schnell in finanzielle Schwierigkeiten und müssen schließlich aus dem Geschäftsleben ausscheiden.

Diejenigen, die es eben so schaffen, stützen sich vielleicht auf gelegentliche Bargeldzuschüsse von hilfreichen Familienangehörigen und Freunden. Mit Verstand und Beharrlichkeit realisieren sie tatsächlich das unmöglich Scheinende. Potentiell könnten auch Sie zu diesen glücklichen, an Barvermögen armen, aber letztlich doch erfolgreichen Jungunternehmern gehören. Also lassen Sie sich von niemand entmutigen. Wenn Sie es nicht ausprobieren, wird man ja nie wissen, ob Sie nicht gegen jede Wahrscheinlichkeit doch Erfolg haben und überleben.

Eine Warnung ist jedoch angebracht. Ist Ihr Startkapital zu klein, dann müssen Sie noch mehr als sonst auf die anderen Ingredienzen achten, die zu einem guten unternehmerischen Eintopf gehören. Überdenken Sie Ihre Strategie besonders gründlich, weil Sie sich keine dummen Fehler leisten können. Angesichts der dünnen Kapitaldecke hängen Sie an einem hauchdünnen Faden, der jeden Augenblick reißen kann. Vor allem sollten Sie folgende Faktoren beachten:

- Die Höhe des finanziellen Beitrags, den vielleicht die Ehefrau leisten kann. Eine Ehefrau mit unabhängigem Einkommen kann ein finanzielles Polster liefern, wenn zusätzliches Bargeld benötigt wird, um das Projekt in Gang zu halten, oder wenn Ihnen zufällig das nötige Bargeld für Ihre nächste Mahlzeit fehlt.
- Ihre privaten, familiären und finanziellen Bedürfnisse. Können Sie es durchhalten, in einer billigen Wohnung zu leben und täglich sechzehn Stunden zu arbeiten – ein Jahr lang ... oder zwei ... oder gar drei? Oder haben Sie Kinder, die in diesem oder nächsten Jahr die Universität besuchen sollen?
- Der Grad der Wirtschaftlichkeit, die Sie in Ihr Geschäft investiert haben. Betreiben Sie es ohne ordentliches Budget, dann sind Sie wahrscheinlich schon erledigt, bevor Sie richtig angefangen haben.

Geschäftliche Voraussetzung Nr. 4: **Die feste Entschlossenheit, das erste Produkt gewinnbringend herauszubringen**

Wer ohne ausreichende Kapitalreserve arbeitet, muß auf jeden Fall stets auf der Hut sein vor unvorsichtigen Schritten auf dem eingeschlagenen Weg. Am gefährlichsten wäre es, auf halbem Wege auf ein anderes Produkt oder Konzept umzuschalten, sobald sich ein finanzieller Engpaß bemerkbar macht. Vielleicht meinen Sie, das neue Produkt werde sich als Retter in der Not erweisen; dessen Kosten werden Ihnen aber gewöhnlich das Genick brechen.

Viele Unternehmer standen vor dem Ruin, nachdem sie beschlossen hatten, ein weiteres Produkt auf den Markt zu bringen, bevor ihr erstes Gewinne erzielte. Bringt das erste Produkt keinen Gewinn, dann häufig deswegen, weil es nichts taugt oder weil das Management schlecht ist. Und dasselbe Problem kann sich auch bei Ihren weiteren unternehmerischen Bemühungen einstellen. Auch die neuen Produkte können schlecht gewählt sein oder Managementfehler können sich wiederholen.

Ich denke da an den Fall eines in Schwierigkeiten geratenen Autohändlers. Seine Ausgaben lagen erheblich über dem, was er erwartet hatte, vorwiegend wegen schlechten Managements. Dann bot sich im plötzlich die Chance, an einem anderen Ort ein zweites Autohandelsgeschäft zu übernehmen.

Wenige Tage nach Überprüfung der Möglichkeiten war er schon fest davon überzeugt, hier die Lösung für alle Probleme gefunden zu haben. Also übernahm er auch das zweite Geschäft und steckte eine Menge Zeit und Geld in dessen Entwicklung. Und das war nun wirklich ein kapitaler Fehler. Mangels ausreichender Managementkenntnisse fiel er genau in die Falle „zweites Produkt". Er steckte Geld und Energie in ein zweites Konzept, bevor das erste ausreichend funktionierte. Er erkannte nicht: Wer mit seinem ersten Geschäft keinen Gewinn erzielen kann, muß damit rechnen, daß er auch beim zweiten keinen machen wird.

Und genau das geschah. Beim zweiten Unternehmen wiederholte er die Fehler des ersten, und diese Fehler akkumulierten sich. Nun verlor er mit zunehmender Geschwindigkeit Geld in *beiden* Firmen und mußte bald aus dem Geschäftsleben ausscheiden.

Ein solches Beispiel mag deprimierend wirken. Zweifellos können starker Optimismus und positives Denken den Unterschied zwischen Erfolg und Mißerfolg ausmachen. Es bleibt aber von vorrangiger Bedeutung: Man muß die feste Entschlossenheit, Managementbegabung und das Fachwissen haben, das zuerst angefangene Geschäft gewinnbringend zu gestalten, bevor man versucht, zusätzliche Verantwortungen zu übernehmen.

Geschäftliche Voraussetzung Nr. 5: **Pragmatismus im Geschäftsleben und im Leben ganz allgemein**

Unternehmer leben nicht im Elfenbeinturm. Sie leben und wirken in der realen Welt und verstehen besser als die meisten Menschen, sich anbietende Chancen zu nutzen.

Man kann es auch so formulieren: Unternehmer sind Pragmatiker, die von der Herausforderung besessen sind, ihr Ziel zu erreichen – ein erfolgreiches und gewinnbringendes Unternehmen aufzubauen. Die besten unter ihnen werden diesem Ziel fast alles andere unterordnen, selbst ihren Stolz und ihr Ego.

Ein lehrreiches Beispiel für das Funktionieren dieses pragmatischen Prinzips bot mein eigenes Autohandelsgeschäft. Es gehört mir seit Jahrzehnten. Ich betrieb es schon, bevor ich das Mietwagenunternehmen startete.

Es war eine meiner besten Investitionen, die ich je getätigt habe, vor allem weil ich Glück mit meinem Managementstab hatte. Meinen Managern habe ich stets ausreichend freie Hand und auch eine stattliche Gewinnbeteiligung gelassen, so daß sie weitgehend so handeln konnten, als seien sie vollkommen selbständig. Das Ergebnis: Wir waren ziemlich erfolgreich.

Doch können sich immer einmal Konflikte ergeben, die dann Gelegenheit schaffen, besten unternehmerischen Pragmatismus zu demonstrieren. So beschloß einer meiner Manager in einem Fall, ein bestehendes Verkaufsprogramm durch Abstriche an den Kommissionen zu ändern. Das dabei ersparte Geld wollte er in den Werbeetat stecken. Die verdreifachten Werbeausgaben sollten seiner Ansicht nach einen steilen Anstieg der Umsätze und der Einkünfte aller Mitarbeiter bewirken.

Als ich von seinem Plan erfuhr, sorgte ich mich um die Reaktion des Verkaufspersonals. Doch wollte ich mich nicht einmischen, da es stets meine Geschäftspolitik war, dem Management die Zügel lokker zu lassen. Außerdem hatte ich allen Grund zum Optimismus. Dieser Manager hatte nämlich bisher stets ein gutes und gesundes Urteil besessen.

Rückblickend weiß ich, daß ich ihn hätte warnen sollen. Da er eine ähnliche Methode in einem anderen Bundesstaat studiert hatte und überzeugt war, sie werde auch bei uns funktionieren, ließ ich ihn gewähren.

Es funktionierte jedoch nicht. Im Gegenteil: Das gesamte Verkaufspersonal kündigte, was uns einige hunderttausend Dollar kostete.

Erfahrungsgemäß verkauft jeder Autoverkäufer, der mehrere Jahre im selben Unternehmen tätig ist, monatlich drei Wagen an Bekannte und Kunden. Da damals zwanzig Verkäufer für uns arbeiteten, bedeutete das ein Minus von sechzig Wagen. Die Gewinne fielen in den Keller; die Änderung der Strategie wurde ein ungebremster Reinfall.

Kritik an diesem Manager war nicht angebracht, da wir ja seinen Plan gekannt hatten und ihn dennoch gewähren ließen. Immerhin war dieser Vorfall für uns ein Anlaß, die Aktivitäten unserer Autoverkäufer genauer im Auge zu behalten. Bald danach ergab sich ein neues Problem als Folge einer Managemententscheidung, die meines Erachtens zur Katastrophe führen mußte. Diesmal beschloß ich einzugreifen.

Ich schickte dem betreffenden Manager ein Team, das ihm klar machte, er könne den von ihm vorgesehenen Weg nicht einschlagen. Als er opponierte, sagte man ihm: „Dann müssen wir die Vertragsklausel in Anspruch nehmen und Sie auszahlen."

Er gab sofort nach – weil er Pragmatiker war. Dieser Mann liebte sein Unternehmen. Er wußte, daß er für diese Filiale der geeignete Mann war, aber auch, daß niemand unentbehrlich ist und jeder ersetzt werden kann. Seine praktische Haltung ermöglichte es ihm abzuwägen zwischen seiner Freude an diesem Job und den Bedürfnissen seines Ego – und dann seinem Job Priorität einzuräumen.

Der betreffende Autohändler ist ein ausgezeichneter Fachmann und Manager. Heute ist er eher bereit, zuzuhören und andere Standpunkte zu akzeptieren, und sein Betrieb ist noch gewinnbringender geworden. Dieser Vorfall bestätigte mir auch: Auch ein sehr guter Manager gerät von Zeit zu Zeit aus dem Tritt. Das sind dann die Augenblicke, in denen der übergeordnete Manager eine feste Haltung einnehmen muß.

Eine ähnliche Lehre, wenn auch in einem völlig verschiedenen Kontext, läßt sich aus einer persönlichen Begegnung ziehen, die ich vor sechs oder sieben Jahren mit einem führenden Entertainer hatte, der zufällig ein guter Freund ist. Er organisierte einige Shows in Acapulco, und ich hörte, er befinde sich in finanziellen Schwierigkeiten. Als wir uns trafen, sprach er ganz offen von diesen Problemen, und es schien mir, er halte nach Hilfe Ausschau.

Also sagte ich ihm: „Es geht mich natürlich nichts an. Aber wenn du willst, schicke ich dir einige meiner Finanzexperten. Die können sich Deine Situation genauer anschauen und Dir entsprechende Empfehlungen machen."

Er stimmte begeistert zu. Meine Leute machten sich an die Arbeit und stießen dabei auf mehrere Probleme. Eines davon war, daß der Entertainer 1,9 Millionen Dollar von einer Bank geliehen und es versäumt hatte, seinen zu fünfzig Prozent am Geschäft beteiligten Partner den Kredit bei der Bank gegenzeichnen zu lassen.

Zunächst einmal ließen wir den Partner gegenzeichnen. Dann empfahlen wir dem Entertainer, er solle seine Firma verkaufen. Nach Analyse der gesamten finanziellen Situation gaben meine Experten zusätzlich Ratschläge.

Vor einiger Zeit begegneten wir uns wieder, und er berichtete mir, was seit unserem Treffen vor mehreren Jahren geschehen war. „Du sollst wissen, daß ich alle Empfehlungen genau befolgt habe. Heute geht es mir finanziell besser als je zuvor, und für diese Hilfe möchte ich Dir danken.“

Diese internationale Berühmtheit besitzt eine der entscheidenden Eigenschaften eines erfolgreichen Unternehmers: Er ist durch und durch Pragmatiker und nicht zu stolz, auch von einem Außenstehenden Hilfe anzunehmen, wenn es den Anschein hat, die angebotete Hilfe könne seine Position als Unternehmer verbessern.

Natürlich lag die letzte Entscheidung bei diesem Manne selbst. Er hat die überragende Fähigkeit, große Summen Geldes praktisch aus dem Nichts zu erzeugen. Unsere Ratschläge, wie er seine Einnahmen besser organisieren und einsetzen sollte, halfen ihm nur, von dem Verdienten mehr für sich selbst zu behalten.

Und doch sah er sein – was jedem von uns schon passiert ist – daß sein geschäftliches Urteil auch Mängel aufwies. Er handelte schnell, als er einen Weg sah, erhebliche Verbesserungen vorzunehmen. Diese Bereitschaft sich zu ändern, wenn es notwendig ist, um das Gewinnpotential zu vergrößern, ist typisch für die meisten erfolgreichen Unternehmer.

Die hier aufgeführten Voraussetzungen reflektieren die Grundausstattung, deren Sie bedürfen, um ein erfolgreicher Unternehmer zu werden. Doch sollten Sie auch von sich selbst genau wissen, wer Sie sind und wohin Sie gehen. Entscheidend ist, daß Sie sich selbst kennen, auch Ihre tiefsten und geheimsten Wünsche.

Was genau wollen Sie? Was bedeutet Erfolg wirklich für Sie? Was bedeutet es, die Nummer Eins in Ihrer Branche zu werden – und ist es wirklich wert, dieses Ziel anzustreben?

5. Kapitel

Der Unternehmer und seine Zündkerzen – Wie wird man die Nummer Eins?

„Mein Herz ist entbrannt in meinem Leibe. Und wenn ich daran denke, werde ich entzündet . . .“
Psalm 39,4

Der erfolgreichste Unternehmer ist jemand, der von dem Trieb besessen ist, sich hervorzutun – und das bedeutet oft, alle Konkurrenten aus dem Feld zu schlagen. Zweiter zu werden, das nimmt er nicht hin. Eine beharrlich nagende Stimme im tiefsten Innern treibt ihn ständig an: „Du mußt mehr als alle anderen umsetzen . . . mußt das beste Unternehmen aufbauen . . . mußt das Maximum verdienen . . . du mußt der Erste sein.“

Natürlich gelangen in jeder Branche nur wenige bis ganz oben. Tatsächlich als erster ins Ziel zu gelangen, bedeutet nicht zwangsläufig, als Unternehmer erfolgreich zu sein. Entscheidend ist, erster sein *zu wollen*. Dieser Ehrgeiz hält Sie in Schwung, selbst wenn alle anderen schon aufgeben und den Laden dicht machen wollen.

Einige Leute scheinen von Kindesbeinen an den fast zwanghaften Wunsch zu haben, den ersten Platz zu besetzen. Andere erobern ihn sich. Woher auch dieser innere Antrieb kommt, eines ist sicher: Man muß ihn haben, wenn man erfolgreich sein will.

Diese intensive Motivation ist ganz bestimmt in Reichweite jedes Lesers dieses Buches. Es kommt nur darauf an, die unternehmerischen Zündkerzen zu identifizieren und sie richtig zünden zu lassen

– jene tiefsitzenden persönlichen Antriebe und Motivationen, die den Menschen in die Lage versetzen, sich seinen Weg zu bahnen, durch dick und dünn, bis er wirklich Erfolg hat.

Bekanntlich wünschen einige Leute sich vor allem Reichtum. Andere streben nach Macht. Wieder andere möchten ihren gesellschaftlichen Status heben. Es gibt auch Leute, die sich an dem Gedanken begeistern, das Los anderer Menschen oder der Gesellschaft auf irgendeine Weise verbessern zu können.

Gelegentlich überlagern sich diese Antriebskräfte innerhalb derselben Person; zu anderen Zeiten scheint ein Leitmotiv alles andere zu übertönen. Glauben Sie daran, Geld werde alle Ihre Probleme lösen, dann kann es durchaus sein, daß der Zuwachs von Macht oder die Verbesserung der Gesellschaft Sie nicht restlos befriedigt. Für Sie ist es dann am besten, die Eintausend Dollar Scheine stets vor Ihrer Nase baumeln zu sehen, damit Sie von einer Herausforderung zur nächsten in Trab bleiben. Ist kein Geld zu verdienen, dann macht Ihnen alles keinen Spaß und die Puste bleibt weg.

Sind Sie jedoch darauf aus, anderen Menschen zu helfen und die Gesellschaft zu verbessern, dann finden Sie keine Befriedigung an einem Unternehmen, das Millionen Dollar einbringt, oder an der Möglichkeit, beträchtliche Macht auszuüben. Geld und Macht mögen ganz angenehm sein, bis zu einem gewissen Grad sogar notwendig. Für sich alleine jedoch wird beides Ihrem Leben nicht den letzten Sinn verleihen.

Ein erfolgreicher Unternehmer muß auf dem Wellenkamm eines oder mehrerer tiefsitzender innerer Antriebe seiner Persönlichkeit reiten. Meines Erachtens läßt sich diese Art machtvoller Motivation nicht künstlich erzeugen. Der Unternehmer muß vielmehr tief ins eigene Innere blicken und dort bereits vorhandene Vorlieben und Interessen finden, die ihm als „Zündkerzen“ dienen können. Dann lernt er, sie als stetige Zündung für seine geschäftlichen Unternehmungen zu nutzen.

Unser Leben ist stets eine Mischung aus mehreren Motiven. Deshalb bedarf es möglicherweise einer beträchtlichen Innenschau, um die unternehmerischen Zündkerzen innerhalb der eigenen Persönlichkeit zu entdecken. Sie werden sie bestimmt finden und guten Gebrauch davon machen lernen – wenn Sie sich nur die Zeit zum Suchen nehmen.

Wie schon am Anfang dieses Buches angeführt, habe ich im Lauf der Jahre einiges über mich selbst gelernt:

- Ich bin nicht gerne arm. Einer der Wege, nicht arm zu sein, ist erfolgreich zu werden.
- Die Tätigkeiten, mit denen ich mich abgebe, muß ich persönlich kontrollieren.
- Ich werde leicht ungeduldig und gelangweilt. Deshalb bedarf ich einer Vielfalt von Interessen, die mich befriedigen.
- Ich empfinde das tiefe Bedürfnis, Dinge *zu schaffen* – Dinge, die auf irgendeine Weise das Los anderer verbessern.

Das sind einige der machtvollsten Antriebe, die mein Leben in Gang halten. Doch welcher ist der mächtigste?

Es stellte sich folgendes heraus: Sobald ich eine vernünftige Menge Geld verdient und materiellen Komfort und Sicherheit erworben hatte, war ich nicht mehr so sehr hinter dem Geld her. Ich brauche kein Milliarden Dollar umsetzendes Imperium, um glücklich zu bleiben. So trat das Geld als Hauptmotiv nach anfänglichen Erfolgen in den Hintergrund.

In jüngster Zeit sind andere Motive in den Vordergrund getreten. Ich will die volle Kontrolle über alle meine Projekte, um unnötige Konflikte vermeiden zu können; ich strebe nach größerer Vielfalt und Kreativität; schließlich suche ich nach Möglichkeiten, altruistisch handeln zu können. Tatsächlich waren die Motive, kreativ und altruistisch zu sein, die wichtigsten inneren Impulse bei der Gründung von Avis Airlines Rent-A-Car Company. Natürlich wollte ich Geld verdienen, aber auch das Leben der Geschäfts- und Urlaubsreisenden leichter und angenehmer gestalten.

Zu jener Zeit betrieb ich auch einen sehr gewinnbringenden Automobilhandel, an dem ich offengestanden das Interesse in dem Maße verlor, in dem das Mietwagenkonzept an Schwungkraft gewann. Ich sagte den Automobillieferanten sogar: „Und wenn ich hier Geld wie Heu verdienen kann – mein wirkliches Interesse gilt Avis Rent-A-Car."

Ich fand also einen Weg, den „Zündkerzen" tief in mir Handlungsfreiheit zu geben. Das Konzept, das die Kraft besaß, mich zu inspirieren, war ein Flughafen-Mietwagenunternehmen, das den Zustand des Transportwesens der Nation verbessern konnte. Funktionierte es, dann würde das allen Reisenden unschätzbare Dienste leisten, die ständig Schwierigkeiten hatten, vom Flughafen in die Orte und Großstädte zu gelangen, in denen sie Urlaub machen oder ihren Geschäften nachgehen wollten. Auch hoffte ich, dabei viel Geld zu verdienen. Diese Faktoren reichten aus, in mir eine weißglühende Flamme in Gang zu halten – und die Avis Rent-A-Car Company war das Ergebnis.

Das ist jedoch nur ein Beispiel für Projekte, die mich inspirieren können, mit allen Fasern als Unternehmer tätig zu sein. Einige solche Impulse haben mich auch zu Unternehmungen in viel kleinerem Maßstab motiviert.

So stieg ich beispielsweise vor ein paar Jahren in ein Bäckereigeschäft ein. Was ich denn überhaupt vom Backen verstehe, fragen Sie. Gar nichts. Ich verstehe gut zu essen; doch das Herstellen von Brot, Kuchen und Torten gehört nicht eben zu meinen Stärken.

Also, es war nicht die Art des Geschäfts, die mich veranlaßte, Eigentümer einer Bäckerei zu werden. Auch spürte ich kein großes Verlangen, Macht über die großen Backkünstler dieser Welt auszuüben. Schließlich war es auch nicht die fixe Idee, dieses speziellen Bäckereiunternehmens werde mich Milliarden Dollar verdienen lassen und mich zum allmächtigen Beherrscher der Brotkörbe der ganzen Welt machen.

Nein, mein Hauptmotiv war, einem Freund zu helfen, der in persönliche und finanzielle Schwierigkeiten geraten war. Ihm gehörte die Bäckerei, und er war damals mit einer attraktiven Frau verheiratet, die ihn dazu verleitete, über seine Verhältnisse zu leben. Daher gab er viel mehr Geld aus, als er besaß – was ihm schließlich ein Konkursverfahren einbrachte. Das besagt, daß mein Freund nahe daran war, sein ganzes Vermögen durch Bankrott zu verlieren.

Als er mich bat, seine finanzielle Lage einmal genauer zu prüfen, erkannte ich sofort, daß das Hauptproblem im totalen Mißmanagement lag. Er gab mehr aus als er verdiente, und schuldete der Regierung einen ganzen Berg Steuern, dazu noch Tausende von Dollars anderen Gläubigern. Ein Teil seiner Verschuldung hing unmittelbar mit dem Geschäft zusammen, der andere war sein ganz privates Problem.

Den gesetzlichen Vorschriften entsprechend unterlag das Geschäft der gerichtlichen Konkursverwaltung. Bei einem Vergleichsverfahren versuchten die Gläubiger, möglichst viel von dem zurückzuholen, was er ihnen schuldete. Als ich während dieses Durcheinanders die Bühne betrat, schaffte ich es zunächst, daß mir die volle Kontrolle über das Unternehmen übertragen wurde. Das war notwendig, um die erforderlichen beträchtlichen Geldsummen einzuschießen und bedeutsame Änderungen im Management herbeizuführen. Nach kurzer Zeit erreichte ich, daß alle Gläubiger einem Rückzahlungsplan zustimmten.

Die Einigung mit den Gläubigern machte es möglich, das gerichtliche Verfahren einstellen zu lassen. Dann jedoch ergab sich ein Problem mit dem Eigentümer, dem ich zu helfen versuchte.

Mir war folgendes klar: Wieviel Geld wir auch immer ihm zahlen konnten, er würde es weiterhin fertigbringen, mehr auszugeben. Auch wenn wir ihm für sein Ausscheiden aus der Firma eine riesige Summe zahlen würden, war mit ziemlicher Gewißheit vorauszusehen, daß er sie in wenigen Jahren ausgegeben haben und pleite sein würde. Und dann würde man mich kritisieren, ihn getäuscht zu haben, obwohl ich die Sache doch nur aus Freundschaft übernommen hatte.

Um dieses Problem auf Dauer zu lösen, setzte ich ihm auf Lebenszeit ein beträchtliches Gehalt aus. Auf diese Weise konnte er nicht wirklich bankrott werden. Natürlich konnte er alles ausgeben, was er verfügbar hatte, bevor der nächste Monatsscheck eintraf. Aber es würde ja immer wieder ein neuer Scheck kommen.

Daraufhin gestaltete sich die Lage für den Bäcker recht gut. Es störte ihn wenig, daß seine Ehe in die Brüche ging. Dafür waren seine finanziellen Verhältnisse nun in bester Ordnung. Bis zu seinem Tode hat er sich nie beklagt, und wir blieben gute Freunde.

Ich persönlich fand bei dieser Geschichte heraus, daß es Vor- und Nachteile hat, Bäcker zu sein. Die Bäckerei brachte sofort wieder Gewinn, und meinen Partnern und mir machte es Spaß, einige grundlegende Verbesserungen einzuführen, etwa eine bessere Handhabung des *cash-flow*. Das führte zu einer schnellen Ausweitung des Umsatzes.

Einige unserer Neuerungen wurden inzwischen sogar von vielen anderen Bäckereien als Dauereinrichtung übernommen. So brachte unser schnelles Wachstum uns auf die Idee, in den Lagerhallen große Heizkörper zu installieren, die im kalten Winter warme Luft durch die Hintertüren der Lastwagenanhänger bliesen. Auf diese Weise konnten die Fahrer ihre Fahrzeuge beladen, während der Anhänger im Freien stand. Das ersparte den Bau neuer teurer Gebäude. Bisher hatte man stets geglaubt, man müsse die Fahrzeuge *innerhalb* eines Gebäudes beladen, um dem backfrischen Brot seine Wärme zu erhalten.

Doch ergaben sich noch andere Probleme. So blieben die Gewinnmargen niedriger als mir lieb war. Mir war klar, daß ich mich persönlich viel mehr engagieren mußte, wenn ich unsere Gewinne steigern wollte. Ich hatte jedoch keine Lust, viel Zeit dafür aufzuwenden, das Bäckereigeschäft genauer kennenzulernen. Außerdem war es damals schwierig, kompetente Manager zu finden.

Und dann die Probleme mit den Gewerkschaften. Ein einziger Streik hätte die Gewinne von fünf Jahren auslöschen können. Der Betrieb hätte das nicht verkraften können. Deshalb beschloß ich, das Unternehmen zu verkaufen und mich etwas anderem zuzuwenden.

Als ich die Bäckerei zum Kauf anbot, mußte ich leider feststellen, daß die altruistische Festsetzung einer Lebensrente für meinen Freund nun ein Haupthindernis wurde. Wie die Sache jetzt lief, würde es zehnmal mehr kosten als ich gedacht hatte, diese Rente zu garantieren. Mir wurde bald klar, daß diese Rechnung an mir hängen bleiben würde.

Als wir schließlich einen Käufer fanden, schlossen wir trotz gesicherter Lebensrente noch mit Gewinn ab. Und was zumindest ebenso wichtig war: Ich konnte befriedigt feststellen, daß ich imstande gewesen war, ein erfolgreiches unternehmerisches Abenteuer zu bestehen und zugleich noch einem Freund zu helfen, der ohne mich vermutlich alles verloren hätte.

Das also sind einige der Dinge, die mich als Unternehmer auf Touren bringen. Aber wie steht es mit Ihnen?

Welches auch immer Ihr Hauptmotiv im Leben sein mag, einer Sache können Sie gewiß sein: Jede unternehmerische „Zündkerze" zündet in zwei Richtungen. Ihre tiefsitzenden Antriebskräfte haben die Kraft, Sie an die Spitze zu befördern – *oder* ihre Erfolgschancen zu unterminieren. Sehen wir uns doch einmal das Plus und das Minus einiger allgemeinerer unternehmerischer Zündvorrichtungen an.

Zündkerze 1: **Kapital**

Geld wird stets ein Hauptmaßstab geschäftlichen Erfolges sein. Bei Unterhaltungen mit anderen Geschäftsleuten wollen diese als erstes erzählen, mit welchem Profit sie ihren Betrieb verkauft haben.

Geld verschafft dem Menschen gesellschaftlichen Status, elegant eingerichtete Häuser, die Freiheit zu reisen und die Möglichkeit, die Kinder auf die besten Schulen zu schicken. Auch bei größerem Altruismus ist das eine der Realitäten des Lebens, mit denen man stets konfrontiert wird. Ohne Geld können Sie Ihrer Familie keinen materiellen Komfort bieten, nicht reisen wohin Sie wollen, und viele Dinge nicht tun, die Sie gerne täten.

Viele Leute werden deshalb stark von Geld motiviert, weil ihre eigene Jugend sich in ärmlichen Verhältnissen abspielte. Eine Reihe mir bekannter Unternehmer stammt aus sehr armen Familien. Einige wußten oft nicht einmal, ob sie zur nächsten Mahlzeit überhaupt etwas zu essen auf dem Tisch haben würden. Ein guter Bekannter, der auf solche Verhältnisse zurückblickte, sagte mir: „Und wenn es in der Hölle oder in die Sintflut führt – ich werde einmal so viel Geld verdienen, daß mich nichts mehr umwerfen kann."

Dieser innere Antrieb zur Anhäufung von Wohlstand läßt den Menschen die Zähne zusammenbeißen und bei dem Bemühen, ein erfolgreiches Unternehmen aufzubauen, alle Rückschläge ertragen. Aber auch das Geldmotiv schafft Probleme.

Wie viel Sie auch besitzen, es wird Ihnen niemals genug sein. Eine sehr erfolgreiche Unternehmerin erzählte mir: „Als ich noch jung war, glaubte ich, ich würde reich sein, wenn ich 20 000 Dollar im Jahr verdiente. Mein Problem war nur: Als ich die 20 000 hatte, war das nicht genug. Ich wollte nun 30 000 verdienen und danach waren es 50 000."

Dieser Prozeß findet nie ein Ende- auch nicht für die eben erwähnte Unternehmerin, deren Firmen ihr inzwischen Millionen einbringen. Neuerdings beginnt sie jedoch, diesen Geldwahn, der eine entscheidende Triebkraft ihres Erfolges gewesen war, anders zu bewerten. Und sie wird sich über folgendes klar: Bleibt Geld ihr Erfolgsmaßstab, dann wird sie laufend genötigt sein, ihre Ziele immer höher und höher zu stecken, während sie sich von einem finanziellen Plateau zum nächsten bewegt. Einige Menschen befördern sich selbst auf geradem Wege auf den Friedhof bei dem Versuch, weit mehr anzuhäufen, als sie jemals ausgeben oder genießen können.

Diese zwanghafte, dunkle Seite des Triebs, Geld anzuhäufen, läßt sich an vielen Beispielen belegen. Ein sehr wohlhabender Bekannter beschloß, sich einen Privatjet zu kaufen. Auf meine Frage, wofür er ein so teures Ding brauchte, antwortete er: „Wer keinen eigenen Jet besitzt, den halten die anderen nicht für reich." Dieser Mann besaß soviel Geld, wie er sich nur wünschen konnte.

Dennoch sorgte er sich, er könne in den Augen seiner Freunde vielleicht nicht genug haben! Ich versuchte, mit ihm darüber zu diskutieren, doch er blieb halsstarrig. Bald nachdem er den Jet gekauft hatte, befriedigte der ihn auch nicht mehr. Er identifizierte dann einen anderen materiellen Besitz, den er angeblich brauchte, um erfolgreich zu erscheinen.

In diese Falle exzessiven Materialismus zu geraten, kann jedes geschäftliche Unternehmen seines Herzstücks berauben. Ich habe viele hervorragende Geschäftsleute gekannt, die diese Extra-Limousine, jenes Privatflugzeug oder jenen Gegenstand über Spesenkonto einfach haben *mußten*. Ehe sie dessen gewahr wurden, geriet ihr Unternehmen in die roten Zahlen, und was einst als vielversprechendes geschäftliches Abenteuer begonnen hatte, wurde zu einem Fehlschlag.

So kann also die Liebe zum Geld die Wurzel allen Übels für die Sorglosen werden. Wo materialistische Motive alle anderen verdrängen, da kann eins zum anderen führen, bis das finanzielle Desaster das ganze Unternehmen zum Einsturz bringt. Einige – wie mein Bäckerfreund, der stets die Spendierhosen anhatte – merken dann urplötzlich, daß sie selbst das vielversprechendste Geschäft nicht mehr in Gang halten können.

Wo liegt die Lösung dieses Dilemmas? Ist Geld die Hautantriebskraft, dann kann das für eine Weile gut gehen. Doch muß man stets vor der Versuchung auf der Hut sein, zu viel auszugeben. Und schließlich müssen Sie selbst bei bester Verwaltung Ihrer Finanzen ein anderes primäres Motiv finden, oder aber Sie enden als ausgesprochen unbefriedigter Mensch. Geld kann helfen, aber für sich alleine kann es niemals Glücksgefühle vermitteln.

Zündkerze 2: **Macht**

Die Macht, ein blühendes Unternehmen aufzubauen und zu leiten, besitzt eine energiespendende, belebende Qualität, die alle dem Menschen bekannten Drogen übertrifft. Doch kann Macht ebenso wie Geld einen zerstörenden wie einen konstruktiven Einfluß auf jeden Topmanager ausüben, freie Unternehmer eingeschlossen. Genau genommen macht Macht so süchtig, daß sie „Entzugserscheinungen" auslöst, wenn sie dem Betreffenden entzogen wird.

Ich war eingeladen, am „Wachwechsel" eines großen amerikanischen Konzerns teilzunehmen, bei dem die Zügel der Macht von einem Topmanager an den nächsten übergeben wurden. Dieses Erlebnis werde ich nie vergessen, weil der scheidende und der neue Chef bei der Gratulationscour unmittelbar nebeneinander standen. Was sich da abspielte, war wirklich bemerkenswert.

Die anderen Führungskräfte gratulierten einer nach dem anderen und sagten zum neuen Chef: „Großartig, daß Sie jetzt die Führung übernehmen ... Wann wollen wir Golf spielen? ... Darf ich Sie in der nächsten Woche anrufen?"

Der scheidende Chef wurde meistens übersehen. Nach und nach, fast von Minute zu Minute, sah ich die Farbe aus seinem Gesicht weichen. Er hatte die Plattform seiner Macht verloren und schien dieser Tatsache anläßlich der Veranstaltung zum ersten Male auf grausame Weise gewahr zu werden. Er gehörte zu den Leuten, die später an gebrochenem Herzen starben.

Entzug von Macht kann also eine verheerende Erfahrung sein. Das ist auch bei unternehmerischer Macht der Fall, die ins Privatleben überschwappt. Dessen wurde ich mir bewußt, als ich es mit einem sehr reichen Achtzigjährigen aus New York City zu tun hatte, der ganz und gar seiner Arbeit verfallen war.

Soweit mir bekannt, hat dieser Mann sich niemals einen freien Tag gegönnt. Ich war auch beeindruckt und sogar ein wenig amüsiert, wieviele Kinder und sonstige Familienangehörige um ihn herum wimmelten. Es waren alles gebildete und gestandene Menschen, darunter einige Anwälte und andere Angehörige akademischer Berufe. Doch schienen sie *dauernd* im Büro zu sein.

Einmal fragte ich ihn scherzhaft: „Dürfen auch Ihre Familienangehörigen nie Urlaub von den Geschäften machen?"

„Nein", antwortete er ohne den Anflug eines Lächelns. „Die sind genauso wie ich. Ich habe sie so erzogen. Und sie wissen: Wenn sie mein Geld erben wollen, dann sollten sie fast nie einen Tag frei nehmen. Es ist schon etwas Besonderes, wenn jemand wegen familiärer oder persönlicher Angelegenheiten das Büro schon am frühen Nachmittag verläßt."

Ich bin sicher, daß die Familie dieses Mannes einige Befriedigung darin fand, so hart zu arbeiten wie „der Alte". Ebenso gewiß ist, daß er ein erfolgreiches Unternehmen aufgebaut und dann noch bis ins hohe Alter sieben Tage in der Woche gearbeitet hatte, weil er das tiefe Befürfnis empfand, Macht als Familienpartriarch auszuüben. Diese Lebensweise mag ihm selbst Befriedigung verschafft haben, doch frage ich mich, ob das seiner Familie den gefühlsmäßigen Preis wert war, den sie zahlen mußte.

Eine solche Herrschaft über eine große Schar von Kindern, Enkeln und sonstigen Verwandten auszuüben, mag den Erfolg eines Unternehmens bis zu einem gewissen Grad fördern. Sie kann aber auch natürlichere, liebevolle Familienbeziehungen behindern. Ich selbst könnte in einem solchen Umfeld niemals arbeiten – selbst wenn der Boss mein eigener Vater wäre und über meine Erbschaft zu befinden hätte.

Zündkerze 3: **Gesellschaftlicher Status**

Der Trieb, einen höheren gesellschaftlichen Status oder Prestige zu erreichen, ist oft eng mit dem Bedürfnis verbunden, Geld oder Macht zu erwerben. Das Statusmotiv kann aber auch ganz für sich hervortreten und seine Wurzeln in Kindheitserlebnissen haben, als man sich als Außenseiter oder Unterlegener fühlte.

Ist das der bewegende Antrieb, dann ist daran gewiß nichts auszusetzen. Es kommt dabei nur darauf an, ihn als machtvolle, erfolgbringende Kraft zu erkennen, die Sie auf neue Höhen finanzieller und persönlicher Leistungen zu heben vermag.

Zugleich sollten Sie allerdings auf Ihre persönlichen Gefühle und Reaktionen achten, wenn Ihr Status einmal in Gefahr ist, was zweifellos hin und wieder während Ihrer geschäftlichen Laufbahn der Fall sein wird.

Eine große Gefahr für den statusbewußten Menschen liegt darin, arrogant zu werden. Auf der Party eines Unternehmens, die natürlich den gegenwärtigen Chef als Mittelpunkt haben sollte, erschien der ursprüngliche Eigentümer, der als Gründer der Organisation so etwas wie eine Legende war und auf jeder Veranstaltung des Unternehmens, die er besucht, eine überragende Rolle spielt.

Leider war der neue Boss sehr darauf bedacht, stets „die erste Geige zu spielen“. Er konnte die Anwesenheit eines anderen, der ihn gewissermaßen auf den zweiten Platz verwies, einfach nicht ertragen. In diesem Falle versuchte er zwar, seinem Vorgänger gegenüber höflich zu bleiben, doch fühlte er sich offensichtlich unbehaglich, bis der andere sich wegen einer weiteren gesellschaftlichen Verpflichtung verabschiedete.

Was kann man gegen solche emotionalen Reaktionen tun? Ich fürchte, nichts – außer solche Begegnungen als eine der Realitäten des Lebens zu akzeptieren.

Natürlich gibt es noch viele andere unternehmerische Zündkerzen, die bei einem jungen Unternehmer ein intensives Feuer von Motivationen in Gang halten können. Zweifellos werden alle auch negative Seiten haben, die das Leben unerfreulich gestalten können, wenn man sich der Gefahr nicht bewußt ist.

Meine eigenen Antriebe kontrolliere ich durch periodisches Nachdenken darüber, was es mir wirklich bedeutet, mich als selbständiger Unternehmer abzumühen. Eine solche Innenschau bringt mir häufig in Erinnerung, daß Geschäfte nur ein Teil meines Lebens sind. In der Regel befasse ich mich mit meinen Projekten so intensiv, daß ich versäume, mich zu entspannen und das Leben auch einmal leicht zu nehmen. Ich könnte leicht der Versuchung erliegen, auch meinerseits ein von Streß geplagtes Leben zu führen. Dann würde ich wohl an mich selbst und an meine Partner Anforderungen stellen, die weder für sie noch für mich gesund und angenehm wären.

Einen Anschauungsunterricht jüngeren Datums erhielt ich während eines Gesprächs mit dem Eigentümer und Vorstandsvorsitzenden eines Unternehmens, das einige hundert Millionen Dollar umsetzt. Es war an einem Freitagnachmittag. Während einer Gesprächspause sprach er den zufällig an der offenen Tür vorbeikommenden Präsidenten des Unternehmens an.

„Übrigens, heute abend fliegen einige wichtige Kunden ein. Würde es Ihnen etwas ausmachen, mit uns zu Abend zu essen?"

Der Gesichtsausdruck des Präsidenten verriet mir, daß es ihm sehr wohl etwas ausmachte. Doch er antwortete: „Das ist kein Problem. Ich komme gerne."

Bei einer solchen Einladung in letzter Minute zu einem geschäftlichen Dinner am Freitagabend lag die Annahme wohl nahe, daß der Präsident des Unternehmens schon feste Pläne mit seiner Ehefrau oder Familie gemacht hatte. Ich war ganz sicher, daß er seine Frau anrief und alle Pläne rückgängig machte, um seinem Boss gefällig zu sein. Er wußte, daß er eine solche Einladung vielleicht ein oder zweimal abschlagen konnte. Bei einer dritten Absage würde er jedoch seine Stellung riskieren.

Das ist die Art von Macht, die ein einflußreicher Wirtschaftsführer oder Unternehmer ausüben kann. Es ist eine Macht, die leicht mißbraucht wird. So wie der Eigentümer eines blühenden Unternehmens oft zu große Anforderungen an sich selbst stellt, tut er das möglicherweise auch bei seinen Untergebenen. Letzten Endes werden alle darunter leiden, nicht zuletzt das Unternehmen.

Kurz gesagt: Die Nummer Eins in einer Branche zu sein bedeutet nicht, daß man die Empfindlichkeiten anderer mit Füßen treten darf. Vielmehr können die Früchte des Erfolges sauer werden, wenn die Geschäftsinteressen die Freizeit und das Familienleben beeinträchtigen – oder man ihretwegen in diese geheiligten Lebensbereiche anderer eingreift.

Noch ein typisches Beispiel. Ein flüchtiger Bekannter schuf gewissermaßen aus dem Nichts einen Herstellungsbetrieb mit einem Umsatz von etwa 100 Millionen Dollar. Er hatte den Ruf, ein zielbewußter, recht unangenehmer Mensch zu sein, der nur daran interessiert war, was jeweils für ihn persönlich unter dem Strich herauskam, und sich nicht besonders um seine Angestellten oder Kollegen kümmerte.

Schließlich verkaufte er sein Unternehmen und hoffte, den Rest seines Lebens als im Geschäftsleben nicht mehr aktiver Weiser verbringen zu können, um dessen anregende Gesellschaft und Rat die Leute sich reißen würden. Diesem Zweck diente auch der Ankauf einer Yacht. Auf ihr gedachte er „Hof zu halten"; ein nicht abreißender Strom von Freunden und Bekannten sollte zu seinen Bord-Partys erscheinen. In diesem Stil hatte er seine Beziehungen als aktiver Unternehmer arrangiert, und so sollten sie auch nach seinem Rückzug aus dem Geschäftsleben fortgesetzt werden.

Andere erfolgreiche Unternehmer besuchten ihn ein oder zweimal, um sich das Boot anzusehen. Dann aber begannen sie, auf Einladungen mit Ausflüchten zu reagieren. Da er seine einflußreiche Position aufgegeben hatte, besaß er nicht mehr die Anziehungskraft, Leute um sich zu versammeln. Seine Persönlichkeit als solche war nicht warmherzig oder interessant genug, Gefährten anzulocken.

Von diesem auf einer bestimmten Ebene sehr erfolgreichen Mann hätten Tests vielleicht ergeben, daß er das Zeug gehabt hätte, in seiner Branche die Nummer Eins zu werden. Betrachtet man sein Leben jedoch als Gesamtheit, dann war er keineswegs ein Erfolgsmensch. Die vorherige Unausgeglichenheit seiner Lebensführung war am Ende Ursache für einen furchtbaren persönlichen Schock – einen unbefriedigenden Ruhestand.

Wer besonders erfolgreich sein will, muß natürlich einen Preis zahlen. Die vielen Arbeitsstunden, die ständige Inanspruchnahme durch das Geschäftliche und die unvermeidlichen Opfer im Privatleben fordern ihren Tribut.

Unvermeidlich entstehen erhebliche Risiken für die privaten Beziehungen, wenn Sie Ihre Projekte mit der Zielstrebigkeit verfolgen, die eine Voraussetzung des Erfolgs ist. Vielleicht müssen Sie auch auf Antriebskräfte und Motive zurückgreifen – etwa das Streben nach Macht, Geld oder gesellschaftlichem Status – die Ihnen diejenigen entfremden, die Ihnen menschlich am nächsten stehen.

Deshalb kommt es schon bei der Definition und Verwirklichung der Zielsetzungen darauf an, stets den Blick dafür zu haben, was es bedeutet, im Leben glücklich und zufrieden zu sein. Ehe es zu spät ist, sollte man an irgendeinem Punkt alles ungestüme Erfolgsstreben dahinfahren lassen. An einem unkontrollierten Zündmechanismus kann man sich verbrennen. Sind Sie sich jedoch seiner explosiven Energie bewußt und unternehmen Sie etwas, ihn zu zügeln, dann erhalten Sie eine viel bessere Ausgangslage, können Sie die Nummer Eins nicht nur im Geschäfts-, sondern auch im Privatleben sein.

6. Kapitel

Wie man stets den Nagel auf den Kopf trifft

„. . . der Pfeil eines erfahrenen Bogenschützen trifft das Ziel, das sein Auge anvisiert."
William Shakespeare, Perikles

Als ich gerade vierzehn Jahre alt war, wurde ich aus meinem ersten Teilzeitjob gefeuert. Und das kam so:

Ein Sandwich- und Eiskremladen meiner Heimatstadt bot einen Teilzeitjob an, um den sich mehrere junge Leute bewarben. Es war ein sehr populärer Laden in dieser Gegend, mit einem reichhaltigen Angebot an Süßigkeiten, das Teenager von überall her anlockte. Ich wurde den anderen Kandidaten vorgezogen, weil ich die Gabe zu besitzen schien, den Kunden freundlich zu begegnen und die Produkte gut abzusetzen.

Leider hatte ich auch einen süßen Zahn.

Mir wurde der Mund bereits wäßrig, als ich die Schürze umband und die Kübel mit Speiseeis in Reichweite vor mir sah. Noch vor dem Lunch hatte ich bereits drei Portionen verputzt, und am frühen Nachmittag stand ich schon wieder auf der Straße, auf der Suche nach einem neuen Job.

Man könnte mir vielleicht vorhalten, ich hätte es wissen müssen, daß es nicht gut gehen kann, wenn man den Laden des Arbeitgebers auf diese Weise plündert. Diese Kritik hätte natürlich etwas für sich gehabt. Aber bitte bedenken Sie: Ich war ja noch ein Kind. An jenem Abend erklärte ich meiner Mutter: „Hätte man mir doch nur *gesagt,* daß auch die Eiskrem im Kübel Geld kostet, dann hätte ich das nie getan!"

Und auch das war richtig. Noch heute meine ich, daß der Fehler mehr beim Ladenbesitzer als bei mir lag. Im Grunde reicht dieses Problem weit über das hinaus, wie man einen vierzehnjährigen Teilzeitangestellten behandelt, und zwar bis zum Kern dessen, was es bedeutet, ein erfolgreicher Geschäftsmann zu sein.

Der Umsatz in diesem Laden war nie so, wie er hätte sein können. Das lag teilweise daran, daß der Besitzer einige Grundprinzipien verletzte. Beim Betrieb eines erfolgreichen Unternehmens sind vier grundlegende „Geheimnisse" zu beachten:
(1) sich über den selbsterteilten Auftrag klar werden,
(2) Ziele festlegen, die zur Verwirklichung des Auftrags beitragen,
(3) diese Ziele praktisch verwirklichen,
(4) jeden Schritt fortlaufend so genau überprüfen, daß man seiner ordentlichen Verwirklichung sicher sein kann.

Um zu erkennen, was das bedeutet, wollen wir meine persönliche Erfahrung mit der Eiskonditorei etwas näher unter die Lupe nehmen.

Der Auftrag des Ladenbesitzers schien zu sein, die einträglichste und beliebteste Eiskonditorei in dieser Gegend zu betreiben.

Das Ziel müßte es gewesen sein – und hier kann ich nur raten – diesen Laden an jener bestimmten Straßenecke zu eröffnen und dann zu versuchen, ihn so schnell wie möglich zu amortisieren. Höchstwahrscheinlich plante der Besitzer, einen vernünftigen Gewinnpegel zu erreichen, bevor seine Kapitalreserve erschöpft war. Hätte er beispielsweise 10 000 Dollar bereitgestellt, um den Laden in Gang zu bringen, dann hätte er ein angemessenes Einkommen erreichen müssen, bevor die 10 000 Dollar ausgegeben waren.

Das dritte Erfolgsgeheimnis hängt mit der praktischen Verwirklichung der Zielsetzungen zusammen, und an diesem Punkt geriet der Besitzer in Schwierigkeiten. Um seinen Auftrag und seine Zielsetzungen zu verwirklichen, mußte er zunächst Lebensmittel von hoher Qualität als Rohstoffe einkaufen und daraus gute Endprodukte herstellen. Alles sprach dafür, daß er in dieser Gegend damit gut gefahren wäre.

Genauso wichtig wäre es aber auch gewesen, Personal einzustellen, das die Eiskrem und die anderen Waren flott und selbstbewußt servieren konnte. Aber da kommt nun der junge Warren Avis daher – und dann geschieht das, was die Haltung des Ladenbesitzers gegenüber der Verwirklichung seiner Ziele symbolisiert.

An sich hatte der Eigentümer gut gewählt, als er mich einstellte. Der Prozeß der Verwirklichung der Zielsetzungen begann jedoch mit der mangelnden Schulung seiner Aushilfskraft zu zerbröckeln. Denn mein Boß machte sich nicht die Mühe, mir zu sagen, wie die Person an der Warenausgabe sich gegenüber den ihr anvertrauten Lebensmitteln zu verhalten hat. Er sagte also nicht: „Vernasche mir nicht den Gewinn!"

Welche Regeln bestanden hinsichtlich des Verzehrs der Ware? Wie war es, wenn man zwischen den Mahlzeiten *ein wenig* naschte? Und wenn man von der anvertrauten Ware essen durfte – gab es da quantitative Einschränkungen?

Wie die Regeln auch immer gewesen sein mögen, mir wurde nichts davon gesagt. Sie bleiben unausgesprochen im Kopf des Arbeitgebers. Und meine jugendliche Unerfahrenheit verleitete mich dazu, eines der kardinalen Gebote des Eiskremgeschäfts auf unerhörte Weise zu verletzen.

Natürlich gebe ich zu, daß es mir im zarten Alter von vierzehn Jahren an gesundem Menschenverstand mangelte. Doch habe ich mich oft gefragt: Was wäre gewesen, wenn ich nur *eine* Portion gegessen hätte? Oder ergaben *zwei* Portionen den Grenzwert, der meine Weiterbeschäftigung noch sicherte? Zugegeben, *drei* waren zu viel; da ich jedoch ein gewissenhafter junger Bursche war, hätte ich mich an die Spielregeln gehalten, wenn man mir nur gesagt hätte, was man von mir erwartete.

So komme ich trotz meiner eigenen Mängel zu der Schlußfolgerung, daß der Ladenbesitzer in diesem Fall bei der Verwirklichung des Auftrags und der Geschäftsziele versagt hat. Er verlor Zeit und schädigte die Moral im Unternehmen, indem er einen jungen Burschen einstellte, der die Erwartungen nicht erfüllte. Erstens mußte der Boß nun erneut die Prozedur des Interviewens und Einstellens von Anwärtern auf den Job wiederholen. Zweitens ist mir bekannt, daß die anderen Angestellten durch meine fristlose Entlassung verunsichert waren und ihr Vertrauen in die Fairness des Chefs und seine Kommunikationsfähigkeit erschüttert wurde.

Und das ist noch nicht alles. Der Eisladenbesitzer verletzte auch das vierte Grundprinzip unternehmerischen Erfolges – die laufende Überprüfung aller Maßnahmen.

Mit meiner Anstellung hatte er einen Fehler begangen, zog daraus jedoch nicht die richtige Lehre. Er versäumte es weiterhin, seine Angestellten zu schulen und ihnen beizubringen, was er von ihnen erwartete. Er strafte oder tadelte sie von Fall zu Fall – also nachdem sie eine nicht ausdrücklich festgelegte Verhaltensregel verletzt hatten. Offensichtlich spukten in seinem Kopf allerlei Regeln und Verhaltensmaßnahmen, doch erläuterte er sie niemals in persönlichen Gesprächen, Zusammenkünften des Personals oder schriftlichen Anweisungen.

Hier hatten wir also folgende Situation: Ein Geschäftsmann hatte eine gute Idee, die er in Form eines anregenden und vielversprechenden Auftrags formulierte. Auch die Zielsetzungen waren gut durchdacht. Selbst bei der praktischen Durchführung und auf der späteren Ebene der laufenden Überprüfung sammelte er Pluspunkte. Er kaufte nach wie vor gute Grundstoffe für seine Sandwiches und Süßspeisen, weshalb ein stetiger Kundenstrom in seinem Geschäft ein- und ausging. Doch kam er bei der praktischen Verwirklichung der Zielsetzungen mit einigen anderen Dingen nicht zu Rande. Vor allem versäumte er es, seine Angestellten richtig anzuleiten und auszubilden. Deshalb ließ der Service in diesem Laden stets zu wünschen übrig.

Im Rahmen der laufenden Überprüfung unterließ er es, das Getane zu kontrollieren, um sicher zu sein, daß es richtig geschah. Bis man einem Angestellten voll vertrauen kann, ist es ratsam, auf Fehler hinzuweisen und zu besprechen, wie sie vermieden werden können.

Eine abschließende Analyse ergibt, daß dieser Geschäftsmann zwar einigen Erfolg hatte, jedoch niemals den Höhepunkt unternehmerischer Leistung erreichte. Er schaffte es nicht, den besten Laden seiner Art in der Stadt zu haben. Auch erwirtschaftete er niemals so viel Gewinn, daß andere Unternehmer oder Kapitalanleger ihm die Tür einrannten, um ihm das Geschäft abzukaufen. Schließlich hat er zu keiner Zeit ausreichendes Zusatzkapital geschaffen, um einen zweiten oder dritten Laden oder sogar eine Ladenkette eröffnen zu können.

Alles das scheint Grundschulstoff für das Bemühen zu sein, im Wettkampf der Unternehmer als erster ans Ziel zu gelangen. Die Geheimnisse des Erfolgs scheinen auf einer Ebene sehr einfach zu sein; zumindest sind sie leicht zu Papier zu bringen. Das Schwierige ist nur die Disziplin, sie auszuführen.

Es gibt vier fundamentale Grundsätze, ein geschäftliches Unternehmen beliebiger Größenordnung in Gang zu bringen und zu halten. Diese Regeln sind stets dieselben, und es ist von ganz entscheidender Bedeutung, jede einzelne zu verstehen.

Der Auftrag

Bei jedem unternehmerischen Projekt bestehen Auftrag oder Zweck aus zwei Elementen:

1. *Die Grundidee.* Das ist das Schlüsselkonzept, das Wesentliche, was Sie tun wollen. Bei meinem Mietwagensystem war meine Grundidee, ein internationales Mietwagensystem auf Flughäfen einzurichten.

2. *Grundlegende Faktoren oder Prinzipien für das Funktionieren der Grundidee.* Bei meiner Mietwagenidee gehörten zu den Grundelementen: gute Gewinnlage, gutes Management, Leistungsfähigkeit, gute Handelsgeschäfte, ausgezeichneter Service.

Es ist sehr wichtig, dieses zweite Element von den spezifischeren Zielen zu unterscheiden, die man später setzt, um die praktischen Voraussetzungen für die Erfüllung des Auftrags zu schaffen. Von ihnen soll im nächsten Unterkapitel die Rede sein. Für den Augenblick wollen wir nur festhalten, daß die Formulierung eines Auftrages für das zu gründende Unternehmen weit mehr erfordert als das Festsetzen von Zielen.

Das ist der Punkt, an dem Enthusiasmus – oder auch *Ekstase*, wenn Sie so wollen – für ein neues geschäftliches Unternehmen entsteht. Jeder echte Unternehmer schwingt sich auf den Flügeln einer superneuen Idee nach oben. Das ist es nämlich, was es wirklich bedeutet, unternehmerisch zu wirken. Wer nicht im Innersten ein Knistern und eine Spannung verspürt, die von einem unternehmerischen Konzept ausgeht, der sollte die Finger davon lassen.

Neulich beschloß ich, ein neues Unternehmen zu gründen, das hervorragende computergestützte Bürosysteme entwickeln und vermarkten soll. Ich setzte mich zunächst an den Schreibtisch und hielt meinen Auftrag schriftlich fest: „Entwickle und bringe mit dem bestmöglichen Service das formschönste Informationssystem des ganzen Landes gewinnbringend auf den Markt."

Es gibt viele ausgezeichnete Unternehmer, die eher auf lokaler Ebene denken und agieren, dabei hervorragend verdienen und einen fabelhaften Lebensstil erreichen. Daß jener Eiskonditoreibesitzer, der mich als Teenager einstellte, auf begrenzter Grundlage tätig war, ist nicht ausschlaggebend. Es hätte ihm glänzend gehen können, wenn er sein gesamtes Tun besser organisiert hätte.

Ich persönlich halte überhaupt nichts davon, eine Sache nur halb anzupacken. Entweder ziele ich nach dem Mond oder überhaupt nicht. Man hat zunächst eine Idee. Dann fragt man sich bewußt oder unbewußt: „Wie kann ich aus meinem Konzept die meisten Kilometer, das meiste Geld oder den höchsten Lebenssinn herausholen?"

Viele Leute fragen ständig nach dem Anfangsstadium eines unternehmerischen Abenteuers. Vor allem sind sie von den dazugehörigen Ideen fasziniert. Sie fragen erstaunt: „Wie kommen Sie nur immer wieder an Ideen für etwas Neues? Und wenn Sie so eine Idee haben – woher wissen Sie, ob es ein Erfolg sein wird? Und wie ‚gestalten' Sie eine Idee so, daß sie ein Maximum an Erfolg und Profit erzielt?"

Es gibt viele Möglichkeiten, neue Ideen hervorzubringen. Zunächst einmal sollte man stets ein kleines „Ideenbuch" führen. Ein Geschäftsmann, der Ideen nicht sofort notiert, wird einen gewissen Prozentsatz davon verlieren. Und gerade die Idee, die durch die Lappen geht, hätte der Schlüssel zum großen Erfolg werden können. Also riskieren Sie nichts! Notieren Sie alles!

Sobald man etwas Muße hat, sollte man sich die Notizen ansehen und die Ideen herauspicken, die am vielversprechendsten erscheinen. Mit den besten sollte man gedanklich jonglieren und versuchen, sie in die Form zu gießen, die am lohnendsten und einträglichsten erscheint.

Das läßt jedoch immer noch die Frage offen: Woher kommen die neuen unternehmerischen Ideen?

Ideen für ein geschäftliches Unternehmen nehmen Gestalt an, sobald *ein Bedarf* dafür gegeben ist – und das ist gewöhnlich eine sehr persönliche Angelegenheit. Der Leser weiß ja bereits, daß auf diese Weise das Avis Mietwagensystem in Gang gebracht wurde. Ganz eindeutig bestand damals ein schreiender Bedarf an Automobiltransport für Flugreisende. Und an diesem Punkt setzte meine Idee an.

Nach und nach formte sich mein unternehmerischer Auftrag heraus. Ich gab mir selbst den Auftrag, ein Flughafen-Mietwagensystem aufzubauen, das folgende Bedingungen erfüllte:

- Einen Bedarf decken, der bisher nie gedeckt worden war;
- Etwas ganz Neues im privaten Personentransport schaffen;
- Einen bedeutsamen Beitrag für die Allgemeinheit leisten, indem ich Hunderttausenden von Reisenden das Leben angenehmer machte;
- Eine Menge Geld einbringen.

Kommt Ihnen das bekannt vor? Obwohl das eine recht vollständige Formulierung meines Auftrags für das Mietwagensystem war, deckt dieser sich interessanterweise in vielen Punkten mit den vorhin beschriebenen „unternehmerischen Zündkerzen“. Unsere besten Ideen und der auf ihnen beruhende geschäftliche Auftrag entwikkeln sich am häufigsten aus tiefsten persönlichen Motiven und Interessen.

Dieselbe Art zu denken und zu empfinden steckt auch in meiner Idee, das beste computergestützte Büro-Informationssystem der

Nation zu entwickeln. Ich habe niemals Zeit für das Alltagsmanagement von Firmen gehabt und stets bedauert, daß mein Zeitmangel mich in diesem Bereich verwundbar machte.

Vor ein paar Jahren beschäftigte meine Phantasie sich mit der Möglichkeit, Hightech-Konzepte für ein wirksameres Management bei geringerem Aufwand einzusetzen. Dementsprechend beschloß ich, meine Faszination von Hightech auf die täglichen Arbeitsvorgänge in einem Geschäftsbetrieb zu übertragen, und gründete die bereits erwähnte Firma für computergestützte Bürosysteme, die, wie ich hoffe, einen wirksamen Beitrag dazu leisten wird, die Bürosysteme überall im Lande leistungsfähiger zu gestalten.

Es könnte der irreführende Eindruck entstehen, es wäre leicht, an neue Ideen zu kommen. Eine Idee ist jedoch stets das Ergebnis von Kreativität, ob sie nun von einem Maler, einem Schriftsteller oder einem Geschäftsmann kommt. Und Kreativität braucht ihre Zeit. Man muß Zeit haben – ein Geschäftsmann muß sich oft die Zeit *nehmen* – einer Idee Entwicklungsmöglichkeit zu geben. Wer ständig mit seinem Alltagsjob beschäftigt ist, kann einfach nicht kreativ sein. Aus diesem Grunde sorgen ideen-orientierte Menschen seit der Zeit der alten Griechen bis zu vielen modernen Wissenschaftlern stets dafür, daß ihnen Zeit zum Nachdenken bleibt.

Man muß sich also Zeit freihalten oder in sein Leben planmäßig Perioden für Kreativität einbauen. Die Zeit für kreatives Denken und tieferes Nachsinnen sollte es möglich machen, den eigenen Geist zu klären.

Bei den Japanern ist es Tradition, Zeit zum Meditieren freizuhalten; das gilt auch allgemein für Menschen mit spirituellem Hintergrund. In diesen Traditionen steckt die Erkenntnis, daß ein wichtiger Teil des Lebens, vielleicht sogar der wichtigste, unsere alltägliche Existenz transzendiert. Beschäftigt man sich nur mit den Problemen dicht vor seiner Nase, kann man sie nicht gelassen bewerten und neue und kreativere Lösungen finden, dann wird man sich von ihnen nie lösen können. Ebensowenig wird man jemals imstande sein, sich über das gegenwärtige Problem in eine andere gedankliche Dimension zu erheben, in der man etwas ganz Gewöhnliches, das normalerweise der Aufmerksamkeit entgeht, auf völlig neue Weise zu sehen beginnt.

Selbst beim Spaziergang in einem Park versuche ich, alles um mich herum zu beobachten. Vielleicht mache ich mir Gedanken, wie man den Park noch schöner gestalten könnte. Oder ich denke beim Schlendern durch die Fifth Avenue in New York daran, wie ich den ständig gestauten Verkehr verbessern würde. Und wenn ich mich irgendwo auf dem Lande entspanne, denke ich möglicherweise darüber nach, wie man die Zäune und Hecken anders arrangieren könnte, um den Boden produktiver zu machen oder die Landschaft zu verschönern.

Diesen Mechanismus des Erzeugens von Ideen möchte ich an zwei Beispielen aus meinem persönlichen Besitz erläutern – einer Farm und einem privaten Grundstück. In beiden Fällen experimentierte ich mit einem unterirdischen Bewässerungssystem. Dieses Konzept kam mir natürlich nicht blitzartig, ohne irgendwelche geistigen Präliminarien. Es kristallisierte sich nach und nach heraus, und der gedankliche Prozeß ist immer noch im Gange.

Der Gedanke zur Verbesserung des Bewässerungssystems kam mir ursprünglich, weil es mich ärgerte, das Gras unserer Landschaft ständig verdorren zu sehen. Die meisten Sprinkler machen viel Arbeit und leisten wenig; daher hat fast jeder Grundstücksbesitzer das Problem, wie er den Rasen bewässern soll.

Sprinklersysteme sind pannenanfällig – entweder sie funktionieren überhaupt nicht, oder sie verbrauchen zuviel Wasser. Dann wächst das Gras nicht, wie es soll, wird von der Sonne verdorrt oder die Wurzeln greifen nicht tief genug in den Boden. Oft müssen die Wurzeln sogar wieder nach oben wachsen, um an ausreichend Wasser zu kommen.

Beim Nachdenken über dieses Problem erschloß sich mir ein reales Bedürfnis, das weit über meine eigene private Sphäre hinausreicht. Wäre es nicht viel besser, unsere großen Rasenflächen unterirdisch zu bewässern?

Der ursprünglich von anderen entwickelte Grundgedanke ist folgender: Man vergräbt Plastikrohre mit Löchern im Boden und bewässert dann die Wurzeln der Pflanzen und des Grases statt ihrer Oberflächen. Mit dieser Methode kann man die Wurzeln veranlassen, tiefer in den Boden zu wachsen und dadurch Gras und Pflanzen kräftigen. Außerdem benötigt man nur etwa ein Zehntel der von einem regulären Bewässerungssystem verbrauchten Wassermenge, und die Pflanzen können nicht verdorren.

Beim extensiven Testen dieser Methode haben wir viele Fehler gemacht. Zunächst einmal wußten wir nicht, wie tief die Rohre im Boden verlegt werden mußten. Obwohl die eigentlichen Urheber dieser Idee uns Anleitungen mitgegeben hatten, konnten wir nicht die richtige Wassermenge bestimmen. Kurz gesagt: Beim Testen, ob dieses System funktioniert, unterliefen uns viele Schnitzer.

Inzwischen bin ich ziemlich sicher, daß dieses System, auch wenn es auf unserem Grund und Boden schließlich funktionierte, sich nur auf rein privater Ebene anwenden läßt. Es würde wohl auch schwierig sein, es einer breiteren Öffentlichkeit zu verkaufen, zumal auch die Wartung sehr teuer ist. Aber diese Art des Ausprobierens gehört zu unserer Methode, Eignungsstudien zu erstellen.

Wenn wir den Beschluß fassen, eine Firma zu gründen und ein Produkt zu verkaufen, dann haben wir unseren Auftrag bereits gut formuliert. Die Auftrags-Phase der Unternehmensgründung ist bereits beendet, wenn man die Grundidee genauer abstimmt und sie dann als grundlegendes Geschäftsziel oder Zweck definiert. Mit dem Bewässerungssystem wäre unsere Zielsetzung gewesen, ein landesweit tätiges Unternehmen zu gründen, das sehr profitabel ist und bei bestem Service kostenwirksame Methoden der Rasenpflege anbietet.

Schließlich ist noch folgendes zu beachten: Den Auftrag des neuen Unternehmens festzulegen, ist gewöhnlich nicht nur Sache eines Einzelnen. Selbst wenn Sie gewissermaßen der Leithammel sind, der das ganze Unternehmen in Gang gesetzt, das Kapital aufgebracht und sich ganz allgemein „um den Laden gekümmert hat", sollten Sie darauf achten, daß Ihre engsten Mitarbeiter im allgemeinen mit Ihrer Sicht der Dinge übereinstimmen. Andernfalls können Sie scheitern.

Es ist tatsächlich sehr wichtig, bei der Formulierung des Auftrags den ganzen Mitarbeiterstab dabei zu haben. Alle sollten ermuntert werden, sich aktiv daran zu beteiligen. Jedermann sollte am Tisch Platz nehmen und das niederschreiben, was seiner Ansicht nach der grundlegende Auftrag des Unternehmens sein sollte. Da kann es natürlich viele Varianten geben. In der Regel werden alle den grundlegenden Geschäftszielen begeistert zustimmen und bedenkenswerte Vorschläge zum besseren Verständnis des Auftrags oder Unternehmenszwecks machen.

Dabei geht es jedoch nicht nur um Übereinstimmung. Vielmehr erreicht man durch diese Form gemeinsamen Überlegens der vom neuen Unternehmen einzuschlagenden Richtung, daß alle Mitarbeiter von Anfang an leistungsfähiger und produktiver sind. Sie verstehen den Auftrag, helfen bei seiner Fixierung mit; deshalb fühlen sie sich ihm verpflichtet, weil sie ein Teil von ihm sind. Man braucht daher weniger Stabsbesprechungen, und die Mitarbeiter sind ganz allgemein aktiver.

Dieses Verfahren, einen Konsens über den Auftrag zustandezubringen, ist absolut entscheidend, vor allem im Umgang mit Angestellten, Partnern und Aktionären. In einem mir bekannten Unternehmen gingen zwei Männer eine Partnerschaft ein, um eine Publikation mit Wirtschaftsinformationen herauszugeben. Das war an sich eine gute Idee, da beide über beträchtliche Erfahrungen und ausgezeichnete Verbindungen verfügten. Doch gab es dabei einen Schwachpunkt: Ihre Ansichten über den grundlegenden Auftrag der neuen Firma waren sehr verschieden.

Der eine Partner wollte das Unternehmen als Sprungbrett zum Aufbau eines größeren finanziellen Imperiums nutzen, war auf maximalen Gewinn aus und bereit, alles auszusparen, was keinen unmittelbaren Gewinn brachte. Für den anderen bestand der Auftrag hauptsächlich darin, einen erstklassigen Beratungsdienst für den durchschnittlichen individuellen Anleger zu schaffen, der aus anderen professionellen Quellen nicht genügend beraten wurde. Gewinn war für ihn nicht so wichtig; den wollte er nutzen, um die Qualität und den Bezieherkreis des Informationsbriefes zu verbessern bzw. zu erweitern.

Zwischen den Ansichten beider Männer über das Konzept des Auftrags bestand also ein eindeutiger Konflikt. Es mag den Anschein haben, als könnten Meinungsverschiedenheiten über Zielsetzungen im Zuge der täglichen Arbeit eines solchen Unternehmens ausgeglichen werden. Das ist jedoch selten der Fall. Am Ende stehen gewöhnlich ein echter Konflikt, gerichtliche Auseinandersetzungen und der Fehlschlag des Projektes.

In dieser Situation war der Mann, der vor allem einen qualitativ hochwertigen Informationsdienst für individuelle Anleger aufbauen wollte, bereit, keine Unkosten zu scheuen, um sein Ziel zu erreichen. Er telefonierte rund um den Erdball und setzte sich ins nächste Flugzeug, um auch dem geringsten Hinweis auf eine gute Story nachzugehen. Wenn es der beste Weg schien, seinen Kunden einen ausgezeichneten Service zu liefern, ließ er die erstklassigsten Finanzexperten für seinen Informationsdienst schreiben.

Sein Partner, im Grunde nur am Aufbau eines finanziellen Imperiums interessiert, war dagegen nur an der Monatsbilanz interessiert. Also drängte er ständig auf Senkung der redaktionellen Kosten. Anstelle hervorragender redaktioneller Arbeit betonte er gewinnbringende Nebentätigkeiten, etwa Seminare mit kommerziellem Aspekt oder Zeitungsanzeigen, die wiederum für den Partner nur von peripherem Nutzen waren.

Schließlich erwies sich bei diesem Konflikt über die Auslegung des unternehmerischen Auftrags, daß die beiden Partner grundsätzlich nicht miteinander auskommen konnten. Fast täglich stritten sie über Spesen – weil Auftrag und Zielsetzungen sich widersprachen. Daher bestanden für die Firma nicht die geringsten Erfolgsaussichten. Die Partner gerieten bei dem Versuch, Entscheidungen zu treffen, immer wieder in eine Sackgasse. Ohne klar definierte und abgestimmte Verständigung über die grundsätzlichen geschäftlichen Ziele degenerierte die Partnerschaft zu einer ständigen harten Auseinandersetzung, bis sie am Ende scheiterte.

Die Publikation wurde eingestellt, und die beiden Partner trennten sich. Inzwischen waren sie klüger geworden hinsichtlich der Notwendigkeit, sich über den geschäftlichen Auftrag grundsätzlich zu einigen und danach die zu seiner Umsetzung erforderlichen Zielangaben gemeinsam festzulegen.

Die genaue Formulierung des Auftrags und ein gewisser Konsens unter den Mitarbeitern sind also entscheidende erste Schritte zum Aufbau eines erfolgreichen Unternehmens. Ohne daß die Mitarbeiter (und Partner) ihre Erläuterung des Auftrags akzeptiert haben, kann man die Fixierung der Ziele nicht einmal in Erwägung ziehen. Es ist praktisch unmöglich, Ziele ohne einen vorher vereinbarten Auftrag oder einen abgestimmten Zweck festzusetzen.

Die Ziele

Die Festlegung von Zielen erfordert eine Aussage, wie Sie und Ihr Personal den grundlegenden Auftrag zu erfüllen gedenken.

Die meisten Leute versuchen, ihre Ziele festzusetzen, bevor sie sich näher mit dem Auftrag oder dem Zweck des geplanten Unternehmens richtig befaßt haben. Dann kommt es zu Fehlstarts; Mühen und Energien werden verschwendet, Konflikte entstehen. Und das alles, weil sie sich niemals über die einzuschlagende Grundrichtung geeinigt haben. Der Auftrag steht also an erster Stelle. Das ist einfach eine Sache der Systematik.

Den Zusammenhang zwischen Auftrag und Zielen möchte ich am Beispiel der vorhin erwähnten Firma für computergestützte Informationssysteme erläutern. Sie erinnern sich des Grundauftrags von Avis Management Systems: das bestmögliche Büro-Informationssystem liefern, mit erstklassiger Hardware, einwandfreier Software, Netzbetriebssystem und Schulungsprogrammen. Es sollte gewinnbringend landesweit vermarktet werden, gestützt auf die bestmögliche Serviceorganisation.

Das also war der grundsätzliche Auftrag. Wie stand es aber um die Ziele? Die müssen spezifischer definiert werden, weil sie gewissermaßen die Ringe auf den Zielscheiben benennen, auf die wir schießen müssen, um unseren Auftrag zu erfüllen.

Mit einem bildhaften Vergleich könnte man sagen, die Festlegung der Ziele sei eine Art, das Schwarze auf der Zielscheibe des Auftrags zu definieren. Zuerst macht man seine Aussage über den Auftrag. Dann identifiziert man die anzuvisierenden Ringe auf der Zielscheibe. Kann man schließlich noch die günstigste Stellung für die Schußposition einnehmen, dann befindet man sich bereits auf der Straße zum Erfolg. Jetzt bleibt nur noch die sehr wichtige praktische

Durchführung mit der laufenden Überprüfung aller Maßnahmen, um Auftrag und Ziel zu verwirklichen.

Ein Hauptziel bei der Entwicklung eines leistungsstarken computergestützten Informationssystems durch Avis Management Systems war es, das bestmöglich gegliederte „Buchhaltungs-Schaubild" zu entwerfen. Das war gewissermaßen der Nagel, den wir auf den Kopf treffen wollten. Wer kein Buchhaltungsexperte ist, sollte in diesem Zusammenhang wissen, daß ein solches Schaubild auf dem Schirm des Computers aufgliedert, wie man bestimmte Items in den Geschäftsbüchern voneinander trennen und stets abrufbereit zu halten plant. Auf diese Art lassen sich mit wenig Mühen und Kosten detaillierte Computerausdrucke herstellen, die eine genaue Übersicht über alle Kosten und Ausgaben geben und so die Vorausplanung erleichtern.

Angenommen, es entstehen Ihnen Kosten für den betriebseigenen Wagen. Auf Ihrem Schaubild möchten Sie Einzelheiten wie etwa die Versicherungsbeiträge darstellen. Also richten Sie im Computer eine Spalte „Versicherungen" ein, gekoppelt mit einer separaten Kennziffer des Buchhaltungs-Schaubilds. Kommt eine Rechnung für die Kfz-Versicherung, dann wissen Sie, wo der Computer sie verbuchen muß.

Natürlich war es das Ziel von Avis Management Systems, bei allem viel mehr ins Einzelne zu gehen. Wo ein normaler Geschäftsbetrieb vielleicht ein Konto für eine bestimmte Art von Ausgaben oder Einkünften haben würde, konnten wir fünf getrennte Kategorien programmieren. Dahinter stand der Gedanke, jede für eine ausführliche Kostenanalyse benötigte Einzelheit sofort separat ausdrucken zu können.

Viele Unternehmen begnügen sich vielleicht mit einer Spalte im Hauptbuch für Kraftwagenspesen. Wir sahen jedoch mehrere vor: Für jeden einzelnen Wagen führten wir Unterkategorien ein: für

Zinszahlungen, Versicherung, Steuern, die Kosten für Benzin und Öl pro Meile, Reparaturkosten und eine Vielfalt anderer Items. Wir programmierten unser Schaubild so, daß unser Computerausdruck anzeigen kann, ob Sie den Wagen noch behalten, ihn für einen neuen in Zahlung geben oder vielleicht einen Mietwagen anstelle eines eigenen haben sollten.

In vielen Firmen kosten betriebseigene Fahrzeuge meistens viel mehr, als die Manager glauben. Diese Kosten werden buchhaltungsmäßig vermutlich auf eine Weise aufgeteilt, von der der Eigentümer nur eine ungefähre Ahnung hat. Deshalb kann unser Schaubild Ihnen möglicherweise offenbaren, daß Sie ein kleines Vermögen für Reparaturen ausgeben und deshalb lieber einen neuen Wagen kaufen sollten. Auf jeden Fall läßt sich eine kluge Entscheidung nur treffen, wenn man die Kosten auf einem Computerausdruck miteinander vergleichen kann.

Das ist das Wesentliche an Avis Management Systems. Ein Hauptziel war es gewesen, das umfassendste und genaueste Buchhaltungs-Schaubild zu entwerfen. Zu seiner Verwirklichung mußten diese Schaubilder dann in der Praxis getestet werden, ihre Feinabstimmung und Ausgestaltung so vorgenommen werden, daß sie für die Standard-Computerprogramme einer Vielzahl von Unternehmen verwendbar wurden.

Sie werden sich erinnern, daß es auch zum Auftrag von Avis Management Systems gehörte, ein *landesweites* Büro-Informationssystem aufzubauen. Das bedeutet: Wir müssen viele einzelne Ziele vorgeben, wie wir uns im ganzen Land etablieren wollen. Sollten wir New York und Los Angeles als Ausgangsbasis nehmen? Oder lieber ein paar kleinere Städte in anderen Regionen und die beiden Metropolen an den Küsten erst in Angriff nehmen, nachdem wir anderswo Fortschritte erzielt haben? Solche Entscheidungen trifft man, sobald man die Ziele für eine landesweite Ausdehnung des Unternehmens festsetzt.

Die Entscheidungen, die wir treffen, und die Ziele, die wir uns setzen, sind unternehmerische „Zielscheiben“, die identifiziert werden *müssen,* bevor man zur Phase ihrer Verwirklichung übergeht. Immer wieder heißt es, ohne vorherige Zielangabe gebe es keinen Erfolg, und das ist absolut zutreffend. Viele versäumen es schon, den eigenen Auftrag zu bestimmen. Dabei ist es von großer Bedeutung, den Zusammenhang zwischen den Zielen und der grundsätzlichen Aussage über den Auftrag zu begreifen, denn ohne eindeutig umrissenen Auftrag lassen sich auch keine Ziele bestimmen. Ziele helfen überhaupt nicht, wenn sie nicht mit dem grundlegenden Auftrag übereinstimmen.

Mit anderen Worten: Der Auftrag bestimmt die allgemeine Richtung, in die Ihre Energien gelenkt werden müssen. Die Ziele definieren, welche Ringe auf der Zielscheibe getroffen werden sollen. Schießt jemand aus der falschen Entfernung auf die Scheibe, dann kann er sie zwar treffen, aber dennoch das Ergebnis Null haben. Deshalb sollten Sie stets des grundlegenden Auftrags eingedenk sein, wenn Sie Ihre Ziele festlegen.

Praktische Durchführung

Nun kommen wir zum schwierigsten Teil. Der Versuch, Auftrag und Ziele in die Praxis umzusetzen, ist gewöhnlich der Punkt, an dem ein neues Unternehmen scheitert. Auch wenn Auftrag und Ziele ordentlich bestimmt wurden, kann ein Projekt immer noch an den beiden abschließenden Schritten scheitern – an der praktischen Durchführung und den notwendigen Folgemaßnahmen. Von diesen beiden ist die erste Phase die schwierigste.

Da geraten Sie nämlich in die mühsamen Alltagsaktivitäten eines Geschäftsbetriebes. Sie formieren Ihre Managementteams; dann, nachdem diese ihrerseits Vollmachten delegiert haben, verlassen Sie sich auf jene Mitarbeiter, die am Auftrag und den Zielsetzungen mitgearbeitet haben. Sie sollen nun Ihre Auffassung vom Auftrag und den Zielen verstanden haben und praktisch umsetzen. Ferner erwarten Sie von Ihren Mitarbeitern, daß diese sich von jetzt an in Richtung der Ziele bewegen, an deren Festlegung sie selbst mitgewirkt haben. Während der Durchführungsphase tauchen gelegentlich ungelöste Konflikte auf, selbst wenn Auftrag und Ziele ordentlich definiert und nach ausführlichen Diskussionen durch Konsensentscheidung angenommen wurden. Diese Konflikte hätten an sich während der Erörterung des Auftrags und der Ziele gelöst werden sollen.

Monate und Jahre vergehen, und die Aktivitäten werden komplexer und alltäglicher. Die anfängliche Begeisterung nutzt sich unweigerlich ab. Ebenso unvermeidlich ist, daß einige Mitarbeiter die Lust verlieren und frustriert werden, wenn die Dinge nicht gut laufen, wodurch die ganze Betriebsmoral in Gefahr geraten kann.

Ich denke da an eine Firma, die Hightech Geräte produziert, die Büroinformationen mit nahezu Lichtgeschwindigkeit transportieren. Bei ihr waren Auftrag und Ziele absolut richtig definiert. Schwierigkeiten tauchten dann jedoch in der Phase der Realisierung auf.

Der junge Unternehmensleiter hatte mich sehr beeindruckt, und ich war überzeugt von seiner Kompetenz. Er steckte voller Ideen, war hochintelligent und verstand es einzigartig, seine Mitarbeiter zu inspirieren.

Leider vertrauten wir allzu sehr den eben genannten Fähigkeiten, ohne seine allgemeinen Managementkenntnisse bzw. die des ihm unterstellten Managementteams nachzuprüfen. Deshalb mußte ich mir selbst die Schuld geben, als ich den Betrieb besuchte und herausfand, was nicht funktionierte.

Ganz zu Anfang schienen die Geschäfte gut zu gehen, zumindest auf dem Papier. Gewinne kamen herein, und ich glaubte zunächst, meine Anwesenheit wäre nicht notwendig. Das entsprach meiner grundsätzlichen Haltung: Wenn alles funktioniert, misch dich nicht ein! Selbst als der junge Manager im ersten Jahr des Einarbeitens Schnitzer machte, die 1,5 Millionen Dollar kosteten, spielte das keine Rolle, solange er die eingeplanten fünf Millionen einnahm. Und das schien aufgrund des von ihm und seinem jungen Team entwickelten technisch hochwertigen Produkts durchaus möglich.

Die echten Schwierigkeiten begannen, als das Unternehmen schon früh einen Umsatzrückgang verzeichnen mußte. Die Einkünfte sackten steil ab, und der Mangel an Managementerfahrung und Ausgabenkontrolle brachten den Betrieb an den Rand des Ruins.

Bei meinem verspäteten Besuch dieser Firma entdeckten wir unglaubliche Dinge. Da hatte man beispielsweise einem Angestellten, der 20 000 Dollar im Jahr verdiente, eine Gehaltsaufbesserung von weiteren 20 000 Dollar gegeben. Einen jungen Mann ohne Erfahrung hatte man zum Leiter der Herstellung ernannt. Er hatte Maschinen im Werte von fast einer halben Million Dollar, die verkauft werden sollten, einfach auf Lager gelegt, weil er nicht wußte, wie sie repariert werden konnten. Schließlich fehlte ihm die Erfahrung, Irrtümer aufzudecken und noch während der Produktion zu korrigieren.

Ich muß die Hauptschuld an diesem schlechten Management auf mich nehmen. Schließlich wußte ich als Hauptaktionär, was es erfordert, einen bestimmten Auftrag und die dazugehörigen Ziele praktisch zu verwirklichen. Wie gesagt, wenn alles funktioniert, misch dich nicht ein – nur, in diesem Falle funktionierte es nicht!

Woran es diesem Betrieb am meisten mangelte, das waren Mitarbeiter mit Erfahrung – also ein paar graue Haare. Sicherlich waren die jungen Leute im Mitarbeiterstab helle Burschen. Im Managementbereich jedoch fehlte ihnen die Erfahrung, vor allem in den Bereichen Produktion, Service und Finanzen – und das traf das Unternehmen am schwersten.

Nehmen wir das Beispiel des Produktionsmanagers. Einen guten Produktionsleiter zu finden ist so ähnlich, wie einen wirklich guten Arzt aufzutreiben. Man geht ja auch nicht zu einem Mediziner, der frisch von der Universität kommt, um von ihm eine größere Operation durchführen zu lassen. Soll jemand auf dem Operationstisch an mir herumschneiden, dann verlange ich, daß dies eine wirkliche Autorität auf diesem Gebiet mit jahrelanger Erfahrung ist. Es mag schon mancher gestorben sein, der einem blutjungen Chirurgen die Chance gab, sein Handwerk an ihm zu erproben. Und so braucht auch die Produktionsleitung eines Unternehmens der herstellenden Industrie einen Manager mit Erfahrung und entsprechender Ausbildung.

Glücklicherweise erkannten wir unsere Probleme mit dieser Firma noch rechtzeitig – obschon ich zugeben muß, daß ich wieder einmal ungeduldig reagieren wollte. Ich hatte Lust zu sagen: „Vergessen wir das! Fusionieren wir den Laden mit einem anderen Unternehmen! Verkaufen wir ihn! Ich will damit nichts mehr zu tun haben!"

Dann gewann jedoch die Vernunft die Oberhand. Wir stellten für 8000 Dollar monatlich einen Unternehmensberater ein, der mit dem Geschäftsführer zusammenarbeitete, bis dieser wirklich Boden unter den Füßen hatte.

Es erwies sich, daß die Einstellung dieses Mannes in diesem Fall genau die richtige war. Er führte wöchentliche Zusammenkünfte der Angehörigen des Topmanagements ein, die es vorher selten gegeben hatte. Sie werden es nicht glauben: die Herren waren mit ihrer Arbeit so beschäftigt gewesen, daß sie keine Zeit gefunden hatten, miteinander zu kommunizieren. Die Möglichkeiten zum Austausch von Erfahrungen und für Feedback waren praktisch null.

Der Berater führte auch intensive Gespräche innerhalb des Unternehmens, um herauszufinden, wer seinen Job behalten sollte und wer hoffnungslos den Ansprüchen nicht gerecht wurde. Außerdem stellte er einige Topmanager ein, darunter einen Kontrolleur der Finanzen und einen Produktmanager.

Wer ein geschäftliches Projekt ordentlich durchziehen will, muß sich selbst in die vorderste Linie begeben und sicherstellen, daß jede Einzelheit so funktioniert, daß der Auftrag erfüllt werden kann. Man muß stets und überall gegenwärtig sein, muß alles laufend beobachten. Und man muß in dieser Phase besonders fleißig sein; Arbeitstage von zwölf bis sechzehn Stunden können zu dieser Zeit absolut notwendig sein.

Die Periode der praktischen Verwirklichung ist nicht gerade der inspirierendste oder glanzvollste Teil eines geschäftlichen Unternehmens. Sie ist jedoch das feste Fundament für den schließlichen Erfolg beim Bemühen um die Verwirklichung von Auftrag und Zielsetzungen.

Wie man ein Projekt „durchzieht“

Die vierte und abschließende Phase jedes geschäftlichen Unternehmens, das „Durchziehen“ des Projekts, ist ebenfalls ein sine qua non des Erfolgs. Die beiden abschließenden Phasen gehen oft unmerklich ineinander über, weil das wirksame Durchziehen des Projekts lediglich die logische Verlängerung der praktischen Ausführung ist. Das Hauptproblem dabei ist, das andauernde ordentliche Funktionieren des Betriebs zu garantieren. Das ist wie eine regelmäßige medizinische Generaluntersuchung – unbequem, aber notwendig.

Zurück zum schon erwähnten Unternehmen zur Herstellung von Hightech-Büroinformationsgeräten. Dort wurde die Verwirklichung des Projekts durch die Einstellung eines Unternehmensberaters verbessert, der sich der aufgetauchten Managementprobleme annahm. Auch dann hätte die Verwirklichung immer noch scheitern können, wenn das Management nicht laufend darauf geachtet hätte, das Projekt durchzuziehen. Immer wieder wurde der Ablauf der praktischen Arbeit überprüft – was notwendig ist, bis man volles Vertrauen in die Mitarbeiter und die Organisation hat. Sollen nicht ernstzunehmende Fehler auftreten, sind periodische Überprüfungen absolut notwendig.

Die ständige Kontrolle der praktischen Durchführung ist auch mitentscheidend dafür, daß man aus den Fehlern lernt. Bemüht das Management sich nicht um Aufdeckung von Fehlern, kommt es zu hoffnungslosen Versagern.

Es kann ja durchaus sein, daß im Augenblick alles bestens funktioniert. Aber was wird in sechs Monaten sein? Oder in einem Jahr? Oder aber in zwei Jahren? Wer sein Geschäftspotential maximieren will, darf nie aufhören, die Lage kritisch zu beurteilen und sich den jeweils veränderten Verhältnissen anzupassen.

Es kann sich folgendes ergeben: Sie haben auf festem Grund gebaut und verbuchen fast sofort Gewinne. Dann jedoch versäumen Sie nach einer gewissen Zeit, die weitere Durchführung Ihres Projekts laufend zu kontrollieren, wodurch alle anfänglichen Bemühungen hinfällig werden, einen Auftrag und entsprechende Ziele festzulegen und zu verwirklichen. So verschieben Sie das unvermeidliche Desaster auf einen späteren Zeitpunkt, an dem es ein Vielfaches von dem kosten wird, was die normal kontrollierte Abwicklung gekostet hätte, sowohl in hartem Bargeld als auch an Vertrauen seitens der Kunden.

Wie erwähnt, machte ich einen meiner größten Schnitzer in diesem Bereich mit dem Avis Rent-A-Car System. Ich glaube, ich bin ein zu vertrauensseliger Mensch, weil ich nie auf die Idee komme, Leute würden versuchen, zu betrügen, wenn sie ohnehin schon eine Menge Geld verdienen. Ich wurde jedoch eines anderen belehrt, als ich während einer bestimmten Phase unserer geschäftlichen Aktivitäten versäumte, diesen Leuten buchprüferisch auf der Spur zu bleiben.

Als wir überall im Lande Lizenznehmer auf den Flugplätzen zur Leitung unserer örtlichen Mietwagenbüros einsetzten, beschlossen wir, die uns von ihnen gemeldeten Einkünfte nicht zu überprüfen. Rückblickend schaudert mir bei dem Gedanken, wie vertrauensselig ich war, weil diese Umsatzmeldungen die Grundlage für die Gebühren bildeten, die die Lizenznehmer an uns zu zahlen hatten.

In diesem Fall ergab sich das Problem der laufenden genauen Kontrolle, als ich beschloß, meine Kosten drastisch zu senken. Ich glaubte es mir einfach nicht leisten zu können, Buchprüfer für die laufende Überprüfung der Lizenznehmer im ganzen Land zu beschäftigen, also unsere weit ausgreifenden Aktivitäten fortlaufend zu kontrollieren. Außerdem vertraute ich jedermann. Was für eine Lektion ist mir da zuteil geworden!

Leider stellte es sich später heraus, daß viele Lizenznehmer uns nach allen Regeln der Kunst bestahlen. Sie meldeten geringere Einkünfte, als sie in Wirklichkeit hatten. Später, als ich das Unternehmen verkaufte, richtete Avis ein strengeres Buchprüfungsverfahren ein, wonach viele Lizenzgebühren entsprechend erhöht wurden.

Das war ein teurer Irrtum. Wir hatten zwar einzelne Buchprüfungen vorgenommen, doch offensichtlich dabei versagt, sie auch konsequent durchzuhalten, wofür ich schließlich einen hohen Preis zahlen mußte.

Diese vier Schritte bilden also das „Geheimnis", im Geschäftsleben den Nagel auf den Kopf oder das Schwarze auf der Zielscheibe zu treffen. Man kann sie sich als die einzelnen Vorgänge beim Abfeuern einer Waffe vorstellen.

Zum Auftrag gehört, daß man gemeinsam mit den Mitarbeitern den grundlegenden Zweck festlegt – oder sicher ist, welche „Reichweite der Schußwaffe" gefragt ist und in welche Richtung geschossen werden soll.

Die unternehmerischen Zielsetzungen sind vergleichbar den einzelnen Zielscheiben, auf die man bei dem Versuch schießt, den selbstgesetzten Auftrag zu erfüllen. Sie müssen eindeutig fixiert sein; bei beweglichen Zielscheiben würden Sie bestimmt nur Fahrkarten schießen. Sie sollten den festen Vorsatz haben, jederzeit ins Schwarze der jeweils gewählten Scheibe zu treffen. So erzielt man maximale Erfolge.

Die beste Chance dafür bietet sich Ihnen, wenn Sie im Schießen geübt sind und eine ordentliche Waffe besitzen. Sie soll stets blitzblank und gut geölt sein; Kimme und Korn sollten richtig aufeinander eingestellt sein. Dann sind Sie für die Verwirklichung Ihres Projekts gut gerüstet.

Wollen Sie jedoch Schützenkönig auf Dauer bleiben, Monat für Monat, Jahr für Jahr, dann muß alles Notwendige ständig beachtet werden. Sie müssen weiterhin auf den Zustand der Waffe achten, müssen laufend kontrollieren, wie Sie selbst bei praktischen Schießübungen abschneiden, und müssen auch jederzeit geistig vorbereitet sein. Wer das versäumt, verringert die Zahl der getroffenen Ringe auf der Zielscheibe.

Wenn Sie nun also auf dem Schießstand sind und losballern sollen, dann konzentrieren Sie sich auf die richtige Körperhaltung. Richtiges Atmen, eine ruhige Hand sowie ein sicheres Auge sind unerläßlich. Dieselben Grundsätze gelten für das Geschäftsleben. Sie sind das Geheimnis, wenn man ein Projekt hundertprozentig „durchziehen“ will.

7. Kapitel

Wer wagt, gewinnt

„Geld ist die Saat für mehr Geld, und
die erste Guinee ist manchmal
schwerer zu verdienen als die zweite Million."
Jean Jacques Rousseau
Un Discours sur l'économie politique

Wer Geld für seine Geschäfte braucht – und das trifft auf jeden mir bekannten Gschäftsmann zu – kann es auf drei Arten bekommen.

Erstens: Bei einer neu gegründeten Firma kann man sich der „Sparschwein"-Finanzierung bedienen, bei der Familienangehörige und Freunde hier und da kleine Beträge zuschießen. Wer ohne ein wirkliches finanzielles Polster, das ihn absichert, bis die Firma Gewinne erzielt, mit sehr kleinem Anfangskapital arbeitet, der muß an allen Ecken und Enden sparen. Das kann bedeuten, zunächst einmal am Rande des Existenzminimums zu leben, um so viel privates Geld wie möglich für das geschäftliche Wagnis verfügbar zu machen.

Diese Sparschweintechnik ist ein harter und nervenraubender Weg. Manchmal bleibt einem Neuling jedoch keine andere Wahl.

Der zweite Weg, Startkapital für eine neue Firma zu erhalten, führt zur Bank. Das folgende Kapitel wird sich auf einige Schwierigkeiten und Fallgruben dieser Methode konzentrieren.

Der dritte Weg, Geld als Saatgut für ein zu gründendes Unternehmen zu beschaffen, ist die Kontaktaufnahme mit Anlegern von Risikokapital. In diesem Falle fließt das Geld aus privaten Quellen, nicht aus Banken. Das können wohlhabende Einzelpersonen sein, andere Unternehmen oder GmbHs, die auf die Finanzierung neuer Unternehmenskonzepte spezialisiert sind.

Ein echter Vorteil der Beziehung zu einer Risikokapital-Firma ist, daß Sie von ihr wahrscheinlich mehr Geld erhalten, als eine Bank Ihnen geben würde – ohne daß Sie dafür überhöhte Zinsen zahlen müssen. Vermutlich brauchen Sie überhaupt keine Zinsen zu zahlen.

Klingt zu gut, als daß man es glauben könnte? Natürlich hat auch diese Sache einen Haken. Wenn Sie keine Zinsen zahlen, werden Sie wahrscheinlich einen Teil Ihrer Firma abtreten müssen. Neuerdings fordern Anleger von Risikokapital fünfzig Prozent oder mehr Anteile am Unternehmen. Sie können auch erheblichen Einfluß auf die Art der Unternehmensführung fordern. Warum? Weil die Anleger von Risikokapital schon hartes Lehrgeld zahlen mußten, als sie helle Burschen ohne unternehmerische Erfahrung finanziell unterstützten.

Das scheint ein hoher Preis zu sein für das Anfangskapital, das Ihrer einträglichen Idee zum Start in die Lüfte verhelfen soll. Mit einem Risikokapitalgeber im Rücken wird man auf lange Sicht die zu erwartenden Schwierigkeiten leichter überwinden und den eigenen Plan zum Erfolg führen können. Die Hälfte eines gutgehenden Unternehmens ist stets besser als das hundertprozentige Eigentum an einem Verlustgschäft. Der Entertainer Art Linklett hat einmal von einigen seiner geschäftlichen Unternehmungen gesagt: „Ich habe gelernt, daß es besser ist, einen kleinen Anteil an einem großen Erfolg zu besitzen, als hundert Prozent von nichts."

Ich selbst habe im Umgang mit Risikokapital-Projekten auf die harte Tour gelernt, daß man stets eine gewisse Kontrolle über die finanzierten Firmen fordern soll. Deshalb fügen wir in jeden Finanzierungsvertrag eine Klausel ein, die uns berechtigt, das Management zu übernehmen, wenn die Sache schief geht.

Diese Lektion lernte ich, als ich eine größere Beteiligung an einem Unternehmen mit einem großartigen Hightech-Produkt einging, das sich meiner Ansicht nach gut verkaufen mußte. Ich wußte, daß das Konzept ein Glücksspieler-Risiko enthielt. Doch gehöre ich zu den Menschen, die gerne Risiken eingehen; außerdem gab ich dem Produkt eine gute Erfolgschance. Und so war es denn auch – die Nachfrage war sehr groß.

Leider trat das ein, was sehr häufig geschieht: Das Management verkalkulierte sich bei den Kosten der Vermarktung des Produkts. Daher ging ihm das Geld früher als erwartet aus, und es entstanden beträchtliche finanzielle Probleme. Aber selbst in diesem Engpaß wollte der noch junge Unternehmer stur geradeaus fahren, ohne Rat anzunehmen.

In diesem Augenblick erkannte ich den schweren Fehler, den ich begangen hatte. Ich hatte es versäumt, in den Vertrag die Klausel aufzunehmen, wonach unsere Organisation für Risikokapital das Management übernehmen durfte, falls die Firma gewisse Ziele ihres Geschäftsplans nicht erreichte.

Ich war also ein zu blauäugiger Optimist gewesen, hatte einfach nicht bedacht, daß Probleme auftreten könnten. Inzwischen habe ich gelernt, daß es oft Probleme *wirklich gibt.*

Zum Glück hat diese Story ein Happy-End. Anfänglich ging das Management der neuen Firma unbeirrt seinen selbstzerstörerischen Weg weiter und hoffte gegen alle Vernunft und Beweislage, das Produkt werde sich schließlich doch in so großen Mengen vertreiben lassen, daß die anfänglichen Verluste wieder hereingeholt würden. Natürlich erwies sich das als Wunschdenken.

Schlechtes Management ließ die Firma bald auf mehreren Ebenen geschäftlich absacken. Wir standen während dieser Zeit stets an der Seitenlinie, zähneknirschend, versteht sich – aber doch mit geduldigen und freundlichen Zeichen für den Manager, in welche Richtung er sein Schiff steuern sollte. Endlich begann man, auf uns zu hören. Heute geht es dieser Firma ziemlich gut, nachdem sie das Management betreibt, zu dem wir die ganze Zeit über geraten hatten.

Obwohl wir diese schwierige Situation schließlich mit fliegenden Fahnen bewältigten, beabsichtige ich nicht, mich jemals wieder in eine solche Position manövrieren zu lassen. Ich stelle kein Kapital mehr für Projekte zur Verfügung, wenn man mir nicht ein bestimmtes Maß von Kontrolle über das Management einräumt. Sonst gibt es zu viele kontraproduktive Kopfschmerzen. Die meisten Anleger von Risikokapital denken inzwischen ebenso.

Diese grundsätzliche Haltung reflektiert übrigens keineswegs den Wunsch der Anleger von Risikokapital, finanzschwache Unternehmer zu benachteiligen. Sie drückt nichts weiter als gesunden Menschenverstand aus. Eine Organisation, die Risikokapital anlegt, versteht mehr von der Gründung und dem Betreiben einer erfolgreichen neuen Firma als ein junger Anfänger.

Dieses Verlangen nach Einfluß auf das Management beschränkt sich auch nicht auf neu gegründete Unternehmen. Bevor sie Geld einschießen, möchten private Finanziers auch einige Kontrolle über an sich schon lange bestehende Unternehmen haben, die sich in Schwierigkeiten befinden. Denn gewöhnlich sind solche Schwierigkeiten eine Folge schlechten Managements.

So ein Fall ergab sich bei einem anderen herstellenden Betrieb, der sich am Rande des finanziellen Ruins befand. Eine uns gehörende Großhandelsfirma tätigte umfangreiche Geschäfte mit diesem Hersteller. Auf einmal traten immer wieder Verzögerungen beim Versand des hergestellten Produkts an unsere Firma ein, und wir fragten uns, was da wohl im Gange sei.

Nach einigen Erkundigungen fanden wir heraus, daß der Hersteller aufgrund vielfältigen Mißmanagements bei einer Reihe von Gläubigern in Zahlungsverzug geraten war. Die Verschuldung war derart drückend, daß Umsätze in Millionenhöhe gefährdet waren.

Da sie wußte, daß wir Projekte mit Risikokapital finanzierten, wandte die Herstellerfirma sich an uns und erläuterte ihre Probleme. Dabei wurde uns klar, daß sie sich von uns nur einen großen Haufen Geld erwartete, mit dem sie sofort alle Schulden bezahlen konnte.

Das mag ganz nett und logisch klingen. Doch stand für uns dabei mehr auf dem Spiel, als nur eine Herstellerfirma aus ihren Geldnöten zu erlösen. Zugegeben, das Produkt dieses Herstellers war für unser eigenes Großhandelsgeschäft wichtig, weshalb es in unserem Interesse lag, dieser Firma so bald wie möglich wieder auf die Beine zu helfen. Dem ganzen Problem lag jedoch eine Geschäftsbeziehung zugrunde, die wir pflegen mußten und die weit über das Augenblicksproblem der Schulden hinausreichte.

Es mußten einige unangenehme Fragen geklärt werden, allen voran das ewige Problem, wie weit wir das Management einer fremden Firma kontrollieren sollten. Da der Hersteller sich ohne unsere Hilfe zu einem gutgehenden Unternehmen entwickelt hatte, wäre es unklug gewesen, auf die Übernahme des Managements durch uns zu drängen.

Andererseits ergab es nicht viel Sinn, ihren Vorschlag aufzugreifen und für sie nur den Heiligen Nikolaus zu spielen. Auch wenn wir ihnen ohne jede Auflage das Geld geliehen hätten, wären immer noch wichtige Fragen unbeantwortet geblieben.

Wir waren sehr an fortgesetzten guten Geschäftsbeziehungen zu dieser Firma interessiert, da unser Großhandelshaus sehr umfangreiche Geschäfte mit diesem in Schwierigkeiten geratenen Hersteller tätigte. Hätte er beispielsweise unser Geld benutzt, die Schulden zu begleichen, und danach sein Produkt einem anderen Großhändler anvertraut, dann hätte das unser Großhandelsgeschäft erheblich beeinträchtigt.

Sie könnten nun einwenden: „Sind Sie da nicht übertrieben argwöhnisch? Glauben Sie wirklich, ein Unternehmen werde so undankbar sein, Ihr Geld anzunehmen und Sie dann zugunsten eines anderen fallen lassen?"

Auf den ersten Blick mag das als unbegründeter Verfolgungswahn erscheinen. Doch glauben Sie mir, es gab gute Gründe für unsere Befürchtung.

Grundsätzlich wäre es zunächst für jeden Anleger von Risikokapital wenig geschäftstüchtig, einer anderen Firma große Summen ohne Auflagen über die Verwendung zu geben. Jeder Kapitaleinschuß muß mit einer bestimmten Verantwortung und Verpflichtung verbunden sein. Sonst besteht für den Empfänger kein Anreiz, seine fehlerhaften Geschäftspraktiken zu ändern, die ihn in finanzielle Schwierigkeiten gebracht haben. Dann wäre es nur eine Frage der Zeit, bis diese Firma erneut Probleme bekommt.

In dieser Situation gab es noch eine spezielle Schwierigkeit. Wir tätigten mit dem finanziell angeschlagenen Unternehmen zwar viele Geschäfte, waren jedoch auch der Großhändler für das Produkt eines Konkurrenten.

Nun erkennen Sie wohl unser Problem. Hätten wir dem ersten Hersteller Geld ohne Auflagen gegeben, dann hätte er vielleicht irgendwann in der Zukunft sagen können: „Schön, wir haben von Euch Geld bekommen. Aber Ihr habt unser Vertrauensverhältnis verletzt, weil Ihr mit einem Konkurrenten Geschäfte macht. Deswegen sind wir nicht mehr daran gebunden, weiter mit Euch im Geschäft zu bleiben."

Wo Geld im Spiel ist, fällt es nur allzu leicht, Gründe für die Veränderung der Geschäftsgrundlagen zu finden.

Wie sollten wir uns aus dieser wenig angenehmen Lage herauswinden?

Im Grunde gab es nur einen vernünftigen Weg. Wir verständigten den Hersteller, daß wir keine Möglichkeit sahen, seine Schulden sofort vollständig abzulösen. „Sie haben dieses finanzielle Problem eine ganze Weile schleifen lassen, und wir können in dieser Situation nicht einfach den heldenhaften Retter in der Not spielen."

Zugleich betonten wir jedoch, Verständnis für ihre Lage zu haben. Uns sei sehr daran gelegen, ihnen wieder auf die Beine zu helfen. Der beste Weg sei nicht, mit einem einmaligen Einschießen einer großen Summe den Nikolaus zu spielen, sondern statt dessen eine dauerhafte Geschäftsbeziehung zu schaffen. Das würde unsere Interessen wahren und ihnen zugleich die Schuldenprobleme überwinden helfen.

Wir arbeiteten in allen Einzelheiten ein Programm aus, aufgrund dessen wir dem Hersteller regelmäßige Zahlungen zukommen ließen, mit denen er alle ausstehenden Rechnungen begleichen konnte. Wir waren ferner bereit, eine Sonderzahlung in bar zum Ausgleich der laufenden Konten zu leisten. Als Gegenleistung verpflichtete sich der Hersteller, bis in die ferne Zukunft mit uns im Geschäft zu bleiben.

Mit diesem Arrangement konnten wir das Management und die Marketingstrategie dieser Firma stärker beeinflussen, ohne ihre Identität als selbständige Organisation zu gefährden. Die andere Seite konsultierte uns wegen ihrer künftigen Umsatzprojektionen, während wir genau zuhörten, wenn sie uns schilderte, wie wir die Märkte mit ihrem Produkt noch stärker durchdringen könnten. Da wir finanziell einander verbunden waren, bestand auf beiden Seiten das Gefühl: „Wir sitzen in einem Boot.“

Im Endergebnis wurde das gegenseitige Vertrauen zwischen unseren Unternehmen gestärkt. Die finanziellen Probleme des Herstellers verschwanden, und das Gewinnpotential ging auf beiden Seiten steil in die Höhe.

Das sind also einige der Dinge, die ein Risikokapital-Anleger für Sie tun kann. Wie aber finden Sie einen?

Es ist einfach, Namen, Adresse und Telefonnummer herauszufinden. Fragen Sie einen Buchprüfer oder Anwalt, oder erkundigen Sie sich bei einer der Managementzeitschriften, etwa *Venture*.

In mancher Hinsicht wäre das jedoch so, als spannte man den Wagen vor das Pferd. Sie vergeuden Ihre Zeit, wenn Sie einen Anleger von Risikokapital ansprechen, bevor Sie alle Ihre „Zinnsoldaten“ in der richtigen Schlachtordnung aufgestellt haben. Mit anderen Worten: Sie müssen gewappnet sein, einen Anleger zu überzeugen, schon bevor Sie sich mit ihm verabreden. Das wirksamste Mittel dafür ist ein genauer Geschäftsplan, ein „pro forma“, wie er manchmal genannt wird.

Der Hauptschlüssel zum „Großen Geld“: der Geschäftsplan

Bevor Sie einen privaten Kapitalgeber oder eine Organisation um Geld bitten – Anleger von Risikokapital, Banken oder sonstige Finanzquellen –, sollten Sie einen umfassenden und überzeugenden Geschäftsplan aufstellen.

So ein Geschäftsplan ist eine detaillierte zusammenfassende Darstellung, warum Sie glauben, die von Ihnen vorgeschlagene Idee oder Ihr Produkt werde gewinnbringend sein. Vor allem jedoch soll dieser Plan sich klar dazu äußern, warum ein Fremder das Kapital für Ihr Konzept aufbringen soll.

Ein guter Geschäftsplan beginnt mit einer klaren Beschreibung Ihres Produktes und seiner Zielgruppe. Entscheidend ist, daß die potentiellen Geldgeber vom ersten Augenblick an begeistert sind. Langweilen oder verwirren Sie diese Leute auf den ersten Seiten Ihres Planes, dann werden sie nicht sehr scharf darauf sein, Ihnen ihr Geld anzuvertrauen.

Sobald Sie beim potentiellen Geldgeber Interesse erweckt haben, müssen Sie ihm etwas Handfestes bieten. Jeder private Anleger von Risikokapital und jeder erfahrene Bankier durchschaut überschwengliche Lobeshymnen, weshalb man ihm so früh wie möglich wirklich solide Informationen geben sollte.

Zunächst einmal muß das geplante Produkt in allen Einzelheiten beschrieben werden. Es ist dabei nicht so wichtig, eine wortreiche Broschüre mit zu vielen technischen Erläuterungen beizufügen. Der potentielle Partner wird im technischen Bereich vielleicht viel kundiger sein, als Sie es von ihm erwarten. Ist er es nicht, dann kann er auf sachkundige Experten zurückgreifen.

Danach sollten spezifische Angaben über Ihre Marketingstrategie folgen, gekoppelt mit einem Vergleich Ihres Produkts oder Ihrer Methode mit dem, was andere Firmen auf diesem Gebiet tun.

Und dann müssen Sie in die Zahlen einsteigen. Dafür ist ein guter Buchhalter von unschätzbarem Wert. Zu jedem Geschäftsplan gehören Projektionen über Gewinne und Verluste. Er muß in allen Einzelheiten die erwarteten Ausgaben und Einnahmen während der verschiedenen Phasen der projektierten Entwicklung des Unternehmens darlegen.

Solche finanziellen Projektionen sind deshalb so wichtig, weil der künftige Unternehmer dadurch genötigt wird, realistisch genau durchzurechnen, wieviel Gewinn sein vorgeschlagenes Projekt zu erzeugen imstande ist. Ich persönlich muß eingestehen, daß ich von solchen pro-forma-Projektionen nicht allzu viel halte. Ich weiß aus Erfahrung, daß Unternehmer und ihre Buchhalter mit fast jeder Art von Zahlen aufwarten können.

Andererseits hat jeder Geschäftsplan gewisse Merkmale, die wir Kapitalgeber uns stets sehr genau ansehen, weil wir Erfahrung mit Neugründungen haben und wissen, wo die Fallgruben liegen. Außerdem sind wir gegenüber bestimmten Faktoren sensibler geworden – als Ergebnis von computergestützten Modellen, die wir ersonnen haben, um Fehler in solchen Projekten zu orten.

Zwei Faktoren widmen wir von Anfang an größte Aufmerksamkeit:
1. der praktischen Durchführbarkeit oder dem Marktpotential des Produkts,
2. der Qualität des Managements der neuen Firma.

Auf diese beiden Faktoren kommt es bei neuen wie bei alten Firmen entscheidend an. Wer ein gutes Produkt zum richtigen Preis bei gutem Management besitzt, der wird auch Geld verdienen. Wo es entweder am Produkt oder am Management mangelt, da bestehen nur begrenzte Erfolgsaussichten.

In letzter Analyse ist ein Geschäftsplan nicht in Beton gegossen. Man kann niemals mit Gewißheit sagen, was geschehen wird. Der Plan kann höchstens Leitlinien vorgeben, mit deren Hilfe sich voraussagen läßt, was geschehen *könnte.*

Der Geschäftsplan kann dem Kapitalgeber auch etwas über den Geschäftssinn des jungen Unternehmers verraten.* Viele Möchtegern-

* Näheres siehe Anhang.

Unternehmer sind einfach „blauäugig“. Das heißt, sie sind ganz groß darin, phantasievolle Ideen zu entwickeln und großartig davon zu schwärmen. Doch verfügen sie nicht über die Grundkenntnisse, die notwendig sind, einer großartigen Idee ein bedeutsames Profil zu verleihen.

Haben Sie jedoch eine gute Idee ... ist Ihr Produkt attraktiv ... können Sie es zu einem vernünftigen Preis herstellen ... haben Sie ein kompetentes Managementteam um sich geschart ... und haben Sie den bestmöglichen Geschäftsplan zusammengestellt – *dann* sind Sie wirklich startbereit.

Noch ein Wort zur Kontrolle, die der Kapitalgeber möglicherweise fordert. Fühlt dieser sich durch Ihren Vorschlag ermuntert, Ihnen ein beträchtliches Startkapital zur Verfügung zu stellen, dann können Sie sicher sein, daß er auch eine entsprechende Kontrolle über Ihr Unternehmen verlangen wird. Sie werden ihm da einiges zugestehen müssen.

Dennoch sollten Sie weiterhin größtmögliche Eigenkontrolle ausüben können, *wenn* Sie beim wirtschaftlichen Wachstum einen gesunden Elan aufrechterhalten und gewisse vorbestimmte Ziele erreichen. Sie sollten Ihrerseits eine Vertragsklausel formulieren, die Ihnen ein bestimmtes Maß an Kontrolle zugesteht, solange Sie ein bestimmtes Leistungsniveau erreichen.

Die meisten Kapitalgeber mischen sich nur dann in das Management eines von ihnen finanzierten Unternehmens ein, wenn es unbedingt nötig ist. Geht nämlich das Managementsystem einer solchen Firma zu Bruch oder gerät es finanziell ins Rutschen, dann muß der Anleger sehr viel Zeit, Geld und Mühen aufwenden, um die Dinge wieder ins Lot zu bringen. Das erfordert entschieden viel mehr, als an einem Abend schnell einen kurzen Geschäftsplan zusammenzuschustern. Versuchen Sie das, dann werden Sie kaum die Chance haben, von einem erfahrenen Kapitalanleger Geld zu erhalten.

Dieser wird zweifellos lieber ins Management eingreifen als seine Investition verlieren. In der besten aller möglichen Welten würde er am liebsten sein Geld in eine neue Firma stecken, einen Prozentsatz vom Kapital und vom Gewinn für sich beanspruchen und sich dann in seinem Sessel zurücklehnen und zusehen, wie diese Firma sich erfolgreich entwickelt. Leider funktioniert dieses perfekte Gewinn-Szenario in der realen Welt nicht ganz so prächtig. Also müssen Sicherungen eingebaut werden, um sowohl den Unternehmer wie den Kapitalanleger zu schützen.

Natürlich ist der Weg über das Risikokapital nicht der einzige, auf dem man ein neues Unternehmen finanzieren kann. Die Familie oder Freunde können vielleicht aushelfen, obwohl auf diese Weise das stets benötigte Bargeld knapp bleibt. Viele Unternehmer halten sich auch an die traditionellste und konservativste Finanzierungsquelle – an ihre örtlichen Banken. Wenn sie dabei bestimmte einfache Grundsätze beachten, können sie mit Bankkrediten sehr erfolgreich arbeiten.

8. Kapitel

Gibt es so etwas wie einen freundschaftlichen Bankier?

„Bankiers sind so wie andere
Menschen, nur reicher."
Ogden Nash
Ich bin hier selbst fremd.
Ich weiß es aus guter Quelle.

Unter angehenden Unternehmern sind einige volkstümliche Redensarten über Geld im Umlauf, die etwa so lauten:

Zur Sicherung des Erfolgs braucht man eine Menge Geld „in vorderster Kampflinie" oder am Beginn eines geschäftlichen Unternehmens.

Das große Geld kommt nur von Banken.

In Wirklichkeit sind Banken notorisch ablehnend eingestellt gegenüber neuen Projekten, vor allem bei eben erst flügge werdenden Unternehmern, die noch keine Erfolge vorweisen können. Warum sich also bemühen? Da ist man finanziell doch bereits geschlagen, bevor man überhaupt begonnen hat.

In diesen Feststellungen steckt ein Körnchen Wahrheit, aber auch eine Menge Irreführendes. Denn Banken und Bankiers, die etwas von Firmenneugründungen verstehen, können jungen Unternehmern sehr behilflich sein, wenn sie von diesen richtig angesprochen werden.

Meine Begegnungen mit der Welt der Banken waren sehr umfassend und reichen weit zurück in die Vergangenheit. Es gab sogar mal eine Zeit, in der ich die Kontrolle über eine Bank regelrecht *gekauft* habe.

Damals hatte ich eine Studie erstellt über aussichtsreiche Unternehmen in einem schnell wachsenden Gemeinwesen und war begeistert von der Möglichkeit, eine Bank mit realen Geschäftsaussichten zu besitzen. Wir verhandelten über den Ankauf eines solchen Instituts, und als ich von einer Geschäftsreise nach Europa zurückkam, wurde der Handel abgeschlossen.

Es wurde eine Vorstandssitzung einberufen, und man wählte mich zum neuen Vorsitzenden. Das war ein großartiges Gefühl. Statt auf der anderen Seite des Schreibtischs zu sitzen und um Kredit zu bitten, verfügte ich nunmehr über die Macht, aussichtsreichen Kreditnehmern Geld zu leihen.

Meine freudige Erregung und Euphorie verflüchtigten sich jedoch in dem Maße, in dem die Beratung mit den Direktoren fortschritt. Die wollten zunächst über interne Managementfragen sprechen, die sicherlich wichtig waren, mich jedoch nicht im geringsten interessierten.

Richtiggehend frustriert wurde ich dann, als sie große Kredite für nebensächliche Projekte, die ich persönlich niemals unterstützt hätte, vorlegten und durchsetzten. Ich hatte nicht alleine zu bestimmen. Da gab es den Verwaltungsrat, dessen meiste Mitglieder bestimmt etwas vom Fach verstanden und recht selbständige Ideen davon hatten, wie eine Bank geführt werden sollte.

Als der Vorstand schließlich einen Riesenkredit für eine Gebrauchtwagenfirma bewilligte, die meiner Ansicht nach auf dem absteigenden Ast war, entschied ich, dies sei nicht das richtige Betätigungsfeld für mich, so wichtig es auch zur Unterstützung von Unternehmen sein mochte.

Am Tage darauf sprach ich mit meinen Geschäftspartnern und sagte ihnen: „Verkauft meinen Anteil!"

Ich tätige viele Geschäfte mit Banken und habe im Laufe der Zeit herausgefunden, daß es einen richtigen und einen falschen Weg im Umgang mit Bankiers gibt.

Die Art, wie Sie an einen Bankier herantreten, kann entscheidend dafür sein, ob Sie einen beantragten Kredit erhalten oder nicht. Wie kann man nun einen Kredit zu den besten Bedingungen bekommen? Nachfolgend gebe ich einige „Kredit-Lektionen", die Ihnen bei der Suche nach Finanzierung behilflich sein können.

Kreditlektion 1: **Versuchen Sie, die Kreditzusage zu erlangen, bevor Sie den schriftlichen Antrag einreichen**

Bringen Sie niemals den schriftlichen Kreditantrag auf den Weg, ehe Sie nicht zu 95 Prozent sicher sind, daß er genehmigt werden wird! Man sollte einer Bank niemals einen Kreditantrag schicken, wenn man damit rechnet, daß er abgelehnt werden könnte, weil das Ihren Beziehungen zu dieser Bank schaden kann. Außerdem vergeuden Sie Ihre Zeit und Mühe ebenso wie die der Bank.

Sobald Sie die Banken in Ihrer Gegend besser kennengelernt haben, werden Sie auch wissen, wonach die Ausschau halten und mit welcher Art von Unternehmen sie bevorzugt zusammenarbeiten. Manche Banken tendieren dazu, Kredite vor allem an herstellende Betriebe zu vergeben; andere sind mehr an Grundstücksgeschäften interessiert; wieder andere sind ganz versessen auf Hightech-Unternehmen. Das Schlimmste, was Sie tun können, ist, sich an eine Bank mit einem Projekt zu wenden, für das sie noch nie Geld hergegeben hat und wovon sie wenig oder gar nichts versteht.

Wie kann man denn nun feststellen, ob ein Kreditantrag erfolgreich sein wird oder nicht?

Dazu bedarf es teilweise einiger Erfahrungen mit Versuch und Irrtum. Bevor man den Dreh heraus hat, wird man wahrscheinlich zunächst ein paar Anträge einreichen und dann erleben, wie sie abgelehnt werden.

Vielleicht haben Sie aber auch schon beim ersten Versuch Erfolg – vorausgesetzt, Sie erkundigen sich vorher ausreichend und arbeiten mit einem guten Anwalt und Buchprüfer zusammen, die Sie anleiten und die einzelne Banken und Bankiers empfehlen. Wie wichtig gute Anwälte, Buchprüfer und sonstige professionelle Kontakte bei der Vorbereitung eines Kreditantrages sein können, das wird sich wie ein roter Faden durch unsere Finanzierungsdiskussion ziehen.

Kreditlektion 2:
Wenden Sie sich an einen erfahrenen Kreditsachbearbeiter

Ein erfahrener Kreditsachbearbeiter sollte Ihnen sagen können, ob Ihr Antrag eine echte Chance auf Bewilligung hat. Ein inkompetenter oder zerstreuter Sachbearbeiter überfliegt vielleicht Ihren Antrag, ohne sich viel Gedanken darüber zu machen, läßt ihn vom zuständigen Ausschuß ablehnen – und schon haben Sie einen negativen Eintrag in der Kartei über Kreditwürdigkeit, weil der Kredit abgelehnt wurde. Bestimmt kennen Sie die Frage auf allen Antragsformularen: „Wurde jemals einer Ihrer Kreditanträge abgelehnt?"

Ein guter Sachbearbeiter kann Ihnen behilflich sein, dieses Risiko zu vermeiden; aber wie finden Sie einen solchen Mann?

Zunächst sollten Sie jemanden suchen, der über Grips und Erfahrung verfügt. Deshalb sollten Sie sich mit dem voraussichtlichen Sachbearbeiter erst einmal einige Minuten unterhalten, um herauszufinden, welche Chancen er dem Kreditantrag gibt.

Sobald Sie Ihr Projekt und seinen finanziellen Hintergrund einigermaßen deutlich beschrieben, vielleicht sogar einen Geschäftsplan vorgelegt haben, könnten Sie fragen: „Welche Erfolgsaussichten geben Sie diesem Antrag?“

Angenommen, er antwortet: „Nun ja, das kann ich nicht mit Sicherheit sagen; darüber muß der Ausschuß entscheiden.“

Dann gehen Sie lieber zu einem anderen Sachbearbeiter oder einer anderen Bank. Denn dann mangelt es dem Sachbearbeiter entweder an Sachkenntnis, oder er hat bei seiner Bank keine sehr starke Stellung. Vielleicht traut er sich auch nicht, Ihnen seine Meinung zu sagen. In allen drei Fällen ist er nicht der richtige Mann für Sie.

Man kann sich aber auch einen Sachbearbeiter vorstellen, der folgendes sagt: „Hören Sie, ich mache meinen Job schon seit fünfzehn Jahren. In dieser Zeit wurden mir erst drei Anträge vom Ausschuß abgelehnt. Ich bearbeite grundsätzlich keinen Antrag, von dem ich nicht ziemlich sicher bin, daß er akzeptiert wird.“

In einer solchen Situation wäre ich zuversichtlicher. Viele junge Sachbearbeiter nehmen Kreditanträge entgegen, ohne ernsthaft über deren Potential nachzudenken oder wirklich zu begreifen, wie die Prozedur in der eigenen Bank abläuft. Deshalb vertraue ich lieber Leuten, die andeuten, daß sie über spezielle Erfahrung verfügen, welche ihrer Vorschläge in ihrer Bank durchgehen und welche abgelehnt werden.

Beim ersten Kontakt mit einer Bank sollten Sie also sehr darauf achten, wer der Kreditsachbearbeiter sein soll. Als junger Unternehmer ohne Erfahrung fehlt Ihnen natürlich einiges von der Durchsetzungskraft, die Sie vielleicht in späteren Jahren haben werden, nachdem Sie ein gestandener Erfolgsmensch geworden sind. Doch können Sie sich auch als Anfänger klug nach einem verständnisvollen Kreditbearbeiter umsehen.

Zumindest sollten Sie erwarten können, daß der Mann Ihnen eine gewisse Zusicherung gibt, daß Ihr Antrag angenommen wird. Kann er das nicht, dann müßten Sie verrückt sein, noch bei diesem Sachbearbeiter oder dieser Bank zu bleiben. Dann packen Sie lieber alle Unterlagen wieder ein und gehen zu einer anderen Bank. Denn die Banken verhalten sich wie jede andere Organisation, die es mit Kunden zu tun hat. Einige haben für deren Bedürfnisse ein gutes Gespür, andere nicht. Als unternehmerischer Anfänger brauchen Sie eine Bank, die gerade für die Art des von Ihnen begehrten Kredits aufgeschlossen ist. Da muß man sich vielleicht ein wenig die Schuhsohlen ablaufen, ehe man die richtige Person in der richtigen Bank gefunden hat.

Noch eines: Lassen Sie sich nicht durch ein paar Absagen entmutigen. *Jeder* wird irgendwann einmal abgewiesen, und es kommt wirklich nicht darauf an, wie erfahren Sie sind.

Vielleicht wird einer der Vorschläge auch von zwei Banken abgelehnt. Deswegen braucht man noch lange nicht das Handtuch zu werfen und das Projekt zu vergessen. Die Absagen könnten signalisieren: „Marsch zurück zum Zeichenbrett!“ Da gilt es zunächst herauszufinden, ob man am Projekt etwas falsch gemacht hat oder nur zur falschen Bank gegangen ist.

Oft lag die Schuld nur bei der Präsentation Ihres Planes. Finanzexperten können das beheben und bei der nächsten Vorlage kommen Sie sofort an den Kredit.

Man muß also auf einige Absagen gefaßt sein – manchmal auch auf etwas Arroganz und Unhöflichkeit seitens des Bankiers. In dieser Phase meiner Aktivitäten beauftrage ich gewöhnlich einen meiner Buchhaltungs- oder Finanzexperten mit den Verhandlungen. Sie sind es dann, die den oft langwierigen und schwierigen Vorgang auf sich nehmen, einen Kredit durchzupauken.

Doch ziehen selbst solche Unternehmer, die schon viele Jahre erfolgreich tätig sind, es vor, persönlich mit ihren Bankiers zu verhandeln. Als Anfänger sollten Sie die Bank- und Kreditangelegenheiten mit Beratung durch Ihren Anwalt und Buchprüfer persönlich erledigen. Auf jeden Fall sollten Sie die Prinzipien verstehen, die im Umgang mit unterschiedlichen Bankiers und Bankbürokratien zu berücksichtigen sind.

Kreditlektion 3: **Bitten Sie Ihren Bankier um Rat**

Bankiers sind Menschen wie wir alle. Das heißt, sie fühlen sich geschmeichelt und ermuntert, wenn ein Unternehmer zu ihnen sagt: „Ach bitte, von diesem Aspekt der Finanzierung eines geschäftlichen Projekts habe ich keine Ahnung. Würden Sie mir wohl erklären, wie das funktioniert?"

Die meisten großen Banken haben eigene Abteilungen für Risikokapital oder solche, die auf Geschäftsgründungen spezialisiert sind. In den meisten Fällen wird man dann an einen Bankangestellten verwiesen, der darin Erfahrungen besitzt. Von diesen Abteilungen können Sie großartig beraten werden, wenn Sie dort die richtigen Fragen stellen und die Ohren offenhalten.

Eine bedeutende amerikanische Bank war einmal berühmt dafür, daß sie flügge werdenden Unternehmern, die gerade erst ins Geschäftsleben eintraten, kleine Geschäftskredite und ausgezeichnete

Ratschläge gab. Dann jedoch wurde sie „die große Geschäftsbank“, und einige der Vorteile, die sie selbständigen Unternehmern zu bieten hatte, waren dahin. Doch gibt es immer noch unternehmerorientierte Banken. Also zögern Sie nicht, Ihren Bankier um Rat zu bitten. Vielleicht werden Sie angenehm überrascht vom Ausmaß der Beratung, wenn Sie dem betreffenden Bankier die Bedürfnisse Ihrer Firma genau erläutern.

Kreditlektion 4: **Lerne, wie Dein Bankier denkt**

Wegen ihrer Ausbildung und oft auch wegen ihrer besonderen Persönlichkeit scheinen Bankiers irgendwie anders zu denken als „normale“ Menschen. Oft werden sie als Hohepriester des Geldmanagements angesehen, und ihre Überlegungen und Entscheidungen scheinen von einer Aura des Geheimnisvollen umgeben zu sein.

Nach einigem Umgang mit Bankiers beginnt man jedoch, die Subtilitäten des „Bankdenkens“ zu verstehen. Nach der Einstimmung auf ihre Denkweise erkennen Sie bald, daß Bankiers genauso vom gesunden Menschenverstand geleitet werden wie wir alle.

Wie also pflegen Bankiers zu denken? Hier einige Beispiele:

Kein Bankier möchte einen Kredit gewähren, den seine Bank später auf gerichtlichem Wege wieder einklagen muß: Besteht auch nur der Schimmer einer Möglichkeit, daß Sie nicht zurückzahlen können, wird man sich scheuen, mit Ihnen überhaupt zu verhandeln. Dem liegt die berechtigte Einstellung aller Bankiers zugrunde, daß sie ja das Geld ihrer Aktionäre und Einleger verwalten. Besteht die Wahrscheinlichkeit, daß ein Kredit Schwierigkeiten verursachen kann, so daß man ihn widerrufen oder zwangsvollstrecken muß, dann wird die Bank nichts damit zu tun haben wollen.

Versuchen Sie, Ihre eigene Firma mit den Augen des Bankiers zu sehen und identifizieren Sie selbst Ihre Stärken und Schwächen. Vielleicht fragen Sie sich: „Wird ein Außenstehender es für wahrscheinlich halten, daß ich diesen Kredit zurückzahlen kann?“ Diese Frage wird sich auch der Bankier stellen.

Stellen Sie sich folgende Situation vor. Sie bitten um eine große Summe, weil Sie ein sehr riskantes Projekt beginnen. Und nun weigern Sie sich, persönlich zu bürgen (selbst wenn Sie dazu bereit wären, verfügen Sie nicht über nennenswerte persönliche Sicherheiten). Unter diesen Umständen wären Sie eindeutig ein Risikokunde, und Sie können jede Wette eingehen, daß die Bank die Kopfschmerzen vermeiden will, die Sie ihr vielleicht einmal verursachen werden.

Je größer der Kredit, desto wahrscheinlicher wird Ihre Bank Sie mehr als „Partner“ denn als kleinen Kunden ansehen.

Selbst wenn Sie erst ein angehender Unternehmer sind, kann die Bank so sehr von Ihnen beeindruckt sein, daß sie Ihnen eine bedeutende Summe leiht – bis zu sechsstelligen Beträgen – vorausgesetzt, Sie verfügen über eindrucksvolle Empfehlungsschreiben, warten mit einer großartigen Idee auf und haben einen guten Mitarbeiterstab hinter sich. Beschließt eine Bank, bei einem Kreditkunden ein Risiko einzugehen, dann verändert das die gewöhnliche Form des „Bankdenkens“. Wenn eine große Menge Geld auf dem Spiele steht, hat eine Bank vielleicht keine andere Wahl, als einen eigenen Rückzahlungsplan aufzustellen, falls Sie mit Ihren Raten in Verzug geraten.

Mit anderen Worten: Es ist für eine Bank viel leichter, einem kleinen Schuldner die Daumenschrauben anzulegen, als zu riskieren, durch erfolglose Kündigung eines großen Kredits eine Menge Geld zu verlieren. Schulden Sie einer Bank eine Million Dollar oder mehr und sie treibt Sie in den Bankrott, dann gehört die Bank ebenso zu den Verlierern wie Sie.

Es kostet die Bank ein Vermögen, Kredite zurückzurufen. Kommt es zu einer Zwangsvollstreckung, dann kann sie oft fünfzig Prozent dabei einbüßen, wozu noch die gerichtlichen Kosten und sonstigen Spesen kommen. Es liegt also im Interesse der Bank wie in Ihrem, daß Ihrem Unternehmen wieder auf die Beine geholfen wird. Ein smarter und einfühlsamer Bankier wird sogar gewillt sein, Ihnen mit gutem Rat und sogar mit einem Zusatzkredit zu helfen – wenn Sie ihn wirklich überzeugen können, daß der Erfolg nicht lange auf sich warten lassen wird.

Natürlich wird Ihnen niemand zur Aufnahme eines riesigen Bankkredits raten, wenn Sie selbst ernsthafte Zweifel an der Lebensfähigkeit Ihres eigenen Projektes haben. Das waren nur so ein paar Überlegungen, wie Ihre Bankiers wahrscheinlich denken werden, wenn sie Ihnen Kredit gegeben haben und Sie unerwartet in Schwierigkeiten geraten.

Bei niedrigeren Kreditsummen, sagen wir zwischen 50000 und 100000 Dollar, wird die Bank vermutlich häufiger mit der Kündigung drohen, als sie tatsächlich aussprechen. Sollten Sie einmal in diese prekäre Lage kommen, dann muß Ihre entscheidende Taktik darin bestehen, mit der Bank *ständigen Kontakt zu halten.*

Wer jedoch nicht auf Mahnungen oder sonstige Korrespondenz reagiert, muß mit dem Schlimmsten rechnen. Telefonieren Sie jedoch sofort mit dem Bankier, sobald ein Problem auftaucht, dann wird er häufig mit der Bemerkung reagieren, „wir werden doch mal sehen, ob wir das nicht hinbiegen können“. Vielleicht haben Sie das Pech gehabt, mit einer dieser „Killer“-Banken in Geschäftsbeziehung zu stehen, die auf einem engen Geldmarkt absolut rücksichtslos und kaltblütig operieren. Möglicherweise sind Sie auch an einen verständnisvollen Bankier geraten, der gewillt ist, Ihnen etwas Spielraum und Beistand zu gewähren, damit Sie Ihre Angelegenheiten wieder ordnen können.

Wie gesagt: Bankiers sind Menschen wie du und ich. Sie mögen ihre spezielle Denkweise haben, oft haben ihre Erfahrungen mit schlechten Krediten sie auch übervorsichtig gemacht. Gestaltet ein Unternehmer seine Beziehungen zur Bank jedoch freundschaftlich oder zumindest liebenswürdig, dann pflegen die Bankiers ihrerseits entsprechend zu reagieren.

Kreditlektion 5: **Erkenne und vermeide die „Killer"-Banken**

Jede Bank hat ihre eigene Persönlichkeit und ihre eigenen Moralbegriffe. Einige werden alles tun, um einem kleinen neuen Unternehmen zum Erfolg zu verhelfen. Andere sind nur daran interessiert, aus jungen Unternehmern soviel Geld wie möglich herauszuholen. Wenn sie die Chance sehen, werden sie noch den letzten Tropfen Lebenssaft aus Ihrem Lieblingsprojekt herauspressen.

Es gibt also eine ganze Reihe von Banken, bei denen man grundsätzlich keinen Kredit aufnehmen sollte – obwohl sie äußerst verlockende Kreditangebote machen. Wir wissen genug über sie Bescheid, um zu begreifen, daß sie bei knappen Geldmärkten ihre Kredite unter irgendeinem Vorwand zurückfordern und dann gnadenlos darauf drängen werden, daß man ihnen die Restsumme sofort zurückzahlt. Sie sind eine Schande für das amerikanische Bankensystem; doch werden wir wohl weiter mit ihnen leben müssen, weshalb man wissen muß, wie sie arbeiten und wie man ihnen aus dem Weg gehen kann.

Ganz allgemein ist festzustellen: Geht man mit einem Kreditantrag zu einer Bank, dann hat diese alle Trümpfe in der Hand. Es gibt da eine alte Geschichte von einem Bankier, der einem um Kredit ansuchenden Kunden einen fünf Zentimeter hohen Stoß Papiere vor die Nase setzt. „Lesen Sie das", fordert der Bankier.

Verdutzt fragt der Antragsteller: „Den *ganzen* Haufen?"

„Richtig, alles."

Der Kreditsucher überlegt einen Augenblick und fragt dann: „Sagen Sie, wenn mir irgend etwas darin nicht gefällt und ich entscheide mich, das nicht zu akzeptieren, was passiert dann? Bekomme ich das Geld?"

„Nein", antwortet der Bankier.

„Okay", seufzt der Antragsteller. „Dann zeigen Sie mir nur mal die letzte Seite, wo ich unterschreiben soll."

Das ist eine apokryphe Geschichte, die jedoch im wirklichen Leben immer wieder passiert. In den meisten Fällen, wenn sie zu den „kleinen Leuten" gehören und nicht unterschreiben, was die Bankleute Ihnen zur Unterschrift vorlegen, haben Sie nicht die geringste Chance, den Kredit zu bekommen. Und Sie können sicher sein, daß in dem Bündel Papiere für den Kreditantrag viele kleingedruckte Klauseln enthalten sind, die es der Bank ermöglichen, Ihren Kredit fast nach Belieben zurückzuholen.

Natürlich sind viele Banken durchaus ehrlich und in ihrem Umgang mit Geschäftsleuten absolut moralisch. Sie wünschen, daß neue Unternehmen in ihrer Gemeinde gegründet werden und gedeihen, weil sie wissen, daß eine blühende Geschäftswelt auf lange Sicht auch den Bankgeschäften guttut.

Andere jedoch suchen hauptsächlich das schnell verdiente Geld. Sie sind bereit, Kredite zu gewähren, die sie auf engen Geldmärkten gewöhnlich nicht geben würden.

Ist die Volkswirtschaft durch einen Markt „lockeren Geldes" gekennzeichnet, auf dem es geradezu einen Überschuß an Geldverleihern gibt, dann fällt es gewöhnlich ziemlich leicht, von einer Bank einen Kredit zu bekommen. Ändert sich jedoch die Situation und wird das Geld knapper, dann beginnen die „Killer", die solange auf der Lauer gelegen haben, ihre Beute zu wittern.

Einige dieser Bankiers studieren dann vielleicht ihre Portefolios und kommen zu dem Schluß, darin steckten zu viele kleine, nicht ganz standfeste Unternehmen, die für ihre Kredite niedrige Zinsen zahlen. Diesen wenig einträglichen Stand der Dinge wollen sie nicht länger dulden. Sie gehen die Liste mit den Kreditkunden durch und fangen an, Kredite abzurufen. Und dann verleihen sie das Geld wieder an andere Kunden zum dreifachen Zinssatz.

Vor langer Zeit stand ich selbst vor einem solchen Problem. Ich hatte bei einer Bank einen zinsgünstigen Kredit aufgenommen und mochte die Leute, mit denen ich zu tun hatte. Dann jedoch sprach mich ein anderer Bankier an – einer, der sich wirklich aufs Überreden verstand, und überzeugte mich, meinen Kredit zu seiner Bank zu verlagern, und zwar zu einem viel günstigeren Zinssatz. Außerdem bot er mir andere, scheinbar bessere Kreditbedingungen an. Ich biß auf diesen Köder an und klopfte mir selbst eine Weile auf die Schulter, weil ich glaubte, eine besonders kluge Entscheidung getroffen zu haben.

Dann jedoch geriet die Volkswirtschaft in einen konjunkturellen Abschwung, und die Märkte wurden ziemlich eng. Zum damaligen Zeitpunkt wußte ich noch nichts über die unterschiedlichen Persönlichkeiten der verschiedenen Banken und die Neigung einiger, gegenüber ihren Kunden zu „Killern" zu werden. Das fand ich dann jedoch schnell genug heraus.

Mein neuer Bankier erhöhte bald seine Kreditbestimmungen. Da ich damals nicht gerade das war, was man als erstklassige Adresse im Kreditgeschäft bezeichnet, zog er seinen Kredit zurück, was mich in eine sehr schwierige Lage brachte. Meine Firma war in hohem

Maße mit Forderungen belastet – um Kapital für unsere Expansion zu bekommen, hatten wir uns tief verschuldet. Dieses neue Kreditproblem gefährdete unsere ganze Existenz.

Nun tat ich das einzige, was in diesem Fall wirklich zu tun war. Ich ging geraden Wegs zurück zu meiner ersten Bank und direkt zu deren Präsidenten, dem ich freimütig gestand: „Ich habe einen großen Fehler gemacht."

Er fragte mich, was los sei, und ich erzählte ihm von den Schwierigkeiten, in die ich bei seinem halsabschneiderischen Kollegen auf der anderen Seite der Straße geraten war. Und dann tat dieser Bankier etwas, was vorher und danach meines Erachtens noch nie geschehen ist. Er schrieb mir einen Scheck auf den Betrag aus, den ich der anderen Bank schuldete, und sagte: „Hier, lösen Sie Ihren Kredit damit ein, und bringen Sie das Konto zu uns zurück."

Das tat ich dann auch, und seither habe ich niemals aufgehört, mit dieser Bank Geschäfte zu tätigen. Sie ist tatsächlich die großartigste Bank, mit der ich je in Verbindung gestanden habe. Ihr Präsident und seine Mitarbeiter verstehen es besser als die meisten anderen, wie man gesunde und wechselseitig vorteilhafte Beziehungen zwischen Bank und Kunden aufbaut.

Doch wie findet man heraus, welche Banken „Killer" sind, und wie schützt man sich vor ihnen?

Der erste Schritt – man hört sich um. Man erkundigt sich bei Firmen in derselben Gemeinde, welche Erfahrungen sie mit den verschiedenen Banken gemacht haben. Da wird man sehr bald Schauergeschichten hören, aber auch Empfehlungen an besonders ethische und professionelle Bankiers.

Vergessen Sie dabei nicht den eigenen Anwalt und Buchprüfer. Ist der im Gebiet der Gemeinde tätig, in der Sie sich einen Kredit besorgen wollen, dann ist das ein zusätzlicher Vorteil. Er ist informiert über Beschwerden, juristische Auseinandersetzungen, Gerichtsverfahren oder auch nur Abneigungen gegenüber verschiedenen Banken und Bankiers. Vor allem weiß er in der Regel, wer die „Killer" sind und wer andererseits der Gründung neuer und blühender Unternehmen am aufgeschlossensten gegenübersteht.

Kreditlektion 6: **Vermeide persönliche Bürgschaften**

Haben Sie schon Erfahrungen mit Kreditanträgen bei Banken, dann werden Ihnen die folgenden Ratschläge vorkommen, als sei ich soeben aus einem Wolken-Kuckucksheim in der realen Welt eingetroffen. Zu den ersten Dingen, zu denen die Bank Sie zu nötigen sucht, gehört die persönliche Bürgschaft für den beantragten Kredit. Häufig wird man auch die Unterschrift des Ehepartners verlangen.

Der Grund dafür liegt auf der Hand: Unterschreiben Sie nur im Namen Ihrer Firma, vielleicht einer Neugründung mit wenig oder gar keinen Vermögenswerten, dann wird die Bank vielleicht nie ihr Geld zurückbekommen, falls Sie einmal zahlungsunfähig sind. Denn Ihre Haftung ist auf die Firma beschränkt. Daher wird die Bank versuchen, Sie durch eine unbeschränkte Zahlungsverpflichtung zu binden.

Bürgen Sie persönlich für den Kredit, dann hat die Bank die Möglichkeit, Sie persönlich für alles haftbar zu machen, und auch Ihre Ehefrau, wenn diese ebenfalls auf der punktierten Linie unterschrieben hat. Mit anderen Worten: Eine falsche Bewegung, und Ihr ganzes Hab und Gut kann dahin sein, wenn eine der Killer-Banken wieder einmal den Auftrag erhält, „Ziel suchen und zerstören".

Das Wort *zerstören* ist in diesem Zusammenhang keineswegs zu hart. Ich selbst habe beobachtet, wie eine große New Yorker Bank einen Unternehmer zerstörte, der glaubte, so etwas könne ihm nie passieren. Er arbeitete an einem Projekt, dessen Erfolg ihm so sicher schien, daß er felsenfest davon überzeugt war, es könne nichts schiefgehen. Er bürgte nicht nur persönlich für einen Kredit, sondern überredete auch seine Frau zur Unterschrift.

Das war für ihn der Anfang vom Ende. Sein Projekt aus dem Bereich der Immobilienbranche machte es erforderlich, daß er eine Baugenehmigung erhielt (was auch geschah) und dann in einer Wohngegend ein mehrstöckiges Gebäude errichtete. Völlig unerwartet erwirkten die Vertreter einer lokalen Interessengemeinschaft einen gerichtlich verfügten Baustopp, der die Bauarbeiten bis zur endgültigen juristischen Klärung der Sachlage verzögerte. Dadurch geriet er in finanzielle Probleme, und bald kam er mit der Rückzahlung des Kredits in Verzug.

Leider hatte der Unternehmer sich nie allzu gut mit einem der Kreditsachbearbeiter seiner Bank verstanden. Deshalb beschloß dieser Bankier, es ihm heimzuzahlen, als der Rechtsstreit begann. Bevor der Bauherr überhaupt richtig erkannte, woran er war, hatte die Bank ihm bereits das Genick gebrochen und ihn in den Bankrott getrieben. Außerdem informierte die Killer-Bank Kollegen und andere Institute in dieser Gegend und ermunterte sie, ihrerseits die Kreditlinien des Unternehmers anzuziehen.

Das Grundstück, das der Mann erworben hatte, war ziemlich wertvoll und hätte es ihm auf jeden Fall ermöglicht, seine Schulden mit allen Zinsen zurückzuzahlen. Doch man ließ ihm nicht die geringste Chance. Am Ende – und das war besonders tragisch – ging neben seinen Geschäftsanteilen auch sein gesamtes persönliches Vermögen verloren, da er und seine Frau auf der punktierten Linie unterzeichnet hatten.

Baut man zum ersten Male einen eigenen Betrieb auf, dann muß man natürlich Kompromisse machen, wozu auch persönliche Bürgschaften für Kredite gehören können. Als ich noch Anfänger war, habe ich manchmal persönlich gebürgt. Gewiß barg das Risiken; wenn irgend etwas schief gegangen wäre, hätte ich alles verlieren können. Gelegentlich jedoch, wenn man Großes erreichen will, muß man auch in großem Stil borgen. Und Banken sind einfach nicht gewillt, alle Risiken an Ihrer Stelle zu tragen.

Einige Male mußte ich jedoch über die einfache persönliche Bürgschaft *hinaus* gehen, um die Unterstützung einiger Banken zu gewinnen. Einmal ging ich sogar zum berühmten Lloyd's of London, um sie tatsächlich zu überreden, mein Ehrenwort zu versichern.

Damals leitete ich Avis Airlines Rent-A-Car. Die Banken, mit denen wir im Geschäft waren, pflegten regelmäßig Buchprüfer zu schikken, die überprüften, wieviel Kraftwagen uns gehörten. Diese Wagen dienten natürlich als zusätzliche Sicherheiten für die von uns genommenen Kredite.

Leider waren die Fahrzeuge oft gerade unterwegs, und die Bank brauchte eine solide Zusicherung, daß uns tatsächlich die Anzahl von Fahrzeugen gehörte, die wir angegeben hatten. Ich hatte für die Banken Verständnis; denn obwohl sie mir vertrauten, mußten sie gegenüber den Bundesbehörden für die in ihren Büchern verzeichneten Kredite geradestehen. Kurz gesagt, ich kam nicht an die Kredite heran, wenn nicht die staatlichen Buchprüfer zu uns kommen und alle unsere Fahrzeuge überprüfen konnten.

Deshalb kam ich auf die Idee mit Lloyd's of London. Ich stellte mir vor: Wenn dieser berühmte Versicherer bereit war, die Beine von Marlene Dietrich, verschiedene Teile der Anatomie anderer Schauspieler und Schauspielerinnen sowie sonstiges „Verschiedenes" zu versichern, dann sollte er eigentlich auch in der Lage sein, mein Ehrenwort abzusichern. Also ging ich dorthin und schlug vor, mir eine Versicherungspolice zu geben, die garantiert, daß alles, was ich unterzeichne, wahr ist. Lloyd's stimmte zu, und die Banken waren zufriedengestellt. Bei diesem Handel sparte ich mehr an Buchprüfgebühren und anderen Unkosten als wir an Prämie für die Versicherung zahlen mußten.

Natürlich soll Sie das nicht anregen, Ihr Wort unbedingt durch Lloyd's of London versichern zu lassen. Bei bestimmten Krediten jedoch bleibt Ihnen kaum eine andere Möglichkeit, als persönlich zu bürgen.

Oft, wenn Ihre persönlichen Vermögenswerte gering sind, scheint es, als hätten Sie nicht viel zu verlieren. Dennoch ist Vorsicht geraten! Müssen Sie persönlich bürgen, dann versichern Sie sich, daß der Kreditbetrag nicht so groß ist, daß er Ihnen endgültig den Garaus machen und auch Ihre Familien schwer treffen kann. Vor allem erlauben Sie *niemals*, daß auch Ihre Ehefrau den Kreditantrag unterschreibt. Denn solange sie nicht unterschreibt, können ihre Vermögenswerte vom Gläubiger nicht beschlagnahmt werden, wenn er Sie wegen Verletzung des Kreditvertrages belangen will.

Sobald Sie dann jedoch in Ihrer Laufbahn weiter vorangekommen sind, rate ich Ihnen, jede persönliche Bürgschaft zu verweigern. Das ist zumindest meine Methode. Kann eine Sache, die ich anpacke, nicht auf eigenen Füßen stehen, mit dem Barkapital, das ich hineinzustecken gewillt bin, dann lasse ich lieber die Finger davon.

Kreditlektion 7:
Legen Sie Konten bei mehreren Banken an

Hat man sein ganzes Geld oder alle Kredite bei einer einzigen Bank, dann kann diese Sie „ausquetschen". Wird beispielsweise der Geldmarkt eng, dann kann die Bank beschließen, den Kredit abzurufen oder von Ihnen verlangen, ihn zu Bedingungen zurückzuzahlen, mit denen Sie nicht gerechnet haben. Laufen von Ihnen jedoch Kredite bei mehreren Banken, brauchen Sie sich nicht so zu sorgen.

Die Sicherheit, Kredite auf mehrere Banken verteilt zu haben, entspricht etwa der Sicherheit, seine eigenen Investitionen gut gestreut zu haben. Es ist ein Grundgesetz jedes Geldmanagements, niemals alle finanziellen Eier in einen Korb zu legen. Derselbe Grundsatz gilt auch für die Aufnahme von Geschäftskrediten.

Ich habe viele Jahre diesen Grundsatz befolgt und weigere mich einfach, mich in eine Lage zu bringen, in der eine Bank die Möglichkeit erhält, meinen geschäftlichen Aktivitäten Daumenschrauben anzulegen.

Jeder der Banken, mit denen wir arbeiten, könnte mich morgen anrufen und sagen: „Wir brauchen unser Geld jetzt!" Da ich meine Bankbeziehungen aufgeteilt habe, könnte ich jedem Institut auf Verlangen sein Geld zurückzahlen, ohne dadurch im geringsten Schaden zu erleiden. Natürlich würden wir mit dieser Bank nie wieder Geschäfte tätigen, sondern alle unsere Kredite und Konten von dort abziehen und dem Bankier sagen, von uns aus könne er sich einen Mühlstein um den Hals hängen und ins Wasser springen.

Für einen kapitalmäßig schwach ausgestatteten Anfänger mag es sich nicht lohnen, zu mehr als einer Bank zu gehen. Sobald die finanzielle Lage es jedoch erlaubt, sollte man diversifizieren und Beziehungen zu mehreren Banken aufnehmen. Dann sind Sie vor Erpressungen durch eine Killer-Bank sicher. Auch hätten Sie Rückendeckung gegenüber anderen, guten Banken, die vielleicht selbst in eine Krise geraten und dann meinen, Sie müßten das Geld ihrer Einleger schützen.

Abschließend noch eine Mahnung zur Vorsicht. Einige Unternehmer, die Geld brauchen, von einer ordentlichen Bank aber keinen Kredit bekommen haben, versuchen es dann vielleicht bei einer der Finanzierungsfirmen, die man als Kredithaie bezeichnet.

Das ist gefährlich. Diese Firmen wissen sehr wohl, daß die Leute zu ihnen kommen, weil sie von der Bank keinen Kredit bekommen. Dementsprechend fordern sie viel höhere Zinsen und ihre allgemeinen Kreditbestimmungen sind erheblich härter. Man fragt nach Ihrem Haus und Wagen und vor allem, was Sie privat besitzen. Gehen die Dinge schief, was oft der Fall ist, dann müssen Sie darauf gefaßt sein, alles zu verlieren.

Bleiben Sie also bei den zivilisierteren Methoden der Kreditaufnahme, bei Banken und Anlegern von Risikokapital, und Ihre Familie wird sorgloser leben.

Und nun wollen wir von der Annahme ausgehen, Sie haben Ihr Geld bekommen und sind bereit, Ihre Ideen in einen Erfolg umzumünzen, der Millionen Dollar einbringt. Was können Sie nun auf diesem Wege erwarten?

Beim Vormarsch Ihres Unternehmens mit Siebenmeilenstiefeln geraten Sie einmal an den Punkt, an dem Sie die Schwelle zum wirklich „großen Geschäft“ überschreiten. Und wie die ehemaligen Draufgänger im Wilden Westen sehen Sie sich mit neuen Herausforderungen konfrontiert, an denen Sie Ihre Kräfte messen können.

9. Kapitel

Wie man die Grenze zum „Großen Geld" überwindet
Oder: Warum die erste Million stets die schwerste ist

„Nur wenige reiche Leute besitzen ihr
Eigentum; vielmehr besitzt ihr
Eigentum sie."
Robert Green Ingersoll
Ansprache vor der McKinley League
New York, 29. Oktober 1896

Jeder ehrgeizige Unternehmer träumt von einem *Super*erfolg. Das kann bedeuten, daß er danach strebt, als geschäftliches Genie anerkannt zu werden . . . daß er ein stetig wachsendes industrielles Imperium aufbauen will . . . ein Produkt schaffen will, von dem die Menschheit bisher nicht einmal zu träumen wagte . . . einen Markt erschließen will, der noch nie existiert hat – oder daß er einfach stinkreich werden will.

Wie steht es nun um Ihre unternehmerische Phantasie?

Was es auch sei – ich bin sicher, daß Sie Ihre hochfliegenden Ambitionen nicht nur im Kopf oder in einer Schublade aufbewahren. Sie wollen heraus damit in die reale Welt und mit ihnen nach oben steigen, hinauf auf einen scheinbar unmöglich zu erobernden industriellen Gipfel. Was Sie angeht, so bildet nur der Himmel die Grenze für ihre neuen Unternehmungen. Anderenfalls würden Sie sich nicht die Mühe machen, die Finanzierung zusammenzubekommen und das Managementteam, das Sie brauchen, um alles in Gang zu bringen.

Der Weg zur Spitze ist jedoch keine breite Allee, ist nicht frei von Hindernissen. Schwierige Grenzen sind zu überwinden, vor allem, wenn man in den Bereich der großen Einkünfte zwischen einer halben und einer Million Dollar gelangt. Tatsächlich markiert die Fünfhundertausend- bis Eine-Million-Dollar-„Grenze" eine Übergangsphase, in der schon viele Unternehmer gescheitert sind.

Gewöhnlich hat ein unternehmerischer Anfänger die Gewohnheit, sein Geld anfänglich auf idiosynkratische Weise auszugeben. Er erzielt Gewinne trotz der Tatsache, daß er einen großen Teil der Managementarbeiten persönlich erledigt (d. h. er tanzt auf mehreren Hochzeiten gleichzeitig bzw. trägt vier oder fünf Hüte gleichzeitig). Er versäumt es, branchentypische Kostenregeln zu beachten, die vor allem jenseits der Eine-Million-Dollar-Marke sehr wichtig werden. Es ist ihm also gelungen, seinen Betrieb schnell wachsen zu lassen – und plötzlich entstehen ihm Kosten, auf die er gar nicht vorbereitet ist. Es ist schon eine Ironie – die Größe seines schnellen Erfolges kann möglicherweise seine gesamte Zukunft gefährden.

Die nun entstehenden zusätzlichen Kosten beginnen ihn an allen Ecken und Enden zu kneifen und zu plagen. Zunächst einmal merkt er, daß er mehr Platz braucht, also gehen die Mietkosten in die Höhe. Dann benötigt er mehr Personal, um den gestiegenen Bedarf decken zu können, wodurch die Personalausgaben wachsen. Anfänglich hat er den ganzen Verkauf alleine getätigt. Nachdem nun größere Märkte winken, gibt er mehr für Werbung aus, und diese Werbekosten drohen rasch außer Kontrolle zu geraten.

Und dann die vielen gesetzlichen Bestimmungen! Sobald Sie eine Gesellschaft gegründet und zusätzliches Personal eingestellt haben, müssen Sie für die Altersversorgung, Krankenversicherung und sonstigen Sozialleistungen der Mitarbeiter zahlen. Zusammen mit den verschiedenen Steuern vergrößert das Ihren Papierkrieg mit Bundes-, Landes- und lokalen Behörden ganz gewaltig.

Zu dem Zeitpunkt, an dem die meisten Unternehmer in diese von rauhem Wetter bestimmte Übergangsphase geraten, merken sie gewöhnlich, daß sie noch viel zu lernen haben. Die One-Man-Show-Mentalität führt zu einer ernsten Krise, da die branchentypischen Kosten für das Wirtschaften in größeren Maßstäben jetzt Realität werden. In dieser Phase können die Gewinne auf Null sinken. Natürlich ist ein Unternehmer stolz, wenn er merkt, daß er bei seinen Brutto-Einnahmen die Eine-Million-Grenze erreicht hat. Sobald dieser Stolz sich jedoch etwas abgekühlt hat, kann das dann verbleibende Gefühl etwa folgendermaßen beschrieben werden:

„Eigentlich arbeite ich nur für andere Leute! Was nützt es mir, diesen ganzen Apparat aufzubauen, wenn alles, was ich tue, im Grunde nur bewirkt, daß ich nach rechts und links anderen Menschen Geld auszahlen muß?“

Selbst wenn ein Unternehmer brutto eine Million Dollar verdient, entnimmt er für sich persönlich oft nicht mehr als zu der Zeit, in der er nur eine halbe Million oder weniger einnahm. Warum? Teilweise werden die zusätzlichen Einnahmen durch zusätzliche Betriebskosten eliminiert. Das ist einer der Gründe, warum Geschäftsmagnaten oft sagen: „Die erste Million ist stets die schwerste.“ Der Übergang von etwa einer halben zur ganzen Million scheint besonders schwierig, weil der Unternehmer dabei keine zusätzliche Kompensation für sich persönlich herausholt.

So mancher Fachmann hat behauptet, für viele Unternehmensleiter wäre es vernünftig, ihren Betrieb ziemlich klein zu halten. Wenn man brutto 300 000 oder 400 000 Dollar einnehmen, sich selbst ein deftiges Gehalt zahlen und die vielen administrativen Kopfschmerzen vermeiden kann, die bei einem Millionenumsatz gegeben sind – warum soll man sich dann eigentlich so abrackern?

Das klingt auf den ersten Blick recht vernünftig. Doch kann das den aufs Ganze gehenden Typ des Geschäftsmanns nicht überzeugen.

Er hat ja in den meisten Fällen sein Unternehmen mit dem Hintergedanken im Kopf gegründet festzustellen, wie weit er es bringen kann. Offen gestanden – das Argument, Wachstum zu begrenzen, um sich Managementkopfschmerzen zu ersparen, zieht bei ihm nicht. Seine Haltung ist schlichtweg: „Warum soll gerade ich bescheiden sein? Ich will doch keinen Tante-Emma-Laden – ich will die ganze Welt!“

Ich muß sagen, daß ich ganz dieser Meinung bin. Natürlich bringt das Wachsen eines Betriebes allerlei Unannehmlichkeiten und Probleme. Auch Hannibals Elefanten-Show marschierte nicht ohne Fehltritte, Zusammenstöße und Verluste über die Alpen. Und als der Goldrausch in Kalifornien einsetzte, da haben die Leute ihre Claims außerhalb von Sacramento nicht abgesteckt, um nur gerade soviel Nuggets auszuwaschen, daß sie damit den Juwelierladen einer Kleinstadt mit Gold versorgen konnten. Ihre Augen waren auf massiven Reichtum fixiert – und das ist auch das Niveau an Ehrgeiz, das die meisten Unternehmer hegen.

Greift Ihr Ehrgeiz nach außergewöhnlichen Höhen, dann wird er wahrscheinlich frontal auf die Hürde prallen, die auch andere Draufgänger bremst, die erste Erfahrungen mit großen geschäftlichen Erfolgen machen. Sie werden merken, daß es spezielle Wachstumshindernisse gibt, die auf der Ebene der Bruttoeinnahmen zwischen 500000 und einer Million Dollar lauern.

Wie können Sie sich also auf die Herausforderungen einstellen, die an dieser „Grenze zum Großen Geld“ auftreten? Lernen Sie zunächst einmal, welches die entscheidenden Hürden sind, und gestalten Sie Ihr Unternehmen bereits jetzt so, daß es über sie hinwegspringen kann. Denken Sie auch daran, daß Ihre eigenen Kosten nahe bei den branchentypischen Kosten liegen werden, also folgen Sie denen. Ein Verlust von einem Prozent in irgendeiner Phase Ihrer Aktivitäten bleibt ein Prozent – und einige wenige Prozentpunkte können den Unterschied zwischen Gewinn und Verlust ausmachen.

Beim wirtschaftlichen Wachstum treten Management- und Personalprobleme massenhaft auf. Sie müssen mehr Personal einstellen und auch lernen, Vollmachten zu delegieren. Bei der Annäherung an die Eine-Million-Dollar-Marke merken Sie, daß Sie nicht länger fünf oder sechs Chefhüte tragen können. Vielmehr müssen Sie Ihren direkten Beitrag zu den alltäglichen Aktivitäten zurückschrauben und nur noch zwei oder drei dieser Hüte tragen.

Von diesen Management- und Personalproblemen wird später noch die Rede sein. Konzentrieren wir uns jetzt auf die Themen während der Übergangsphase, die am engsten mit „Mark und Pfennig“ zusammenhängen. In jeder geschäftlichen Expansion wechseln gute und schlechte Entwicklungen. Das gilt für alle Branchen. Die Herausforderung besteht darin, das Negative zu minimieren und das Positive zu maximieren. Zu diesem Zweck sollten Sie sich auf drei Hürden einstellen, die Ihre Betriebskosten wahrscheinlich bis zum Gefahrenpunkt aufblähen werden – die Beschäftigtenzahl, die Betriebsräume und das Sekretariat.

Die Personalhürde

Zu den kompliziertesten Problemen jedes Geschäftsmanns gehört die Einstellung von zusätzlichem Personal und die Bezahlung dieser Leute. Selbstverständlich muß man bei wachsendem Umsatzvolumen zusätzliche Angestellte einstellen und nach Tarif bezahlen.

Dann wird sich herausstellen, daß Mitarbeiter, die beim Aufbau des Unternehmens mitgewirkt haben, genauso bezahlt sein wollen wie die Neueingestellten. Vielleicht hatten Sie Ihre Schwägerin überredet, beim Start des Unternehmens ein paar Monate oder länger für Sie zu arbeiten. Sobald diese kurzen Flitterwochen jedoch vorbei sind und Sie genug Einkünfte erzielen, mehr Personal einstellen zu können, wird sie verlangen, genauso bezahlt zu werden wie alle anderen.

Auch diese Münze hat eine Kehrseite. Einige unerfahrene Unternehmer sind für ihren schnellen Erfolg so dankbar, daß sie in Versuchung geraten, einzelnen Angestellten der ersten Stunde mehr zu zahlen, als der Betrieb einbringt.

Ich denke da an eine Firma, in die wir investiert hatten. Sobald sie erste bescheidene Einkünfte hatte, warf sie mit Gehaltserhöhungen nur so um sich. Ich spreche von *enormen* Erhöhungen. Ihr Management schien tatsächlich an das alte Märchen zu glauben, das Geld wachse auf Bäumen. Das war mein Eindruck, als man dort die Gehälter der Sekretärinnen von $ 12000 auf $ 20000 erhöhte und die des unteren Managements um 30 Prozent und mehr steigen ließ.

Das geschah ohne ausreichende vorherige Planung, und wie vorauszusehen, geriet die Firma in ernsthafte *Cash-flow*-Probleme. Zum Glück hatten wir als Kapitalgeber uns einigen Einfluß auf das Management vorbehalten. Wir konnten also intervenieren und diese Firma bezüglich ihrer Gehalts- und Ausgabenpolitik wieder auf den richtigen Weg führen.

Das ist keineswegs ein Einzelbeispiel. In einem kleinen Betrieb, der ein komplettes Testprogramm für Herzkranke lieferte, kamen die Einkünfte in geradezu atemberaubendem Tempo herein und schnellten in den ersten Jahren um 300 bis 400 Prozent nach oben. Daraufhin beschloß der Chef euphorisch, alle Mitarbeiter mit fürstlichen Gehältern zu entlohnen.

Zunächst erhöhte er die Gehälter der einfachen Techniker von der bisherigen Bandbreite zwischen $ 15000 bis $ 18000 auf $ 30000 bis $ 35000. Darüber hinaus erhielten die Angestellten aller Ebenen Gehaltserhöhungen von hundert und mehr Prozent.

Und dann geschah das Unvermeidliche. Auch andere Unternehmer in dieser Region erkannten das Gewinnpotential dieser Tests auf Herzerkrankungen und gründeten ähnliche Firmen. Der dadurch entstehende Wettbewerb ließ die Einkünfte des ersten Unternehmers erheblich schrumpfen.

Bald befand er sich in der unangenehmen Lage, einige Angestellte entlassen und die Gehälter der anderen kürzen zu müssen. Die Betriebsmoral sank „in den Keller", und dieser Unternehmer hat nie den wirklich großen Erfolg gehabt, der zunächst so greifbar nahe schien. Er hat sich und seinen Mitarbeitern eindeutig einen schlechten Dienst erwiesen.

Der Übergang vom kleineren zum „ganz großen" Geschäft bringt meistens noch viel subtilere Probleme. Ganz allgemein gilt folgendes: Beim Wachstum bleibt der *Prozentsatz* der Betriebskosten in etwa derselbe. Ein Beispiel: Je größer Sie werden, desto mehr Sekretariatsarbeiten fallen an, und das bedeutet mehr Sekretärinnen zum tarifmäßigen Gehalt. Die Ausweitung des Marktes und des Umsatzes erfordert auch mehr Verkaufspersonal. In beiden Fällen dürften die Personalkosten bei steigendem Umsatz bei einem relativ festen Prozentsatz der Bruttoeinnahmen bleiben.

Das Problem Neueinstellungen kompliziert sich, wenn man mit folgenden Fragen konfrontiert wird: „Soll ich die Neueinstellungen sofort vornehmen? Oder soll ich ein paar Wochen oder Monate warten, bis mein Umsatzpotential sich noch verstärkt hat?"

Eines ist klar. Handelt man zu früh, dann können die neuen Angestellten nicht den vollen Einsatz leisten, und die Gewinne werden zurückgehen. Können sie nicht genug Umsatz erzeugen, um ihre Gehälter und Sozialkosten zu decken, dann sind sie bei dem Bemühen um schnelleres Wachstum keine große Hilfe. Keinesfalls können Sie von den neuen Angestellten über Nacht Wunder erwarten. Zu Beginn ihrer Tätigkeit werden sie stets zusätzliches Geld kosten.

Andererseits: Warten Sie mit der Aufstockung des Personals zu lange, dann steigt vielleicht die Konkurrenz ein und schnappt Ihnen die

Chancen weg. Übermäßige Vorsicht kann sich auf Ihr Potential ebenso schädlich auswirken wie törichtes Eingehen von Risiken.

Mir fällt dabei die Situation ein, in der sich zwei Anwälte befanden, deren Jahreseinnahmen sich auf $ 400 000 beliefen, von denen fünfzig Prozent durch Betriebskosten absorbiert wurden. Da konnte jeder der beiden etwa $ 100 000 für sich selbst entnehmen.

Nun glaubten beide, es bestehe ein Potential für noch mehr juristische Dienstleistungen. Also stellten sie noch einen Sozius mit einem Jahresgehalt von $ 50 000 ein.

Das ergab ein Problem. Denn in der Praxis bedeutete es nicht nur, daß sie dem Sozius $ 50 000 zahlten und dann zusehen konnten, wie die Gewinne stiegen. Die beiden Anwälte erkannten schnell, daß es Monate dauern werde, bis der Neuling sich eingearbeitet hatte und seine Arbeitskraft voll zur Geltung bringen konnte. In der Zwischenzeit bezahlten sie ihn im Rahmen der jährlich 50 000 Dollar, wobei die für ihn zu entrichtenden Kosten proportional stiegen. Anders gerechnet – sie mußten dem Mann aus ihrer eigenen Entschädigung sein $-50 000-Gehalt zahlen *und* noch weitere $ 50 000 für Sekretariatskosten und sonstige Spesen aufwenden.

Die Planung der Bilanz hatte vorgesehen, daß der neue Mann *zumindest* $ 100 000 Einnahmen *schnell* hereinholen mußte. Anderenfalls mußten die beiden Anwälte ihre eigenen Einkünfte reduzieren und auch die persönliche Lebenshaltung drastisch einschränken. Im vorliegenden Fall brachte der Neuling nicht genug zusätzliche Aufträge, und die beiden Seniorchefs mußten die Differenz aus den eigenen Vergütungen ausgleichen. Der eine wollte den Neuling behalten, der andere ihm kündigen. Das ergab im Büro eine gespannte Atmosphäre, und die Partnerschaft brach schließlich auseinander.

Das illustriert auf einfache, aber typische Weise die Art von Herausforderungen, mit der jeder Unternehmer fertig werden muß, wenn er den Übergang von der halben zur ganzen Umsatzmillion vollzieht. Der Personalbereich gerät von einer Krise in die andere, weil es fast immer einen vorübergehenden Engpaß beim *cash flow* gibt, wenn neue Leute eingestellt werden. Die ersten Monate eines neu eingestellten Angestellten sind fast immer die unproduktivsten. Während der Neuling angelernt wird und Fehler macht, muß der Chef den Leerlauf tatenlos hinnehmen.

Nun ist es in einer kleinen Firma leider so, daß dort schon einige wenige unproduktive Mitarbeiter das ganze Unternehmen in Schwierigkeiten bringen können. Ist die neue Sekretärin oder der neue Verkäufer oder Anwalt nach sechs Monaten oder einem Jahr noch immer nicht richtig auf Touren und keine Hilfe beim Erzeugen von zusätzlichem Einkommen, dann kann das Unternehmen in eine Schieflage geraten.

Das ist der Unterschied zwischen einer kleinen und einer großen Firma und auch einer der Gründe, warum dieser Übergang so schmerzhaft ist. Eine Firma mit einem Umsatz von etwa einer halben Million Dollar wird stets erheblich weniger Mitarbeiter benötigen als eine, die Millionen einnimmt. Dadurch zeigen sich Fehlleistungen einiger weniger Angestellter wie durch eine Lupe gesehen – und das kann den Unterschied zwischen Erfolg und Scheitern ausmachen. Im Gegensatz dazu kann ein großes Unternehmen sich eine ganze Weile ein paar unproduktive Leute leisten, solange genug produktive Mitarbeiter die negativen Wirkungen ausgleichen können.

Nehmen wir als Beispiel eine typische Verkaufsorganisation. Wir wissen: Stellen wir einen zusätzlichen Verkäufer ein, um eine neue Filiale zu eröffnen, und geben ihm die richtige Ausstattung, bis das Geld wieder hereinkommt, dann kostet uns das mindestens $ 150 000. Zu dieser Kalkulation gehört die Austattung eines Büros, die notwendige Schreibkraft, sein Gehalt für ein Jahr, das Spesenkonto sowie andere mit seiner Verkaufstätigkeit zusammenhängende Ausgaben.

Arbeitet der Verkäufer nach ein paar Monaten produktiv, dann war alles sein Geld wert. Gehört er jedoch zu den leistungsschwachen, unerfahrenen oder faulen Leuten – vor allem jedoch, wenn er vor Ablauf eines Jahres wieder geht –, dann verlieren wir einen großen Teil der $ 150000, die ihm zum Start verhelfen sollten. Genau genommen dauert es selbst bei erfolgreicher Tätigkeit des Mannes zwei oder drei Jahre, bis wir eine solche Investition wieder hereingeholt haben.

Hier liegt also stets ein Risiko. Entspricht der neue Mann nicht den Erwartungen, wird das ganze Unternehmen darunter leiden. Leistet er aber das, was man von ihm erhoffte, kann er eine Schlüsselrolle bei Ihren Bemühungen spielen, über die Eine-Million-Marke hinaus in den Bereich des „großen Geldes“ vorzustoßen.

Die Hürde der Betriebsräume

Viele heutige Firmen haben einmal in der Privatwohnung oder Garage des Unternehmers ihren Anlauf genommen – vor allem in Branchen, in denen nicht viel Raum für die Unterbringung des Inventars benötigt wird. So mancher, der in recht beschränkten Räumlichkeiten anfangen mußte, ist im Bereich der Hightech-Industrie, etwa mit der Herstellung von Computer-Software, ziemlich reich geworden.

Sobald Ihre Einnahmen sich in den sechsstelligen Zahlenbereich bewegen, merken Sie, daß Sie einfach nicht mehr aus einer Telefonzelle heraus aktiv sein können. Sie müssen ein Büro mieten, und dann dauert es nicht mehr lange, bis Sie ein weiteres Büro anmieten müssen, um ihr wachsendes Personal unterzubringen. Außerdem benötigen Sie wahrscheinlich auch mehr Raum für Herstellung und Lagerung.

In der Übergangsphase müssen bei den Arbeitsräumen mehrere Faktoren berücksichtigt werden. Der erste ist, daß die Ausgaben für

Miete, Beleuchtung, Heizung und dergleichen im Grunde ziemlich unverändert bleiben – selbst wenn Ihre Einkünfte steigen.

Angenommen, Ihr Umsatzvolumen steigt von einer auf zwei Millionen Dollar. Dann benötigen Sie wahrscheinlich mehr Verkaufspersonal und auch mehr Sekretariatsangestellte, und ganz gewiß müssen Sie für die Herstellung zusätzlicher Produkte mehr Geld aufwenden.

Können Sie das Personal jedoch etwas gedrängter unterbringen, brauchen Sie vielleicht *keine* zusätzlichen Räume. Bei steigendem Umsatz und steigenden Bruttoeinnahmen nimmt der für Arbeitsräume fällige Betriebsausgabenanteil ab – und damit steigt der Gewinn.

Wie das funktioniert, zeigt das Beispiel einer Firma, die sich mitten in der vorhin besprochenen Übergangsphase befand. Ihr Bruttoeinkommen lag bei einer Million Dollar, die Miete belief sich auf rund vier Prozent der Bruttoeinnahmen.

Das ist viel Geld, denn die Miete sollte normalerweise weniger als zwei Prozent der Bruttoeinnahmen betragen. Manchmal wird das junge Unternehmen jedoch in einer Gegend gegründet, in der die Mieten allgemein hoch sind; und dann muß man halt höhere Mieten zahlen, als einem lieb ist.

Die erwähnte Firma schnellte also mit ihrem Umsatz auf zwei Millionen hoch, kam aber zu der Auffassung, sie brauche keine zusätzlichen Räumlichkeiten, um dieses Geschäftsvolumen abzuwickeln. Dadurch sank der Anteil der Miete auf zwei Prozent, also auf einen annehmbareren Betrag als zu der Zeit, als sie nur eine Million umsetzte. Diese Firma hat das Wagnis mit dem Verzicht auf zusätzliche Räumlichkeiten auf sich genommen, was sich dann auszahlte.

Eine detailliertere Kalkulation macht das noch deutlicher. Bei einer Million Dollar Einkünfte zahlte die Firma vier Prozent des Bruttoeinkommens, also $ 40000. Da sie keinen zusätzlichen Raum benötigte, blieb der Mietbetrag bei 40000. Als die Einkünfte dann auf zwei Millionen stiegen, ging der Prozentsatz der zu zahlenden Miete auf zwei Prozent zurück – also auf $ 40000 für zwei Millionen Einnahmen.

Was kann man aus diesem Beispiel lernen?

Zunächst folgendes: Beginnt Ihr Geschäft in dieser Übergangsphase aufzublühen, dann werden Sie wahrscheinlich spüren, daß Sie aus Ihrer Wohnung oder aus Ihrem kleinen Büro in größere Räume umziehen sollten. Und da entscheiden Sie sich vielleicht für *mehr* Raum, als Sie tatsächlich brauchen.

Können Sie sich das erlauben, dann kann das eine kluge Entscheidung sein, schon alleine um eine weitere Ausweitung des Geschäftsvolumens zu ermöglichen. Mieten Sie aber wirklich mehr Raum als Sie benötigen, dann müssen Sie während der Übergangsphase vielleicht einen relativ hohen Prozentsatz Ihrer Bruttoeinnahmen für die Miete ausgeben. Hier wäre Vorsicht angebracht. Mietzahlungen können den Unterschied zwischen Gewinn und Verlust ausmachen. Geraten noch einige andere Faktoren ebenfalls außer Kontrolle, etwa Management oder Personalkosten, dann kann eine hohe Miete schnell das nahende *Desaster* ankündigen! Sie kann zum Tropfen werden, der das Faß zum Überlaufen bringt.

Selbst wenn alles andere ausgeglichen ist, kann zuviel Raum den *cash flow* ernsthaft einengen. Das ist einer der Gründe, warum das Arbeiten im Einkommensbereich zwischen einer halben und einer ganzen Million Umsatz den Anschein erweckt, als arbeite man „nur für andere". Es ist einfach nicht genug freies Geld vorhanden, weil man es nicht nur für die laufenden Aktivitäten zahlen muß, sondern auch für solche, von denen man erwartet, daß sie in naher Zukunft Einkünfte bringen werden.

Haben Sie andererseits während dieser Phase Ihre Betriebsräume klug gewählt, dann werden Sie bei anhaltendem Wachstum dankbar sein, wenn noch Raum für Expansion verfügbar ist. Bei steigenden Einkünften und gleichbleibenden Festkosten, darunter für Miete, merken Sie, wie auch der Gewinn wächst. Denken Sie an das Beispiel von vorhin: Der Prozentsatz der Miete ging um zwei Prozent zurück, der des Gewinns stieg um zwei Prozent.

Natürlich bleibt stets ein Risiko. Blüht das Geschäft, dann haben Sie sich bei der Wahl der Arbeitsräume als smart erwiesen. Sackt das Geschäft ab, können Sie pleite gehen. Verlassen Sie sich daher bei Entscheidungen über die laufende Miete nicht zu sehr auf künftige Gewinne und Umsätze.

Dieses Mietproblem hat noch einen Nebenaspekt. Selbst bei erwarteten künftigen Einkommenssteigerungen sollten Sie klug und umsichtig sein und für Ihr Unternehmen die bestmöglichen und wirtschaftlichsten Räume ausfindig machen. Einige Unternehmer wollen zu früh einen zu hohen Bürostatus, weil sie glauben: „Es ist wichtig, die Kunden zu beeindrucken. Ich muß unbedingt ein Büro in einer ‚feinen‘ Gegend haben.“

Diese Denkweise kann jemandem aus dem Geschäft werfen, bevor er überhaupt richtig angefangen hat. Auch hier ist alles eine Frage der Prozentrechnung. Angenommen, Sie geben zehn Prozent Ihrer Einkünfte für ein Büro in einer der vornehmsten Gegenden aus, obwohl Sie anderswo nur zwei Prozent zahlen müßten. Dann verlieren Sie von Anfang an acht Prozent Ihrer endgültigen Gewinnmarge – genau das Geld, das den Unterschied zwischen Gewinn und Verlust, Erfolg und Fehlschlag ausmachen kann.

Viele Verleger in Manhattan haben diese Lektion auf die harte Tour gelernt. Immer mehr von ihnen ziehen in Stadtteile, in denen die Mieten niedriger sind, damit sie ihre Gewinnmargen aufpäppeln können. Jahrelang hatten sie ihre Büros direkt in Manhattan und in der Upper East Side, wo die höchsten Mieten des Landes gefordert werden. Diese hohen Mietkosten haben zum Ruin zahlreicher Verlage beigetragen.

Es zahlt sich also aus, gründlich darüber nachzudenken, wo man seine Firma installieren soll. Zum Überspringen der Hürde Büroraum muß man zunächst Räume wählen, die so kostengünstig sind, daß der *cash flow* und die Gewinne möglichst hoch bleiben. Zugleich sollten die Räume groß genug und zusätzlicher Platz verfügbar sein, um zukünftiges Wachstum auffangen zu können (wenn Sie davon überzeugt sind, daß es tatsächlich dazu kommen wird).

Schließlich gilt es sorgfältig abzuwägen, wie luxuriös oder elegant Ihre Büros sein müssen. Sind Sie absolut *sicher,* daß ein protziger Status ein wesentlicher Bestandteil Ihres Erfolges ist – und gewöhnlich ist er das nicht –, dann müssen Sie dafür mehr aufwenden als jemand in einem anderen Geschäftszweig. In den meisten Fällen kommen Geschäftsleute jedoch mit einem geringeren Status aus, als sie glauben. Der Unternehmer, der ein Büro der Rolls-Royce-Klasse mietet – und auch noch eine Rolls-Royce-Limousine fährt –, leuchtet möglicherweise kurz am unternehmerischen Firmament auf. Häufiger jedoch, wenn die Geschäfte rückläufig sind – und das wird einmal der Fall sein – verschwindet er, ohne eine Spur zu hinterlassen.

Die Hürde Papierkrieg

Bewegen Sie sich auf die Eine-Million-Dollar-Marke Ihres Bruttoeinkommens zu, dann wird ein wahrer Schneesturm von Formularen zu den Dingen gehören, die Sie am meisten verwirren.

In einer kleinen Firma neigt man dazu, viele Verwaltungsarbeiten zu ignorieren. Zumindest schiebt man sie vor sich her und erledigt sie an irgendeinem Abend bündelweise. Um Strafbescheide oder das

Kappen bestimmter Dienstleistungen zu vermeiden, reagiert man dann irgendwann einmal blitzartig und bringt alles in Ordnung – bis zur nächsten Krise in ein paar Monaten.

Mit solch administrativem Flickwerk mögen Sie noch davonkommen, solange Ihr jährlicher Bruttoumsatz unter $ 400000 liegt. Sobald Sie die Grenze von der halben zur ganzen Million überschreiten, werden die Probleme ernsthafter.

Dann nämlich stellen Sie neues Personal ein und erweitern den Umfang Ihrer Aktivitäten. Auch der Papierkrieg multipliziert sich in mathematischen Proportionen. Jetzt geraten Sie in eine umfangreiche Bürokratie in bezug auf Arbeitslosen- und Krankenversicherung, Steuerabzüge von Löhnen und Gehältern und viele gesetzliche Vorschriften. Schon das bloße Volumen der administrativen Aufgaben, Begleichung von Rechnungen, Buchhaltung und dergleichen kann einen normalen Menschen zum Wahnsinn treiben. Neugegründete Firmen ohne erfahrenes Personal für diese Aufgaben können da leicht ins Rutschen kommen.

Einzelne Unternehmer versuchen, dieses zusätzliche Verwaltungsvolumen ganz alleine zu bewältigen, finden jedoch schnell heraus, daß sie dann fast nichts anderes mehr tun können als verwalten. Der Tag hat dann nicht mehr genug Stunden für die Bewältigung des Papierkrams oder für Überlegungen und Aktivitäten mit dem Ziel, neue Geschäfte in Gang zu bringen. Der Papierkrieg kann das Wachsen einer Firma strangulieren, wenn der Unternehmer kein angemessenes Managementsystem entwickelt, um mit dem Wachstum der Übergangsphase fertig zu werden.

Dieses administrative Problem läßt sich in gewissem Rahmen durch zusätzliche Einstellung von Schreibkräften und Buchhaltern erleichtern. Bald aber kommt der Augenblick, in dem Sie einen Computer brauchen – und der kann entweder Ihr Rettungsanker oder Ihr Schwanengesang sein, je nachdem wie Sie ihn einsetzen.

Einzelne Unternehmen steigen in die Computerwelt ein, während sie noch ziemlich klein sind. Ein mir bekannter Geschäftsmann erwarb einen Personal-Computer für $ 3 000 und kaufte dann für weitere $ 7 000 Software und Zubehör. Er besuchte sogar halbtags einen Computer-Lehrgang, um zu lernen, wie das erworbene Gerät funktioniert.

Nun schätze ich den Wert der täglichen Arbeitszeit dieses Mannes auf $ 500. Sein jährlicher Bruttoumsatz liegt bei einer halben Million, was zu einem großen Teil auf seine persönlichen Kontakte und seine Energie zurückzuführen ist.

Denken wir einen Augenblick über diese Situation nach. Hat es wirklich Sinn, wenn ein Manager, der seine $ 500 pro Tag wert ist, einen Lehrgang besucht, um zu lernen, wie man die Tasten eines Computers drückt?

Ich jedenfalls sagte ihm, sein Verhalten sei verrückt. Er machte jedoch weiter, bis er merkte, daß er mehr Zeit mit Versuchen verbrachte, den Computer zu bedienen, als er vorher *ohne* Computer für administrative Aufgaben und den Papierkrieg aufwenden mußte.

Da kam er wieder zu mir und sagte: „Okay, vielleicht sollte ich jemanden für die Bedienung des Computers einstellen. Ich habe mich schon umgehört. Das wird mich jährlich $ 20 000 oder mehr Gehalt für diese Person kosten. Ist das eigentlich die Sache wert?“

Er hatte übrigens noch viele andere Fragen. Was geschieht zum Beispiel, wenn die Magnetplatten des Computers beschädigt werden und dadurch ganz wesentliche Büroaufzeichnungen verlorengehen? Wie sollte er sich bei weiterer Ausweitung des Umsatzes in bezug auf zusätzliche Räume und Terminals verhalten?

Ganz offensichtlich hatte der Mann nicht die geringste Ahnung, wie man ein Büro mit Computern leistungsfähiger macht. Dennoch hatte er versucht, alles alleine zu machen, und befand sich auf dem besten Wege, ein heilloses Durcheinander zu verursachen – ganz zu schweigen von dem vielen Geld, dessen Verlust drohte. Wer sich mit Computern einläßt, hat schnell $ 100 000 ausgegeben, ehe er sich einmal umdreht.

Glücklicherweise merkte dieser Unternehmer, daß er auf dem falschen Gleis fuhr, ehe er größere Investitionen an Zeit und Geld getätigt hatte. Er lernte, daß der einzig richtige Weg darin besteht, sich nach einer erstklassigen Computer-Consulting-Firma umzusehen, die ihm hilft, auf die beste und billigste Weise ins Computerzeitalter einzusteigen.

Geht man unüberlegt an diese Aufgabe heran, muß man früher oder später einen sehr hohen Preis zahlen. Tut man es intelligent und systematisch gemeinsam mit einem qualifizierten Berater, zumindest jedoch nach sehr viel persönlicher Durchdringung der Materie, dann wird sich herausstellen, daß der Papierkrieg im Grunde gar keine Hürde darstellt. Ein Büro, dessen Computerausrüstung so entworfen ist, daß es parallel zur Expansion des ganzen Unternehmens wächst, kann beim Sprung über die Markierung zur ganzen Million eine große Hilfe sein.

Das waren nur drei der Hürden, vor denen jeder einmal steht, der den Übergang zu einer erheblich umfangreicheren Geschäftstätigkeit zu bewältigen hofft. In jedem der Fälle heißt das Kennwort: Leistungsfähigkeit. Ob Sie es mit Computern, Personalfragen, Mieten für die Betriebsräume oder mit sonstigen Problemen zu tun haben – der Begriff Leistungsfähigkeit muß auf jeden Fall den ersten Platz in Ihrem Denken einnehmen. Das alte Sprichwort lautet bekanntlich: „Wer den Pfennig nicht ehrt, ist des Talers nicht wert.“

Schnelles Wachstum ist eine gute und aufregende Sache. Doch besteht ein gewaltiger Unterschied zwischen diszipliniertem, produktivem Wachstum und unkontrolliertem Wildwuchs. Beginnen Sie erst einmal, mitten in einer beträchtlichen Wachstumsphase nach links und nach rechts zu stolpern, dann mag es so *scheinen,* als sei das ein Zeichen für Wachstum. Doch denken Sie daran: In einem Geschäftsbetrieb können genau wie im menschlichen Körper außer Kontrolle geratene Zellen zu schnell wachsen und schließlich den ganzen Organismus zerstören.

Die Grenze, die normale geschäftliche Aktivitäten vom „großen Geld" trennt, kann Streß und Mühen verursachen und die Nerven aufs äußerste strapazieren, weil man sehr viel über das Geschäftsleben lernen muß, wovon man bisher keine Ahnung hatte. Schließlich heißt es, Entscheidungen zu treffen, die von größter Bedeutung für die Zukunft sind.

Letzten Endes ist gigantisches Wachstum das erstrebte Ziel aller unternehmerischen Draufgänger. Wollen Sie ein kleiner Betrieb bleiben, gut so. Viele geben sich mit einem einigermaßen komfortablen Einkommen zufrieden, das eine Firma abwirft, die sie von Grund auf aufgebaut haben. Die meisten echten Unternehmer wollen jedoch ihr Konzept ausreizen, soweit es möglich ist. Das bedeutet Rennen, Schubsen, Ziehen und Schieben nach vorne und nach oben. Rousseau hatte durchaus recht, als er sagte: „Die erste Guinee ist manchmal schwerer zu verdienen als die zweite Million." Ich würde sogar noch einen Schritt weiter gehen und sagen, die erste Million ist *immer* schwerer zu erwirtschaften als die zweite.

Ist einmal die Million überschritten, betritt man Neuland und wird sich mit ganz speziellen Problemen konfrontiert sehen. Nicht gerade das kleinste davon ist die Notwendigkeit, über sich selbst hinauszugreifen und sich der Hilfe eines kompetenten Managementteams zu versichern. Man befindet sich dann in einer Grenzregion mit Herausforderungen an das Management, die noch nicht zu erkennen waren, als man seine Geschäfte im Stil eines Tante-Emma-Ladens tätigte.

10. Kapitel

Warum einsame Ranger lausige Unternehmer abgeben

„Die Anschläge werden zunichte, wo nicht Rat ist; wo aber viel Ratgeber sind, bestehen sie."
Sprüche Salomos 15:22

Ein weitverbreitetes Image des erfolgreichen Unternehmers ist das des unabhängigen Einzelgängers, der sich auf einsame Hochseilakte über den Niederungen der allgemeinen Geschäftswelt spezialisiert hat, der nur sein eigenes Gesetz kennt, ohne die Hilfe anderer Menschen zu verlangen oder zu benötigen.

Kurzum, der Unternehmer verfügt über die Aura einer Art von „einsamem Ranger" der Industrie oder des Finanzwesens.

Dieser populäre Mythos entspricht nicht der harten Wirklichkeit. Natürlich neigen selbständige Unternehmer mehr als angestellte Manager dazu, über ihre Zeit, Zielsetzungen und ihr Privatleben persönlich zu verfügen. Aber sie existieren keineswegs in einem Vakuum.

Das Gegenteil ist der Fall. Ein Unternehmer, der ohne Rat, Hilfe und Unterstützung anderer für sich alleine tätig zu sein versucht, wird ganz gewiß stolpern und scheitern, wenn er den Kurs nicht schnell ändert. Das ist eine der Hauptlehren, die ein ehrgeiziger Geschäftsmann annehmen muß, der mit seinem Unternehmen Großes erreichen will.

Zu diesem Image vom „einsamen Ranger“ hat die Tatsache beigetragen, daß für Amerika eine sogenannte „Konflikt-Gesellschaft“ typisch ist, in der die einzelnen Bürger und die Interessengruppen ständig aneinander geraten. Konkurrenten bekämpfen und unterbieten einander auf allen Ebenen; ehrgeizige Individuen entwerfen Strategien, um Gegner auszuschalten; Arbeitgeber und Arbeitnehmer sind stets damit beschäftigt, sich gegenüber dem anderen Vorteile zu verschaffen. Die Wirtschaft kämpft gegen die Regierung, und die Regierung gegen die Wirtschaft. Das Management ringt mit den Gewerkschaften, und die Gewerkschaften liegen mit dem Management im Clinch. Kurzum, auf allen Ebenen regiert ganz oben der Konflikt.

Im Gegensatz dazu besteht in Japan eine „Konsens-Gesellschaft“, die auf Problemlösungen orientiert ist. Dort tendieren die verschiedenen Individuen und Interessengruppen zur Zusammenarbeit und Verwirklichung gemeinsamer Ziele, die zu jedermanns Nutzen sind. Wo die Amerikaner die Zusammenarbeit von Managern in einem Team herausstellen, betonen die Japaner die Beteiligung *aller* Arbeitnehmer. Bei ihnen stehen alle betrieblichen Aktivitäten und die notwendigen Entscheidungen unter dem Zeichen der Kooperation. Deshalb sind die Japaner in vieler Hinsicht leistungsfähiger und produktiver als die Amerikaner.

Strebsame Unternehmer täten gut daran, die Geschäftspraktiken der Japaner zu studieren. Die beste Grundlage für einen großen Geschäftserfolg ist der Aufbau eines *Teams* und die Motivierung von Expertengruppen und interessierten einzelnen, die Köpfe zusammenzustecken, um Probleme zu lösen und bessere Entscheidungen zu treffen.

In Japan lassen sich solche Managementteams verhältnismäßig leicht zusammenstellen, weil der kulturelle Hintergrund dieses Konzept unterstützt. In der amerikanischen Kultur dagegen ist trotz des allgemeinen Interesses am Mannschaftssport der einzelne Star das

Ideal. Wer auch nur ein wenig Talent und Ehrgeiz besitzt, möchte sich über die Masse erheben. Er will „sein eigener Herr sein", besondere Rechte ausüben oder individualistischen Impulsen nachgeben.

Vielleicht ist das Haupthindernis für echte Teamarbeit bei uns die Mentalität unserer Bosse – womit ich sehr viele Unternehmer meine. Teamarbeit setzt Teilnahme an Ideen anderer und geduldiges Zuhören voraus. Unsere Topmanager sind jedoch grundsätzlich autoritär und von krankhafter Selbstgefälligkeit, also an team-orientierten Entscheidungen nicht besonders interessiert, weil sie dabei automatisch etwas von ihrer persönlichen Macht einbüßen.

In unserer Gesellschaft können autoritäre Chefs, die mehr oder weniger einseitig handeln, selbst die besten Ideen anderer torpedieren – Ideen, die alle Beteiligten erfolgreicher machen könnten. Lassen Sie mich das an einer persönlichen Erfahrung verdeutlichen, die mich vor einigen Jahren frustrierte.

Unser Managementteam verabschiedete durch Konsens ein ausgezeichnetes System zur Annullierung von Flugreservationen. Wir hatten das Konzept nach mühevollen Untersuchungen und Diskussionen mit Experten und Kollegen aus vielen Sachgebieten entwikkelt. Ich war freudig gestimmt, weil ich absolut sicher war, daß es funktionieren werde.

Die Grundidee war, nicht verkaufte Plätze in den Maschinen zu besetzen und es den Fluggesellschaften zu ersparen, beim Bemühen um volle Auslastung der Maschinen mehr Tickets verkaufen zu müssen, als Plätze vorhanden sind. Es kam darauf an, die Reservationen so rechtzeitig zu annullieren, daß andere Passagiere mitfliegen konnten. Nach unseren Berechnungen würden die amerikanischen Fluggesellschaften etwa 500 Millionen $ im Jahr sparen, wenn sie andere Reisende auf die bei jedem Flug leer bleibenden Sitze der „no shows" plazieren könnten.

Werden zu viele Plätze verkauft, ist das für die Reisenden sehr unangenehm; außerdem bringt es der Fluggesellschaft einen schlechten Ruf ein. Regelmäßige Flugreisende werden abgeschreckt, wenn sie am Flughafen feststellen müssen, daß ihre Reservation für die Katz war, weil die Fluggesellschaft zu viele Plätze verkauft hat. Die Rückerstattung des Flugpreises oder gar Entschädigungen in bar und durch Prämien sind für den Reisenden niemals ein Ausgleich für die durch das Überbuchen entstehenden Unannehmlichkeiten und den Streß.

Unser System sollte folgendermaßen funktionieren:

Eine von uns zu gründende Firma wollte alle Annullierungen von Flugreisen sämtlicher Fluggesellschaften des Landes über die Telefonnummer 800 bearbeiten. Der Anrufer brauchte dem automatischen Anrufbeantworter nur seinen Namen, die Fluggesellschaft, das Datum und die Nummer des zu annullierenden Fluges zu nennen. Dabei würde es keine besetzten Leitungen oder Wartezeiten geben. Unser Computer sollte dann die betroffene Fluggesellschaft informieren, daß eine ihrer Reservationen annulliert wurde. (Natürlich konnte der Reisende das nach wie vor persönlich tun, wenn er das vorzog.) Nach unseren Untersuchungen konnte alleine durch dieses Verfahren ein Drittel des für die Stornierung von Reservationen eingesetzten Personals der Fluggesellschaften eingespart werden.

Wir wollten sogar Annullierungen noch eine Stunde *nach* der Abflugzeit zulassen. Das würde jedem, der aus irgendeinem Grunde den Flughafen verspätet erreichte, Zeit lassen, ein Telefon zu finden. Der Grund? Wir wollten Reisende daran *gewöhnen,* ihre Reservationen zu annullieren.

Was aber sollte mit denen geschehen, die nicht annullierten? Die Fluggesellschaft sollte unsere Firma über alle „no shows" informieren. Wir wollten dann jeder dieser Personen einen Brief schicken und sie daran erinnern, daß sie diesen oder jenen Flug reserviert und dann doch nicht benutzt hatte. Zusätzlich wollten wir dafür eine kleine Gebühr von drei Dollar fordern.

Es war zu erwarten, daß viele Passagiere antworten würden: „Aber ich *habe* annulliert!“ In solchen Fällen wollten wir höflich danken und die Sache fallen lassen. Zweck der Strafgebühr war nicht, Geld einzukassieren. Vielmehr wollten wir auf die Leute moralischen Druck ausüben, beim nächsten Mal den Flug zu annullieren, damit andere Reisende mitfliegen konnten. Ferner wollten wir Passagiere identifizieren und unter Druck setzen, die am selben Tag Plätze bei mehreren Gesellschaften reservierten, ohne einen davon zu annullieren.

Natürlich würde es immer Reisende geben, die unser erster Brief nicht davon abhalten würde, nicht zum Abflug zu erscheinen. Beim zweiten oder dritten Mahnbrief würden viele Passagiere sich aber wahrscheinlich sagen, „Laßt mich endlich in Ruhe!“, und die drei Dollar zahlen.

Hatten sie erst einmal die Gebühr bezahlt, sollte ihnen allmählich dämmern, daß es für sie leichter und billiger wäre, eine Münze für den telefonischen Anruf anstelle von drei Dollar auszugeben und zugleich zu vermeiden, in der Kartei als „no show“ aufgeführt zu werden.

Nach internen Diskussionen beschlossen wir, der jeweiligen Fluggesellschaft solche Personen namentlich zu nennen, die ihren Flug zehn- oder zwanzigmal nicht annulliert hatten. Die Gesellschaft konnte dann entscheiden, ob sie für den chronischen „no show“-Passagier künftig noch Reservationen vornehmen wollte.

Bei unserer Teamdiskussion über dieses Konzept orientierten wir uns am Beispiel der Strafzettel für verbotenes Parken. Bekanntlich wird man etwas vorsichtiger, wenn sich die Strafbescheide häufen.

Denn die zuständige Behörde führt Karteien, und man landet vor dem Kadi, sollten die unerledigten Strafbescheide überhand nehmen. Wir meinten, derselbe psychologische Effekt lasse sich auch bei Flugreisenden erzielen.

Bei Übermittlung dieses Konzepts an die Fluggesellschaften betonten wir, die Gebühr von drei Dollar werde unsere Betriebskosten decken. Wie schon erwähnt, konnten die Gesellschaften dabei jährlich etwa 500 Millionen $ einsparen. Wir waren sicher, daß der Vorschlag ihnen genauso vernünftig erscheinen werde wie uns selbst.

Die Fluggesellschaften weigerten sich jedoch schlankweg, unser System zu akzeptieren. Warum? Als ich über die Ablehnung nachdachte, wurde mir klar, daß es einen fundamentalen Unterschied gab zwischen der Art, wie wir die Idee formuliert, und der, wie wir sie den Gesellschaften präsentiert hatten. Und damit komme ich wieder zurück zum Thema Beschlußfassung im Konsensverfahren.

Der Entscheidungsprozeß in meinen Firmen ist inzwischen so gut abgestimmt, daß wir fast vorweg sagen können, ob eine Idee wie die vorhin beschriebene „ankommen" wird. Im vorliegenden Fall hatten wir bei der Kommunikation mit den Fluggesellschaften nicht die Konsensmethode angewandt. Und diese lehnten unsere Idee nun ab, weil sie nicht selbst darauf gekommen oder zumindest an der Formulierung beteiligt worden waren.

Wie die meisten amerikanischen Unternehmen sind auch die Fluggesellschaften konfliktorientiert. Versucht ein Außenseiter, jemand, der nicht zum eigenen Management gehört, ein neues Konzept anzubieten, dann ist die erste Reaktion negativ. Da fragen sich die Manager: „Was will der Bursche mir da andrehen?"

Oder aber sie denken: „Die Idee kommt nicht aus unserem Hause. Akzeptieren wir sie, dann könnte es aussehen, als seien wir selbst nicht auf der Höhe der Möglichkeiten."

Vielleicht macht der Topmanager sich auch Sorgen: „Die Übernahme dieser Idee könnte meinen Mitarbeitern mißfallen, weil sie von außerhalb des Hauses kam.“

Die Manager einiger Fluggesellschaften sagten uns, sie hätten selbst schon diese Idee gehabt. In den meisten Fällen beruhte ihre negative Einstellung meines Erachtens jedoch darauf, daß sie eben *nicht* selbst darauf gekommen waren.

Für das Funktionieren des Systems war die Beteiligung der Mehrzahl aller Fluggesellschaften eine wichtige Voraussetzung. Außerdem hätten wir die Zustimmung der nationalen Aufsichtsbehörde einholen müssen – was wohl nicht allzu schwer gewesen wäre. Ich bin sicher: Hätten wir uns mit den Managern der Gesellschaften an einen Tisch gesetzt und die Idee gemeinsam mit ihnen erarbeitet, wäre sie wahrscheinlich akzeptiert worden. Meines Erachtens würde die Sache auch jetzt noch funktionieren und den Fluggesellschaften immer noch viele Millionen Dollar einsparen. Bei gemeinsamer Ausarbeitung des Konzepts wäre es genauso ihre wie unsere Idee gewesen. Insbesondere hätten die einzelnen Gesellschaften noch Verbesserungen bei der Verwirklichung des Konzepts eingebracht.

Leider ist unsere Geschäftskultur anders strukturiert. Es ist schwierig, wenn nicht unmöglich, einen freien Ideenaustausch zwischen einem fest etablierten Großunternehmen und einem „außenstehenden“ Unternehmen zu führen. Außerdem kommt es bei einem Großunternehmen mit einem mächtigen Generaldirektor an der Spitze selten vor, daß es sich für von außen kommende Ideen öffnet oder Entscheidungen von Teams treffen läßt.

In einem Unternehmen, das Beschlüsse grundsätzlich im Konsens faßt, liegen die Dinge anders. Jeder hat das gleiche Recht, sich frei zu äußern. Zunächst werden alle Gesichtspunkte gesammelt, und dann kommt man gemeinsam zu einer Lösung, die jeder verstehen und unterstützen kann.

Das Konsensverfahren beendet eine Ära, in der ein Boß willkürliche und einseitige Entscheidungen treffen und dann jedem befehlen kann, sie auszuführen. Derartige Methoden im Stil „Sie tun, was ich sage!" werden von den Mitarbeitern gewöhnlich nur halbherzig befolgt, was nicht gerade produktivitätssteigernd wirkt.

Im Gegensatz dazu lernen die Mitarbeiter bei offenen Diskussionen, wie unterschiedliche Ideen dazu beitragen können, Lösungen für unterschiedliche Probleme hervorzubringen. Ihre Teilnahme macht alle Ideen auch zu ihren eigenen, und die Wahrscheinlichkeit ist größer, daß sie auch von der Basis bereitwillig mitgetragen werden.

Natürlich ist diese Teamarbeit von manchem Herrn ganz oben an der Spitze schwer zu schlucken, weil er sich smarter als alle anderen vorkommt. Bei Gruppendiskussionen kann es vielleicht unangenehm deutlich werden, daß der Boß in Wirklichkeit gar nicht so smart ist, wie er selbst meint. Und einige „Statisten" könnten unter Umständen mit großartigen Ideen aufwarten.

Teamarbeit und Konsensbeschlüsse können einem Boß bedrohlich erscheinen, der gerne auf Ego-Trips geht. Deshalb meiden viele Macho-Unternehmensleiter und Unternehmer in Amerika, die der Mentalität des einsamen Rangers verfallen sind, das japanische System wie die Pest.

Unsere Kultur ist eine wunderbare Brutstätte für den selbständigen Unternehmer, der fast jede gute Idee aufgreifen und in die Tat umsetzen kann. Am Übergangspunkt von der halben zur ganzen Umsatzmillion weicht die bisherige große Bedeutung seiner Selbständigkeit und Initiative jedoch der Notwendigkeit von Management- und Entscheidungsfähigkeiten. Und an diesem Punkt beginnen für viele Unternehmer die Schwierigkeiten, weil sie nicht gelernt haben, zuzuhören und mit anderen zusammenzuarbeiten.

Sie brauchen jedoch keine Angst zu haben! Es gibt einen Weg aus diesem Dilemma. Man hat ihn sehr unterschiedlich benannt, etwa „Qualitätszirkel“, „Teammanagement“ oder einfach „die Art, wie die Japaner es machen“. Und die Japaner sind nicht die einzigen, die auf dieses Konzept schwören.

Nach jahrelanger Forschungsarbeit in einem Institut für Verhaltensforschung in Michigan haben wir eine spezielle Version für Teammanagement und Entscheidungsprozesse entwickelt. Diese unter der Bezeichnung Shared Participation urheberrechtlich geschützte Methode kann ein wirksames Gegengift gegen das Einsamer-Ranger-Syndrom vieler Unternehmer sein. Dabei bleibt deren draufgängerisches Ego gewöhnlich intakt und, was noch wichtiger ist, die Mitarbeiter werden dazu gebracht, fest als Team zusammenzuarbeiten. Sie erarbeiten Lösungen für verschiedenartige Probleme in einem Verfahren, das ihre Identität verdeckt und ihr Eigeninteresse dem Wohl der gesamten Organisation unterordnet.

Der nicht ganz so einsame Ranger

Allgemein gesprochen gehören zur „Shared Participation“ folgende Schlüsselfaktoren:

1. Ein spezifisches Problem wird identifiziert; das Hauptziel ist, es zu lösen. Man versammelt etwa dreißig seiner Mitarbeiter um sich und teilt sie in Teams von jeweils fünf Personen auf, die das bestimmte Problem lösen sollen. Nach unseren Forschungen haben für diesen Typ von Konsensentscheidungen Teams von fünf Personen gerade die richtige Größe.

2. Die dreißig Mitwirkenden müssen als Gruppe (nicht unbedingt als einzelne) eine ausreichende Kenntnis des Problems haben, dazu Erfahrung, angeborene Intuition und sonstige Fähigkeiten, die zum Erarbeiten einer ordentlichen Lösung notwendig sind.

3. Jedes Mitglied jedes Teams füllt einen anonymen Bewertungsbogen aus, auf dem es seine sieben besten Problemlösungen kurz darstellt. Danach reduziert es diese Anzahl auf fünf. Bei unseren Shared-Participation-Sitzungen erfolgt die Bewertung durch geheime Abstimmung, die von jeder Person eine gründliche Bewertung aller Aspekte des Problems verlangt.

4. Die Mitglieder jedes Teams übergeben ihre Bewertungsbogen einer nicht am Entscheidungsprozeß beteiligten Person. Diese arbeitet sie durch und notiert dann alle fünfundzwanzig Ideen auf einem Lösungs-Hauptblatt. Die einzelnen Bewertungsbogen werden zur Wahrung der Anonymität in Anwesenheit des Teams vernichtet.

5. Jedes Mitglied des Teams erhält eine Kopie des Hauptblattes. In offener Diskussion werden dann doppelt vorkommende Lösungsvorschläge konsolidiert und neue Ideen ausgetauscht. Schon bei diesem Vorgehen wird deutlich, daß fünf Köpfe besser arbeiten als einer. Zusammen haben sie fünfmal das Wissen und die Erfahrung, die jeder für sich alleine besitzt.

6. Schließlich bemühen sich in der Diskussion die Mitglieder jedes Teams um einen Konsens, welche Lösungsvorschläge als die fünf besten festgehalten werden sollen. Unsere Forschungen haben ergeben, daß man für die Lösung eines Problems nicht mehr als fünf Vorschläge braucht. Eine von fünf Personen gemeinsam erarbeitete Lösung wird von allen verstanden und getragen. Alle werden sich dann für sie auf eine Weise einsetzen, wie es nie der Fall wäre, würden sie nur Befehle von oben befolgen.

Diese Konsensentscheidung in einem einzelnen Team von fünf Personen ist nur der erste Schritt. Denn insgesamt konzentrieren sich ja sechs solcher Teams gleichzeitig auf dasselbe Problem.

Nachdem jedes Team seine eigenen fünf Lösungen produziert hat, fühlen die einzelnen Mitglieder sich dem, was sie als Team geschaffen haben, so verbunden, daß sie praktisch bereit sind, gegen jeden zu kämpfen, der es wagt, anderer Ansicht zu sein.

Es findet also eine bedeutsame psychologische Wandlung statt. Fünf verschiedene Individuen haben den Raum betreten, den sie nach diesem Shared-Participation-Verfahren als Einheit verlassen. Nunmehr verfügen sie anstelle fünf getrennter Egos über eine gemeinsame Gruppenidentität. Danach sind sie für den nächsten Schritt bereit – ihr kleines Team hinter sich zu lassen und Teil eines noch größeren Teams zu werden.

Jetzt werden je zwei Fünferteams vereinigt, so daß die insgesamt dreißig Teilnehmer nun drei Teams zu je zehn Personen bilden.

Diese zehn Personen werden nun nicht etwa zusammen in einen Topf geworfen, wo sie einander im Disput zerfleischen. Vielmehr plazieren wir sie an einem runden Tisch – es war kein Zufall, daß König Arthur diese Form wählte –, an dem jedes Teammitglied abwechselnd den Vorsitz führt. So entsteht eine neue Gruppierung, die sich weniger mit den ursprünglichen Fünferteams identifiziert.

Ein an der Diskussion Unbeteiligter arbeitet jetzt die Hauptblätter der beiden vorherigen Fünferteams durch und präsentiert sie dem neu geformten Zehnerteam als Liste mit zehn Vorschlägen.

Wie vorhin werden doppelte Antworten aussortiert, und dann beginnt der Meinungsaustausch darüber, wie die übriggebliebenen Vorschläge auf fünf reduziert werden können. Sobald dieses Zehnerteam seine Arbeit beendet hat, werden seine fünf Lösungen zu den zweimal fünf genommen, die von den beiden anderen Zehnerteams gefunden wurden. Damit sind nun alle dreißig Personen in den Entscheidungsprozeß einbezogen.

Gewöhnlich schreibt ein Unbeteiligter alle fünfzehn Lösungen auf eine große Tafel, für alle an diesem Prozeß beteiligten Personen sichtbar. Inzwischen ist jeder einzelne so interessiert beteiligt, daß alle zu einem gemeinsamen Unternehmens„gehirn“ verschmelzen. Kein einzelnes menschliches Gehirn kann tun, wozu sie nun gemeinsam in der Lage sind. Außerdem läuft die Prozedur jetzt viel schneller ab, weil inzwischen jedermann mit dem Shared-Participation-Verfahren vertraut ist.

Natürlich muß diese Form von Konsensentscheidungen nicht auf dreißig Teilnehmer beschränkt werden. Zwar halten wir uns gewöhnlich an diese Größenordnung, doch läßt das Verfahren sich ebenso leicht mit sechzig oder neunzig Teilnehmern durchführen.

Der gesamte Prozeß, von der Bildung der einzelnen Gruppen bis zum Fällen einer Entscheidung oder Auffinden der besten Lösung, läßt sich in ein paar Stunden abwickeln. Gewöhnlich braucht man nicht mehr als einen Arbeitstag – vorausgesetzt, die Methode wird richtig befolgt.

Lassen Sie mich noch schnell hinzufügen, daß Shared Participation *nicht* einfach eine andere Form von *Brainstorming* ist. Bei dem nämlich beginnen die Teilnehmer gewöhnlich damit, daß sie in einer unkontrollierten Diskussion mit Ideen um sich werfen. Dabei gelingt es in der Regel einigen dominierenden Mitwirkenden, kraft ihrer Persönlichkeit, überlegenen Logik oder Autorität anderen ihre Ideen aufzuzwingen. Einzelne stille oder reservierte Teilnehmer kommen gar nicht dazu, ihre Ansichten vorzutragen. Andere geben zu leicht auf oder sondern sich von einem größeren Teil der Gruppe ab, so daß ihre Ideen einfach abgetan werden.

Das Endergebnis wird dann oft als „Konsens“ schriftlich festgehalten, auch wenn es in Wirklichkeit keiner ist. Solche Lösungen im Zuge von Brainstormings sind eher halbgare, schwach begründete und nur teilweise akzeptierte Entscheidungen, die schlechter sein können, als jedes einzelne Individuum sie hätte treffen können.

Im Gegensatz dazu ist das Shared-Participation-Konzept so entworfen, daß menschliche Hindernisse wie Egoismus und Eigeninteressen bei der Problemlösung ausgeschaltet werden. Bleibt während des anfänglichen Teilhabens an Ideen die Anonymität gewahrt, dann können viele Probleme aussortiert werden, die sich aus Vorurteilen, Minderwertigkeitskomplexen, persönlichen Streitereien oder Mängel ergeben. Niemand weiß, welche Idee von wem stammt, so daß die mit bestimmten Vorschlägen verknüpften persönlichen Hürden ausgeschaltet werden.

Nicht alle am Entscheidungsprozeß teilnehmenden Firmenangehörigen haben denselben Rang. Einige werden in der Managementstruktur höher stehen als die anderen. Da könnte der Leser die Gefahr sehen, daß ein Vorgesetzter allen anderen seinen Willen aufzwingt.

Hier ist es jedoch so, daß jeder Boß seine Managementautorität an der Türschwelle zurücklassen muß, sobald er sich an den Diskussionen beteiligt. Außerdem gibt es ja noch andere Teams, denen der Boß nicht angehört und die er also nicht bevormunden kann. Die Lösungsideen sollten nicht mit dem Boß oder einer bestimmten Person identifiziert werden, sondern mit der Gruppe insgesamt. Das wird sich stets zum Besten der ganzen Organisation auswirken.

Was der Boß bei diesem Konsens gewinnt, wird bei weitem das kompensieren, was er gewinnen könnte, wollte er seinen Untergebenen seine persönliche Ansicht aufzwingen. Ein autoritärer Ansatz bewirkt bestenfalls nur halbherzige Unterstützung, schlimmstenfalls jedoch den aktiven Wunsch der Arbeitnehmer, der Boß möge damit auf die Nase fallen.

Selbstverständlich muß die letzte Verantwortung beim Topmanager bleiben. Kein Unternehmer, der eine Firma aufgebaut hat, wird es zulassen, daß die Angestellten mit seinem Kapital und seinen Ideen Amok laufen. Daher wird auch bei Shared Participation davon ausgegangen, daß das oberste Management neben dem Entscheidungsprozeß durch Konsens etwa zehn bis zwanzig Prozent aller wichtigen Entscheidungen alleinverantwortlich trifft. Außerdem empfehlen wir, daß der ranghöchste Manager nicht an diesem Verfahren teilnimmt, weil seine Anwesenheit das System in Gefahr bringen könnte.

Will man das Maximum aus der Sachkunde des Managementteams herausholen, muß die Integrität der Shared-Participation-Methode absolut gewahrt sein. Nimmt also jemand mit besonderer Autorität an einer dieser Sitzungen teil, dann sollte er klarstellen, daß er nur ein Teilnehmer ist wie jeder andere auch. Er hat nur eine Stimme, und es geht ihm ebenso um den Konsens wie allen anderen. Die Zusammensetzung der einzelnen Teams erleichtert diese Form der Mitwirkung.

Während der Diskussionen muß der teilnehmende leitende Manager *Aufrichtigkeit* demonstrieren, wenn er einzelne Ideen kritisiert. Ebenso sollte er den Wert einer fairen Diskussion für die Verwirklichung der hochgesteckten Ziele der Organisation betonen. Darüber hinaus sollte er vorübergehend seine eigene Exekutivgewalt einschränken, um nicht den Anschein zu erwecken, er wolle den anderen eine bestimmte Lösung aufzwingen. Letzten Endes ist es das Ziel des Verfahrens, alle praktikablen Ideen ans Licht zu bringen, die zur bestmöglichen Lösung führen können.

Außerdem sollten bei Shared-Participation-Sitzungen noch folgende Punkte beachtet werden:

Lassen Sie sich nicht auf eine hitzige Debatte über Lieblingsideen ein. In der Diskussion sollen die verschiedenen Vorschläge so kühl wie nur möglich gewogen und bewertet werden. Zu viele Emotionen können für ein gutes Urteil tödlich sein.

Andererseits sollte man nie nachgeben, wenn man von einer Sache zutiefst überzeugt ist, nur um einem Wortgefecht aus dem Wege zu gehen. Greift jemand einen Gedanken an, an dem Ihnen viel liegt, dann attackieren Sie frontal, und schießen Sie zurück, bis Sie durch Vernunft und Logik vom Gegenteil überzeugt werden.

Lernen Sie, auch abweichende Ansichten zu schätzen. Denken alle auf die gleiche Weise, dann kommen Sie niemals zu einer endgültigen Lösung von wirklichem Wert. Oft liegt ohnehin die beste Lösung in einem Kompromiß. In der Regel streiten vernünftige Menschen nicht heftig über etwas, wenn nicht gute Gründe dafür bestehen. Tiefgehende interne Meinungsverschiedenheiten sollten frühzeitig beigelegt werden. Dann vermeiden Sie auch eine Menge Probleme, die entstehen können, sobald Sie mit der praktischen Verwirklichung von Ideen beginnen, über die vorher Einigkeit besteht.

Hüten Sie sich vor einem zu schnellen Konsens gleich zu Anfang der Diskussion. Sofortige Zustimmung bedeutet in der Regel, daß nicht alles richtig durchdacht wurde.

Arbeiten Sie aber auch tatsächlich auf einen Konsens hin! Vermeiden Sie konfliktträchtige Maßnahmen wie Mehrheitsentscheidungen oder die Ermutigung eines Mitglieds der Gruppe, nachzugeben, obwohl es in der betreffenden Angelegenheit eine festbegründete Überzeugung hat. Gerät die Diskussion in eine Sackgasse, dann können Sie davon ausgehen, daß das Team nicht über ausreichende Informationen verfügte. Also versuchen Sie, diese Informationen zu beschaffen – brechen Sie die Diskussion nicht einfach ab.*

Das also sind einige Prinzipien und Schritte für den Fall, daß Sie in Ihrem Betrieb ein Entscheidungssystem auf der Grundlage von Konsens einführen wollen. Wie aber wird das in der Realität funktionieren?

* Siehe The Art of Sharing von Warren E. Avis, New York, 1974.

Ich nehme als Beispiel eine Landmaschinenfabrik, die durch Probleme mit einer ihrer Maschinen für den Bau von Traktoren in eine Krise geriet. Der Stopp der Traktorenproduktion hätte sie monatlich eine Million Dollar gekostet. Deshalb tat sie alles Menschenmögliche, um mit Hilfe ihrer Manager, Ingenieure und von außen herbeigezogenen Beratern das Problem zu lösen. Aber man konnte einfach nicht herausbekommen, woran es lag.

Wir organisierten ein Shared-Participation-Programm mit neunzig Teilnehmern aus dem Top- und dem mittleren Management, Maschinenbauingenieure, Meistern und Vorarbeitern aus einer Vielfalt sonstiger Firmenbereiche. Wir gliederten sie, wie vorhin beschrieben, in Teams zu fünf Personen. Das Problem wurde an einem einzigen Tage gelöst!

Es stellte sich heraus, daß das Versagen der Maschine drei mechanische Ursachen hatte, darunter Schwierigkeiten mit der Ölung der Transmissionswelle und mit den Kugellagern. Die Schwierigkeit des Problems lag im folgenden begründet: Erkannte einer der Fachleute auch nur eine der Fehlerquellen nicht, mußte ihm auch die Lösung insgesamt entgehen. Und die Maschine würde weiterhin streiken. Da aber neunzig Köpfe zusammenarbeiteten, kam die Gesamtlösung in Rekordzeit zustande.

Das Shared-Participation-Verfahren ist nicht auf Handel und Industrie begrenzt. An einem unserer Workshops in Michigan nahm ein hoher Polizeibeamter teil. Er war zutiefst davon überzeugt, der Hauptzweck seiner Polizeibehörde bestehe darin, Verdächtige festzunehmen. Und die ihm unterstellten Polizisten gingen diesem Auftrag mit allen Kräften nach.

Seine Behörde verzeichnete eine der höchsten Arrestraten in der ganzen Region; doch schuf sie dabei ebenso viele Probleme menschlicher Beziehungen, wie sie gelöst hatte. Er kam unter anderem deswegen zu unserem Workshop, weil er sich durch das feindselige Verhalten vieler staatsbewußter Bürger in seinem Bezirk wie in einer belagerten Festung fühlte. Außerdem verspürte er Abneigung gegen sich selbst auch unter den ihm unterstellten Polizeibeamten.

Es ergab sich, daß er im Rahmen der Shared-Participation-Diskussion in eine Gruppe geriet, in der sich Bürger befanden, die sich in ihrer Gemeinde sehr aktiv betätigten und glücklicherweise einiges Verständnis für ihre lokalen Polizeibehörden hatten.

Nachdem er sein Problem geschildert hatte, befolgte die Gruppe die vorhin geschilderte Prozedur. Jeder einzelne schlug fünf Lösungen vor. Anschließend ergab sich eine Diskussion, die zum Konsens führen sollte.

Am Ende dieses Workshops verabschiedete sich der Polizeibeamte mit einem völlig neuen Verständnis für die Funktion, die seine Behörde zu erfüllen hatte. Er hatte inzwischen auch einige Ideen für die Lösung seiner Kommunikationsprobleme mit den Bürgern entwickelt, da er die Situation in seiner Gemeinde nicht mehr nur mit den Augen eines Polizeibeamten betrachtete, sondern auch aus der umfassenderen Perspektive der Bürger.

Nach seiner Rückkehr ins Amt rief er zunächst eine Gruppe von Polizeibeamten und Vertretern der Bürgerschaft zusammen und erprobte mit ihnen das Shared-Participation-Verfahren. Der Auftrag: Wie kann man die Polizeibehörde verändern, damit sie ihre Aufgabe im Sinne der Gemeinschaft besser erfüllt?

Das Ergebnis grenzt nahezu an Wunder. Zumindest mochte es denen so scheinen, die keine Erfahrung mit Konsensbeschlüssen haben. Die Polizeibeamten dieser Gemeinde haben inzwischen die Reputation von „Friedenshütern“ und „Förderern des Gemeinwohls“ und gelten nicht mehr wie früher als sture und brutale Bullen, die nur nach dem Motto handeln, „Pack sie und loch sie ein!“

Übrigens gilt die Methode der Mitwirkung am Management und den Entscheidungsprozessen auch für große Konzerne. Um zu begreifen, wie gut sie funktioniert, lohnt es sich einmal anzusehen, wie ein Unternehmen ohne sie in die Brüche gehen kann.

Ein Konzern mit Geschäftssitz in New York City traf eine Entscheidung, wie sie in großen Metropolen in letzter Zeit häufig getroffen wurde. Er beschloß, mit Kind und Kegel in eine Vorstadt umzuziehen. Leider wurde diese Entscheidung alleine vom Topmanagement getroffen, das dann versuchte, sie ohne jede Diskussion kompromißlos allen Mitarbeitern aufzuzwingen.

In einigen Fällen mag das klappen, weil viele Leute, die auf den Job angewiesen sind, sich solch autoritären Maßnahmen widerspruchslos fügen. Oder sie sind schon so lange bei der Firma, daß sie sich in Analogie zum Trägheitsgesetz zu keinem Wechsel mehr aufraffen können.

Im hier erwähnten Falle kam es jedoch zu einer Massenrevolte. Unmittelbar nach Bekanntgabe des Ultimatums kündigten die Angestellten mit wenigen Ausnahmen.

Der Chef und seine nächsten Mitarbeiter waren einfach fassungslos. „Wie konnten die das bloß tun?“ fragte einer der Topmanager.

Die Antwort ist recht einfach. Man kann keine Entscheidung erzwingen, ohne seine Leute vorzuwarnen, und man kann von ihnen nicht erwarten, daß sie sich mit einer radikalen Entwurzelung ihrer bisherigen Lebensweise abfinden. Dieses Unternehmen blieb trotzdem bei seinem Entschluß, und es gelang ihm auch, die Krise durchzustehen – jedoch nicht ohne schwerwiegende Störungen seiner Aktivitäten und einem nahezu katastrophalen Rückgang seiner Gewinne.

Wie hätte man denn nun diesen Umzug am besten handhaben können? Ganz einfach: Man hätte auch die unteren Ränge an der Beschlußfassung beteiligen sollen.

Ein anderes Unternehmen, das ebenfalls aus einem Großstadtzentrum ausziehen wollte, hat diese vernünftige und verständnisvolle Methode angewendet. Es befolgte zwar nicht buchstabengetreu unser Shared-Participation-Konzept. Doch praktizierte es eine gut durchdachte Form der Beschlußfassung durch Konsens, so daß eine große Anzahl von Mitarbeitern der verschiedensten Interessengruppen am Dialog mit dem Management beteiligt wurde.

Entscheidend dabei war, daß nichts unternommen wurde, um der Belegschaft einen Beschluß von oben aufzuzwingen. Vielmehr hörte sich das Management geduldig alle Argumente an. Auch bestand es auf allgemeiner Zustimmung zu der Art und Weise des geplanten Umzugs, *bevor* die konkrete Entscheidung gefällt wurde, die Geschäftszentrale zu verlegen.

Hierzu gehörte auch, daß die Mitarbeiter auf der unteren Ebene über Dinge informiert wurden, von denen sie normalerweise nichts erfahren. So wußten beispielsweise viele nicht, welch riesigen Prozentsatz der Betriebskosten die Büromieten verschlangen. Die Unternehmensleitung hatte sich nach Kräften bemüht, mit dem gegenwärtigen Hausherrn ein besseres Mietabkommen auszuhandeln, war damit jedoch gescheitert. Ebenfalls vergeblich war die Suche des Managements nach preiswerteren Büroräumen in der City geblieben.

Nachdem also die Unternehmensführung sich redlich, aber erfolglos bemüht hatte, blieb als einzige Antwort auf die Situation der Umzug in eine der Vorstädte. Sonst wären die finanziellen Mittel für Gehaltserhöhungen und zusätzliche Sozialleistungen knapper geworden, ganz zu schweigen von den geringeren Gewinnen des Unternehmens.

Als der Belegschaft eine derart detaillierte Beschreibung der Krisensituation vermittelt wurde, zeigte sie sich durchaus verständnisvoll. Sie hatte das Gefühl, daß das obere Management sich wirklich um sie kümmerte. Viele entschieden sich für den Vorschlag der Firmenleitung und zogen in eine Gegend um, die ihnen in vielen Fällen billigere und bessere Lebensbedingungen bot und darüber hinaus Wohnungen, die näher am Arbeitsplatz lagen.

Vieles von dem, was hier gesagt wurde, mag Ihrem Image vom Unternehmer als einem dynamischen, mit allen Wassern gewaschenen „Einsamen Ranger" widersprechen. Doch glauben Sie mir: Ungesunde Vorstellungen über Macho-Unabhängigkeit und persönliche Macht lassen sich nicht in einen großartigen Erfolg umwandeln.

Selbstverständlich braucht man sehr viel Initiative, persönliche Ausdauer und auch individuelle Brillanz, um ein neues Unternehmen in Gang zu bringen. Immerhin ist es in Amerika auch heute noch möglich, ein Held zu sein. Ein Habenichts kann zum reichen Mann werden, wenn er den Mut, den Scharfsinn und die Entschlossenheit dazu aufbringt und über ein spezifisches Know-how verfügt.

Wer jedoch einen respektablen bescheidenen Erfolg in ein Multimillionen-Dollar-Geschäftsimperium verwandeln will, der muß über die Mentalität des einsamen Rangers hinausgelangen. Im Herzen können Sie ein abtrünniger Industriepirat bleiben. Wollen Sie jedoch wirklich ins Volle greifen und Ihr größtes Potential verwirklichen, dann müssen Sie ein Piraten*könig* werden, mit mindestens so großem loyalen Gefolge wie der Prahlhans Richard in der Operette *Pirates of Penzance* von Gilbert and Sullivan.

Die Entwicklung eines geeigneten Managementstils ist nur ein Teil dessen, was für den Aufbau einer erfolgreichen geschäftlichen Operation benötigt wird. Nachfolgend werden noch einige andere wichtige Formeln behandelt, die den geschäftlichen Erfolg langfristig sichern können.

11. Kapitel

Ja, es gibt eine Erfolgsformel

„Jahre reifen zur saftigen Frucht, so daß einige winzige Saatkörner des Augenblicks sie überleben können.“
Rabindranath Tagore
beim Besuch der Yale University, 1932

Mir erscheint jeder verdächtig, der verkündet: „Nur Mut . . . ich besitze die Geheimformel, die auf Ihrer Glatze Haare wachsen läßt . . . die Ihre Darmträgheit heilt . . . die Sie über Nacht eine Million Dollar verdienen läßt!“

Dennoch halte auch ich es für möglich, ja für ganz *wesentlich,* einige einfache, alles verbindende Grundsätze für den Unternehmer zu finden, der den Stürmen trotzen will, die an jedem neuen Unternehmen rütteln. Es ist wichtig, eine Formel zu besitzen, die als Leitfaden dienen kann. Sie sollte einfach, aber nicht übertrieben simplifiziert sein. Meines Erachtens sollte die Formel für unternehmerischen Erfolg drei große Imperative enthalten:

- der grundlegende Imperativ jedes Unternehmers: Konzentriere dich stets auf guten Service, Qualität, Einfallsreichtum und Leistung;
- der Management-Imperativ: Mische jung und alt;
- der Ausgaben-Imperativ: Gehe bei der Aufgliederung der Betriebsausgaben wissenschaftlich vor.

Diese Imperative können Sie als Mahnungen oder Gebote betrachten, die Sie sich stets vor Augen halten, um auf dem richtigen Weg zu bleiben.

Der grundlegende Imperativ des Unternehmers: Konzentriere Dich stets auf guten Service, Qualität, Einfallsreichtum und Leistung

Ganz allgemein wird der Erfolg eines Unternehmens davon abhängen, wie gut und wie weitreichend sein Ansehen ist. Das wiederum beruht auf folgenden Faktoren: (1) der Art des von ihm gebotenen Service; (2) der Qualität der Produkte; (3) dem Einfallsreichtum bei der Entwicklung neuer Produkte und beim Marketing; (4) der Leistungsfähigkeit seines Unternehmens.

Können Sie einen guten Ruf für ausgezeichneten *Service* erwerben, dann haben Sie bereits den halben Weg zum Erfolg hinter sich gebracht.

Bei Computern beispielsweise ist Service das Zauberwort, das Großkunden anlockt. Geschäftsleute, die etwas von Computern verstehen, wissen, daß der Unterschied zwischen Erfolg und Fehlschlag computergestützter Büros oft von der Qualität des Service abhängt, den der Hersteller zu bieten hat.

Das ist auch einer der Gründe, warum die großen Marken unter den Computerfirmen bisher so erfolgreich waren. Selbst kleine Unternehmen mit nur ein oder zwei preiswerten Computern können gewöhnlich von gut eingeführten Firmen einen ausgezeichneten Service erhalten, für den sie eine genormte Jahresgebühr zahlen. Diese Gebühr mag hoch sein – bis zu $ 500 für einen mittelgroßen Computer. Doch sind viele kleine Unternehmen bereit, das zu zahlen, solange sie die Gewißheit haben, daß ihr Personal Computer, ihre elektronische Schreibmaschine oder ihr Textverarbeiter noch am selben Tag, an dem eine Panne auftritt, innerhalb weniger Stunden wieder funktionsfähig gemacht wird.

Kurzum, smarte Leute sind bereit, mehr zu zahlen, wenn sie für das von ihnen gekaufte Produkt einen guten Service erhalten. Das sollten Unternehmensleiter stets bedenken, wenn sie sich eine gute Reputation erwerben wollen.

Auch die *Qualität* Ihres Produkts ist ein Schlüsselfaktor. Sie müssen es gründlich in der Praxis testen, um sicher zu sein, daß alle Mängel und Kinderkrankheiten behoben sind. Legen Sie auch großen Wert auf die Qualitätskontrolle, so daß jedes für den Konsum bestimmte Einzelstück beim Versand ordentlich funktioniert.

Eine bekannte Finanzpublikation brachte vor kurzem einen Bericht über die Software, die von einzelnen Marktführern angeboten wird. Dabei wurde festgestellt, daß bei einigen der teuersten Softwareprogramme viele Mängel aufgetreten sind. So etwas hebt nicht gerade das öffentliche Ansehen einer Firma. Ein oder zwei Veröffentlichungen dieser Art mehr könnten für eine Firma schon das Totenglöckchen bedeuten.

Zur Qualität kann auch die *Ästhetik* gehören, also das äußere „Bild" eines Produkts. Natürlich kümmert es den Käufer bei einigen Produkten, etwa Großcomputern, weniger, wie sie aussehen, sondern mehr, wie sie funktionieren und gewartet werden.

Bei anderen Produkten, beispielsweise Automobilen, kann die Anziehungskraft sehr vom äußeren Erscheinungsbild abhängen. In solchen Fällen mögen die Käufer zwar versuchen, das Äußere oder den „Look" des Produkts von der Qualität zu trennen. Doch sind beide Faktoren so eng miteinander verbunden, daß sie in den Köpfen potentieller Käufer nicht auseinanderzubringen sind.

Ästhetik kann genauso wichtig sein, wenn man dem Kunden ein service-orientiertes Unternehmen präsentiert. Angenommen, Ihr Unternehmen verkauft finanzielle Produkte wie Versicherungen oder Beratung im persönlichen Gespräch. Dann muß mit großer Sorgfalt ein Image gepflegt werden, das Rückschlüsse auf die von Ihnen gebotene hohe Qualität erlaubt.

In diesem Zusammenhang denke ich an eine sehr erfolgreiche Versicherungs- und Beratungsfirma für Investitionen in einer Großstadt im Nordosten der USA. Der Mitarbeiterstab tätigte seine Abschlüsse aufgrund einer schnellen, aber umfassenden Analyse der finanziellen Lage jedes Kunden. Mit dem Klienten als einzigem „Auditorium" erläuterten zwei Sachbearbeiter in einem holzgetäfelten Vorstandszimmer das Programm im Stil einer Universitätsvorlesung, beantworteten Fragen und gaben jede Art zusätzlicher Hilfe.

In diesem Falle waren die verkauften „Produkte", zu denen Beratung, Versicherungen und sonstige Investitionsmöglichkeiten gehörten, ganz gewiß von hoher Qualität. Ebenso wichtig wie die Produkte und die Dienstleistungen war jedoch die erstklassige Form, in der sie präsentiert wurden.

Das *Wall Street Journal* vom 4. Oktober 1985 berichtete über eine Umfrage der Zeitschrift *Chain-Store Age.* Dabei wurden Kunden befragt, welches für sie die wichtigsten Faktoren bei der Bestimmung des Wertes einer Ware sind. Ihre Antworten verraten viel über die Haltung der amerikanischen Öffentlichkeit gegenüber Qualität und Ästhetik eines Produkts. Für 23 Prozent war die Güte der Verarbeitung der entscheidende Faktor; für den Preis sprachen sich 21 Prozent aus, für das Material etwa 14 Prozent und für den „Look" eines Gegenstands 13 Prozent.

„Einfallsreichtum" muß ebenfalls in den „grundlegenden unternehmerischen Imperativ" einbezogen werden. Wer zum ersten Rang der Erfolgreichen gehören will, muß stets auch an vorderster Front seiner Branche stehen.

In einigen Hightech-Bereichen muß man das fortschrittlichste Produkt herstellen, wenn man sich einen herausragenden Platz auf dem Markt sichern will. Einfallsreichtum, Orginalität und Einzigartigkeit nehmen jedoch in *jeder* Firma einen bedeutenden Platz ein. Verkaufen Sie beispielsweise Versicherungen, so sollten Sie immer über die auf den neuesten Stand gebrachte Präsentation Ihrer finanziellen Produkte verfügen und stets auch die allerneuesten anbieten.

Und nun zum Imperativ *Leistungsfähigkeit.* Sie müssen die Büros so leiten, das Produkt so herstellen und das Unternehmen ganz allgemein so managen, daß die Kosten minimiert und die Gewinne maximiert werden. Wer zu niedrigen Kosten hohe Qualität herstellt und sie auch auf überlegene Art zu verkaufen weiß, der ist gewöhnlich der Gewinner.

Das Niveau Ihrer Leistungsfähigkeit wirkt sich auch darauf aus, wie Sie den von Ihnen ausgewählten Markt „durchdringen“. Bei leistungsfähigem Betrieb des Unternehmens und niedrigen Betriebskosten und Spesen werden Sie imstande sein, den Preis Ihres Produkts oder Ihrer Dienstleistung auf der niedrigsten Profitebene zu halten, also wirklich wettbewerbsfähig sein, weshalb Ihr Kundenpotential und Ihre Gewinne proportional ansteigen sollten.

Der Management-Imperativ: Mische Jungtürken mit grauem Haar

An anderer Stelle wurde geschildert, daß viele neugegründete Unternehmen scheitern, weil es ihnen an dem mangelt, was ich „graues Haar“ nenne, also langjährige Erfahrung in verantwortungsvollen Managementpositionen. Zu diesem Thema ist aber noch mehr zu sagen.

Die meisten neuen Unternehmen werden von jungen Leuten auf die Beine gestellt, die über die Energie, den Enthusiasmus und die Kreativität verfügen, die notwendig sind, um etwas Neues zu schaffen.

Handelt es sich dabei jedoch um zwar blitzgescheite und enthusiastische junge Leute ohne jede geschäftliche Erfahrung, dann werden sie zweifellos gefährliche Fehler machen. Aus diesem Grunde scheitern so viele neue Firmen, selbst wenn sie großartige Produkte verkaufen.

Bevor Anleger von Risikokapital Geld für ein neues Konzept hergeben, wollen sie daher auch einige Kontrolle über das Management der neuen Firma. Anders ausgedrückt heißt das: „Wir verlangen das Recht, einige graue Haare ins Management zu bringen."

Das ergibt aber auch Sinn. Jedes neue Unternehmen wird stabiler sein, wenn es oben an der Spitze ein oder zwei Leute gibt, die einem plötzlich auftretenden schwierigen Problem mit der Haltung begegnen können: „So etwas habe ich schon durchgemacht. Aus Erfahrung kann ich Ihnen sagen, daß wir die Sache wahrscheinlich auf folgende Weise in Ordnung bringen . . ."

Andererseits kann es einem Unternehmensgründer – der ja gewöhnlich die großen Ideen hat und die Fähigkeit besitzt, andere zu motivieren – durchaus gelingen, den Betrieb ohne die Voraussicht und Abgeklärtheit des Alters zu leiten. Einem Unternehmer, der schon zu lange in seinem Job ist, kann nämlich der notwendige Mut fehlen. Er ist vielleicht rein konstitutionell nicht mehr in der Lage, die Risiken zu tragen, die notwendig sind, um ein neues Unternehmenskonzept in den Bereich des ganz großen Geschäfts zu katapultieren.

Um es kurz zu machen – zu viel graue Haare können eine Firma schwerfällig und unbeweglich machen. Außerdem können manche Leute mit einer Menge Erfahrung vorzeitig kampfesmüde werden. Sie denken eher an das, was man *nicht* tun sollte, statt an die vielen Möglichkeiten eines neuen Projekts. Es fehlt ihnen einfach der Unternehmensgeist, den man braucht, ein neues Projekt von der Startbahn abheben zu lassen.

Neulich nahm ich an einer Besprechung darüber teil, ob einem neu zu gründenden Betrieb Risikokapital geliehen werden solle. Dabei gab es Meinungsverschiedenheiten darüber, ob das Grundkonzept des Firmengründers Erfolgsaussichten habe. Schließlich gab einer der Anwesenden den entscheidenden Kommentar:

„Wenn Sie wissen wollen, über welches Potential dieses Unternehmen verfügt, dann brauchen Sie doch nur einen Blick auf das Management zu werfen. Die stehen doch alle schon mit einem Fuß im Grab!“ Damit waren alle davon überzeugt, daß wir *kein* Risikokapital hergeben sollten.

Zu viele bejahrte Professionals in der Firma zu haben, ist also ebenso schlecht wie überhaupt keine Herren mit grauem Haar. Um richtig funktionieren zu können, muß eine Firma durch eine Kombination von Jungtürken und Grauhaarigen geleitet werden. Ausgewogenheit zwischen heißblütigem Enthusiasmus und solider Erfahrung kann in den Anfangsphasen eines neuen Unternehmens den Unterschied zwischen Erfolg und Scheitern ausmachen. Daher gelten diese Prinzipien für jede Art von Firma, ob neu oder alt.

Wer also sollte das graue Haar haben? In den meisten Fällen sollte der Generaldirektor oder Hauptgeschäftsführer über mehrere Jahre Erfahrung verfügen. Anderenfalls könnte er so viele Fehler machen, daß die Firma schwere Zeiten nicht übersteht. Ein guter Manager braucht mindestens zehn Jahre Erfahrung, möglichst sogar fünfzehn, bis er den vollen Durchblick hat. Man braucht eine lange Lehrzeit, um mit den vielfältigen Alltagsproblemen fertig zu werden, die in jedem Betrieb auftreten.

Auch der für die Produktion Verantwortliche muß umfassende praktische Erfahrung in einem produktionsorientierten Betrieb vorweisen können. Wenn *Sie* ihn einstellen, soll er seine Fehler schon bei anderen Firmen gemacht haben und seine entsprechende Erfahrung nun für Ihr neues Unternehmen nutzen.

Holen Sie sich einen unerfahrenen Prduktionsleiter und schulen ihn praktisch in Ihrem Betrieb, dann wird er eines Tages mit wichtigen

Kenntnissen Ihre Firma verlassen. *Sie* werden am meisten unter seiner Unerfahrenheit zu leiden haben.

Noch etwas. Es ist sehr nützlich, jemanden im Betrieb zu haben, der schon viele Kämpfe im Zusammenhang mit der Finanzierung eines Unternehmens bestanden hat. Können Sie einen Fachmann finden, der wirklich etwas von Kostenkontrolle versteht, dann sind Sie auf gutem Wege, aus jedem verdienten Dollar das meiste herauszuholen.

Der Gegensatz zwischen Firmen, die zu viel „graues Haar" haben, und denen, die zu wenig haben, kann auffallend sein. Ich denke da an ein Unternehmen, in dessen Schlüsselpositionen viele bejahrte Herren saßen, aber keine dynamischen jungen Leute. Sie bot ein unglaublich frustrierendes Bild. Die Firma stellte ein gutes Produkt her, erzielte jedoch nur wenig Gewinn. Während einer ganzen Reihe von Jahren blieben die Einkünfte unverändert niedrig.

Unsere Abteilung für Risikokapital hatte in diese Firma viel Geld investiert. Jedesmal, wenn sie das Management der erwähnten Firma fragte, warum es die Leistungen nicht zu steigern vermochte, hörten wir dieselbe Geschichte. Auf unser Angebot, die Aktivitäten auf bestimmte Weise zu verbessern, lautete die Antwort des verantwortlichen Managers: „Das ist an sich eine gute Idee. Aber wir haben das schon versucht, und das hat seine Grenzen. Als ich seinerzeit bei der Firma XYZ . . ."

Mit anderen Worten: Seien Sie auf der Hut vor Leuten, die Gefangene ihrer einstigen Erfahrungen sind. Die berichten stets nur von den Fehlern und nicht von den großen Erfolgen anderer Firmen in der Branche. Sie nisten sich in altüberlieferten Methoden ein und können dabei ganze Märkte verpassen, weil sie die Scheuklappen aus längstvergangenen Zeiten nicht ablegen. Sie erkennen nicht, daß die Zeiten sich *wirklich* ändern, weshalb unsere Reaktionen auf neue Herausforderungen sich ebenfalls ändern müssen, zumindest bis zu einem gewissen Grad.

Im Gegensatz dazu erkennen die jungen Heißsporne meistens die neuen Märkte und haben vielleicht auch ausgezeichnete Ideen, welches Potential in einem neuen Produkt steckt. Leider werden sie häufig sich selbst überlassen, und dann stürmen sie in die verschiedensten Richtungen davon. Und das kann eine Firma ebenso umbringen wie das Geschwätz alter Herren.

Mit diesem Problem hatte eine Firma zu kämpfen, bei der ich es leider versäumt hatte, 51 Prozent der Anteile zu erwerben, weshalb ich keine Kontrollbefugnisse besaß. Und so mußte ich an der Außenlinie stehen und zusehen, wie eine Gruppe junger Burschen diese Firma zerstörte, bevor es ihnen dämmerte, was sie anrichteten.

Sie wirbelten in ein Dutzend verschiedener Richtungen auseinander. Für eine Werbekampagne hatten sie 100 000 $ ausgegeben. Dann jedoch begannen der junge Präsident und sein unerfahrener Werbechef zu streiten, wie die letzten Phasen des Werbefeldzuges gestaltet werden sollten. Der Werbechef beabsichtigte, 200 000 $ für eine einmalige Werbeaktion gezielt auszugeben. Dem Präsidenten, einem Mann mit visionären Ideen und wenig Marketingerfahrung, gefiel die Sache nicht. Er konnte sich aber auch keine Meinung bilden, was denn nun richtig wäre.

Also wurde über diesen Punkt fünf Monate lang gestritten, und während dieser Zeit erschien überhaupt keine Werbung. Die Umsätze stagnierten, die anfänglichen Ausgaben aus dem Werbeetat waren weitgehend vergeudet, und das Unternehmen begann schwere Verluste zu verzeichnen.

Im Grunde hätte dieses Unternehmen nur jemanden mit grauem Haar und Erfahrung gebraucht, um die Werbe- und Marketingstrategie wieder auf das richtige Gleis zu lenken. Als außenstehende Kapitalgeber überzeugten wir schließlich die Unternehmensführung, auf einige Berater zu hören. Diese deckten dann vorübergehend den Bedarf der Firma an grauem Haar im Management.

Natürlich spreche ich vom Idealzustand, wenn ich rate, die Unternehmensleitung einer perfekten Mischung von Erfahrung und dynamischer Energie anzuvertrauen. Wer sein erstes unternehmerisches Wagnis startet, hat vielleicht nicht das Geld und die Kontakte, erfahrene Experten für diese wichtigen Bereiche einzustellen.

Übrigens ist das Alter eines Menschen niemals eine Angelegenheit nur der Chronologie. Manche chronologisch noch recht jungen Leute können geistig alt und verknöchert sein, und eine Person im relativ fortgeschrittenen Alter kann im Umgang mit neuen Ideen und Konzepten recht jugendlich wirken. Sicherlich kann das chronologische Alter einige Rückschlüsse auf den wahrscheinlichen Energievorrat, die Frische der Gedanken und vor allem die Erfahrung zulassen. Bei der Bewertung potentieller Mitarbeiter oder Partner sollte man jedoch etwas tiefer in deren emotionale Ausstrahlung und geistige Lebendigkeit eintauchen.

Ich persönlich habe oft Schwierigkeiten, mir meines Alters bewußt zu sein, weil ich mich jünger fühle, als ich tatsächlich bin. Auch verstärkt sich das leidige Thema Alter bei mir am Ende jedes Jahrzehnts meines Lebens. Als ich dreißig Jahre alt wurde, war ich etwas bekümmert, weil ich meinte, jetzt „in die Jahre zu kommen". Mit vierzig konnte ich überhaupt nicht glauben, schon so alt zu sein. Ich fühlte mich nämlich genauso jung wie in meinen zwanziger Jahren, als ich damit beschäftigt war, mein Konzept für Avis Airlines Rent-A-Car zu erstellen.

Und mein fünfzigster Geburtstag? Der war wirklich schwer zu verdauen! Von da ab konnte ich nicht mehr der Young Presidents Organization angehören, der Vereinigung junger Unternehmensleiter, und das war wirklich ein Schock. Ich brauchte fast zehn Jahre, um die Tatsache zu akzeptieren, daß ich den Meilenstein der fünfzig Lebensjahre passiert hatte. Ich vermied es sogar, einigen Organisationen von Topmanagern beizutreten, etwa dem Chief Executive Forum, weil ich meinte, deren Mitglieder seien zu alt für mich!

Dieselbe Art von Alterstrauma hat mich in den darauffolgenden Jahren periodisch geplagt, weil ich mich körperlich und geistig niemals so alt fühlte, wie ich es an Lebensjahren war.

Jemand hat einmal zutreffend gesagt: „Jugend ist keine Epoche des Lebens; sie ist ein Geisteszustand."

Der Ausgaben-Imperativ: Gehe bei der Aufgliederung der Betriebsausgaben wissenschaftlich vor

Ein gravierender Fehler vieler junger Unternehmer besteht in dem Versäumnis, ihre Ausgaben unter strenger Kontrolle zu halten. In den Anfangsphasen jedes neuen Unternehmens heißt das Zauberwort: Wachstum. Sie wollen so viel verkaufen wie möglich, wollen so viele Märkte erschließen, wie sie können. Und sie wollen die Produktion auf Hochtouren laufen lassen.

Die meisten aggressiven und gewöhnlich auch die erfolgreichsten Unternehmer sind stets bereit zu reagieren, wenn ein neuer Kunde am Horizont auftaucht. Sie wollen, solange es möglich ist, diesem Neuankömmling etwas gewinnbringend verkaufen. Ich bin ein großer Anhänger der Konzentration auf wirtschaftliches Wachstum, und es gibt etwas im Geschäftsleben, was ich zu jeder Zeit haben möchte – zu viele Aufträge. Wir nehmen immer mehr Aufträge an, als wir eigentlich ausführen können. Irgendwie lernen wir dabei, das Problem zu lösen. Erst wenn nicht genug Geschäftsvolumen vorliegt, beginne ich, mir Sorgen zu machen.

An irgendeinem Punkt muß man jedoch erst einmal Halt machen und sein Haus in Ordnung bringen. Das bedeutet: eine gründliche systematische und wissenschaftliche Analyse der Kosten, Ausgaben und Managementkapazitäten des Unternehmens.

Es ist unmöglich, eine einzige allgemeingültige Formel für Ausgaben festzulegen, die für jede Art geschäftlicher Betätigung anwendbar ist. In einigen Industrien, etwa im Hightech-Bereich, ist das Nettoeinkommen gewöhnlich höher als die Norm – etwa zehn bis zwanzig Prozent. Versuchen Sie es mit einer besseren Ausgabenkontrolle, dann werden Sie einen Riesenschritt zur Maximierung der Gewinne tun. Manchmal genügt nämlich eine nur kleine Ausgabensteigerung – gelegentlich von kaum mehr als einem Prozent in sieben oder acht verschiedenen Sparten – um aus Gewinnen Verluste zu machen.

Wie sehr es darauf ankommt, die Ausgaben stets strikt zu kontrollieren, wurde mir erneut bewußt, als ich vor einiger Zeit eine Bewertung meines Gestüts vornahm. Geschäftsfreunde, die gelegentlich bei mir hereinschauten, waren der Ansicht, es werde recht gut verwaltet.

Einer meinte sogar: „Warren, ich glaube nicht, daß Sie auch mit größtem Bemühen noch ganze hundert Dollar monatlich einsparen könnten."

Davon war ich nicht so sehr überzeugt. Ich gliederte sämtliche Ausgaben bis in alle Einzelheiten auf und fütterte sie dann in einen gut programmierten Computer. Das Ergebnis war geradezu phänomenal. Indem ich hier ein wenig und dort ein wenig zurechtstutzte, waren wir in der Lage, am Gestüt monatlich vier- bis fünftausend Dollar einzusparen. Das funktionierte folgendermaßen:

Bei Überprüfung der gesamten Ausrüstung stellten wir fest, daß wir mehr Wagen besaßen als wir benötigten. Da wir sie steuerlich abgeschrieben hatten, täuschten wir uns selbst mit der Annahme, sie kosteten uns nur noch sehr wenig. Tatsächlich gaben wir jährlich 3000 \$ bis 4000 \$ im Jahr für sie aus. In dieser Summe waren ein paar hundert Dollar für Versicherungen und mehrere hundert Dollar für Reparaturen und sonstige Aufwendungen enthalten.

Außerdem wurden diese überzähligen Wagen selten benutzt. In unserer Ausgabensparte für Öl und Benzin tauchten sie überhaupt nicht auf. Durch den Verkauf dieser überzähligen Wagen konnten wir unsere Gewinne erheblich aufstocken.

Danach sahen wir uns die Ausgaben für Energie an. Als erstes fiel uns ein Konferenzsaal auf, den wir heizten, obwohl er im Winter nie benutzt wurde. Die Heizkosten beliefen sich auf monatlich dreihundert Dollar. Also schalteten wir die Heizung ab und sparten jährlich mehrere tausend Dollar.

Zum Gestüt gehörte auch ein beheizter Swimmingpool, der zwar nur im Sommer benutzt wird, bisher jedoch das ganze Jahr über beheizt wurde, was monatlich etwa 250 $ kostete. Die Beheizung wurde abgestellt. Außerdem installierten wir ein spezielles Solardach und ein Isolierungssystem, das die Wärme speicherte. Auch diese Verbesserungen führten zu beträchtlichen Einsparungen.

Bei der weiteren Überprüfung aller Anlagen und Einrichtungen stießen wir auf einen großen Büroraum, der selten benutzt und dennoch ständig geheizt wurde. Der Einbau von Thermostaten ersparte uns alleine sechshundert Dollar. Diese Einsparungen animierten mich derart, daß ich nahezu besessen wurde von dem Bestreben, auch noch die letzten Mängel unserer Energieversorgung zu beseitigen. Dabei blieb uns zunächst ein Item unverständlich: Auch im Sommer belief sich unsere monatliche Gasrechnung auf einhundert Dollar, obwohl wir die Heizung überhaupt nicht angestellt hatten. Wir konnten uns einfach nicht vorstellen, wie diese Kosten entstanden.

Nach langem Suchen entdeckten wir schließlich einen großen Warmwasser-Speicher, der auch während der Perioden eingeschaltet war, in denen er nicht benutzt wurde. Also stellten wir ihn ab, wenn niemand anwesend war, und sparten entsprechend Geld ein. Außerdem vermeiden wir es seither, dieselben Fehler noch einmal zu machen, weil wir jetzt alle diese Positionen durch unsere Computerausdrucke kontrollieren. Sobald irgendetwas von unserer Kosten-Vorausberechnung abweicht, weist der Computer darauf hin.

Neben dem Energieproblem gab es zahlreiche andere Unzulänglichkeiten und Lecks, das größte davon war der Mißbrauch der Kreditkarten unseres Unternehmens.

Unsere Angestellten benutzten zum Betanken der firmeneigenen Fahrzeuge mehrere Kreditkarten der Firma. Bei Überprüfung der entsprechenden Ausgaben erschienen sie uns außerordentlich hoch. Es stellte sich dann heraus, daß einige Angestellte an der Tankstelle ihre *privaten* Tanks füllten, wenn sie abends nach Hause fuhren. Also war unsere Kontrolle über unsere Kreditkarten nicht wirksam genug. Wir zogen alle Karten ein und organisierten eine bessere Kontrolle. Auch diese Maßnahme führte zu jährlichen Einsparungen von mehreren hundert Dollar.

Alle Einsparungen zusammengerechnet ergaben einen monatlichen Betrag von vier- bis fünftausend Dollar. Das macht jährlich 50 000 bis 60 000 Dollar innerhalb eines relativ kleinen Betriebes.

Diese Lektion habe ich mir zu Herzen genommen, und ich kann jedem Unternehmer nur raten, es auch zu tun. Beim Ausarbeiten des Ausgabenbudgets für Ihr Unternehmen sollten Sie ganz systematisch und wissenschaftlich vorgehen. Sie sollten möglichst alle Belege für die monatlichen Ausgaben von zwei Jahren vor sich haben. Dann setzen Sie sich mit Ihren Mitarbeitern an einen Tisch und stellen sich folgende Fragen:

- Erscheinen einzelne dieser Ausgaben ungewöhnlich hoch?
- Haben wir größere Bereiche ausgelassen, in denen Geld für die Aufrechterhaltung des Betriebes ausgegeben wird?
- Wie können wir einzelne Ausgaben beschneiden – selbst wenn das nur einige Dollars ausmacht?

Zur Beantwortung der letzten Frage empfehle ich, daß Sie mit Ihren Mitarbeitern jede einzelne Kostenposition genau prüfen und darüber einige Augenblicke nachdenken. Sie werden überrascht sein, wieviele Ideen zur Verbesserung der Aktivitäten aus dem Team vorgebracht werden.

Ich behaupte nicht, diese drei „Imperative" reichten als solche schon aus, Ihrem Unternehmen einen großen Erfolg zu sichern. Doch sind sie Teil einer gesunden, klugen Formel, die dazu beitragen wird, sich auf die Themen zu konzentrieren, die zum Erfolg beitragen. Bei kurzem Nachdenken zeigt sich, daß die meisten Hauptbestandteile des Erfolgs in der umfassenden Formel enthalten sind:

- Guter Service
- Hohe Qualität
- Ästhetik
- Einfallsreichtum
- Leistungsfähigkeit
- Ausgewogenheit zwischen Erfahrung und jugendlicher Begeisterung
- Rationalisierte Ausgaben, dargestellt auf detaillierten Computerausdrucken

Und doch – selbst wenn Sie alle Regeln und Prinzipien befolgen und alles Menschenmögliche tun, um Ihrem Unternehmen zum Erfolg zu verhelfen, werden zwangsläufig Probleme auftauchen. Einige davon werden Sie in Kontakt mit Anwälten und andere vielleicht vor Gericht bringen. Daher wollen wir jetzt einige Prinzipien behandeln, die Ihnen helfen werden, sich vor Rechtsstreitigkeiten zu schützen.

12. Kapitel

Auf dieser Seite des Gesetzes

„Als erstes bringen wir
alle Advokaten um."
William Shakespeare
Heinrich VI

Wie so viele unserer Zeitgenossen konnte auch William Shakespeare Rechtsanwälte nicht leiden. Und ganz gewiß stimmt es, daß viele Anwälte und Prozesse den Ruin so mancher menschlichen Existenz bewirken können.

Andererseits halte ich es für einen großen Fehler, wenn ein Topmanager oder selbständiger Unternehmer keine Ahnung davon hat, wie das Gesetz und die Juristen arbeiten. Man kann unglaublich viel Zeit, Schwierigkeiten und Geld sparen, wenn man sich einen guten Anwalt als Lotsen durch das Labyrinth von Rechtsstreitigkeiten und Verhandlungen sucht.

Wie jedoch findet man den richtigen Anwalt?

Das ist gewiß nicht leicht. Es scheint mir viel leichter zu sein, einen guten Buchhalter zu finden als einen guten Anwalt. In beiden Fachbereichen kann der falsche Berater einem Unternehmen so schaden, daß man das Gefühl bekommt, man sollte das Handtuch werfen und nochmals von vorne anfangen. Ein erstklassiger Rechtsanwalt kann uns dagegen ein gesetzestreues Leben wirklich lebenswert machen.

Bei der Suche nach einem guten Anwalt ist folgendes zu berücksichtigen:

Fragen Sie den Anwalt nach Referenzen und prüfen Sie diese. Wenden Sie sich an erfolgreiche Geschäftsleute in Ihrer Stadt, denen Sie vertrauen, und bitten Sie *diese* um eine Empfehlung an ihre Anwälte.

Sehen Sie sich die Erfolgsliste des in Aussicht genommenen Anwalts an. Hat er viele angesehene Klienten vertreten? Was hat er vor Gericht oder bei geschäftlichen Verhandlungen erreicht? Und dann vielleicht die wichtigste Frage von allen: Steht er im Ruf, Verhandlungen zu einem guten Abschluß zu bringen, oder eher es lieber zu hartem Streit kommen zu lassen?

Wenn nötig, nehmen Sie auf jeden Fall einen Spezialisten. Auch wenn eine Anwaltskanzlei behauptet, sie sei in allen Sparten gut, können Sie sicher sein, daß sie nur in bestimmten *wirklich gut* sein kann. In Patentangelegenheiten halten Sie sich lieber an einen Patentanwalt. Geht es um Grundstücksangelegenheiten, suchen Sie sich eine Kanzlei, die sich vor allem auf juristische Probleme in Zusammenhang mit Immobilien spezialisiert hat. Gibt es Probleme bei der Übernahme einer anderen Firma oder einer Fusion, sollten Sie einen Anwalt nehmen, der in diesem Bereich besondere Erfahrung besitzt. Für juristische Absicherung geschäftlicher Verhandlungen nimmt man einen anderen Anwalt als für Prozesse bei einem Gericht. Zu den größten Problemen, die man sich aufladen kann, gehört die Wahl des falschen Anwalts für eine bestimmte Aufgabe.

Nehmen Sie zum ersten Mal einen Anwalt, dann betrachten Sie diese Beziehung als nur vorübergehend, als „von Fall zu Fall“. Die Beurteilung von Rechtsfragen erfordert viele spezielle Kenntnisse. Dennoch sollten Sie selbst Ihren gesunden Menschenverstand nicht an der Türe Ihres Anwalts zurücklassen. Antwortet er stets ungenau und unverbindlich, dann kann das bedeuten, daß er weder genug von der Materie versteht noch besonders geschickt ist. Ein Anwalt soll Vertrauen einflößen und seinem Klienten das Gefühl von Geborgenheit vermitteln. Tut er das nicht, nehmen Sie das als Hinweis, daß Sie sich nach einem anderen Rechtsbeistand umsehen sollten.

Ihr Anwalt sollte stets Zeit für Sie haben. Alle wirklich guten Anwälte sind sehr beschäftigt, was bedeutet, daß ihre Zeit kostbar ist. Merken Sie in einem Anwaltsbüro, daß der Mann nicht viele Klienten hat, können Sie sich mit Recht fragen, ob er auch wirklich kompetent ist.

Hat er andererseits niemals Zeit, auf Ihre telefonischen Anrufe zu antworten oder sich mit Ihnen zu treffen, dann wäre ich persönlich abgeneigt, ihn zu beschäftigen. Auch der beste Anwalt kann Ihnen nicht helfen, wenn er nicht für Rat, Unterstützung und Anleitung verfügbar ist.

Seien Sie aggressiv bei der Frage nach Anwaltsgebühren und Stundensätzen. Als Klient haben Sie jedes Recht, Ihrem Anwalt alle Fragen zu stellen und ihn zu bitten, Ihnen genau zu sagen, wie er die geforderten Spesen errechnet. In Amerika lassen die Anwälte sich stundenweise bezahlen, weshalb Sie sich vergewissern sollten, welche Gebühr pro Stunde gefordert wird – und ob man die Spesen für einen ganz bestimmten Auftrag pauschal aushandeln kann. Außerdem sollten Sie sich jederzeit frei fühlen, eine in allen Einzelheiten aufgegliederte Rechnung zu verlangen.

Pflegen Sie eine echte Freundschaft mit dem Anwalt, sobald Sie sich für einen entschieden haben. Gute und regelmäßige Rechtsberatung kann Ihnen Tausende – ja sogar Millionen Dollar einsparen. Aus persönlicher Erfahrung weiß ich, daß eine einzige Zeile in einem Vertrag sich irgendwann einmal als ganz entscheidend erweisen kann. Eine voll durchdachte juristische Strategie zu Beginn einer geschäftlichen Verhandlung kann sich auszahlen, wenn später Probleme auftauchen.

Bei Gründung eines Unternehmens sollte man sich so früh wie möglich einen guten Anwalt suchen. So lassen juristische Schwierigkeiten sich rechtzeitig voraussehen, und man kann auch für eventuelle Klagen bei Gericht gut gerüstet sein.

Es ist fast unmöglich, sich psychologisch im voraus auf einen Rechtsstreit vorzubereiten. Ich muß offen zugeben, daß ein unerwarteter Prozeß mich früher sehr aufregte. Mit den Jahren habe ich jedoch gelernt, auch an der juristischen Front mit dem Unerwarteten zu rechnen, und heute bin ich psychologisch entsprechend angepaßt. Ich bin innerlich und in der Auswahl meiner Anwälte gut gerüstet, es mit allen juristischen Herausforderungen aufzunehmen. So fällt es mir leichter, während turbulenter juristischer Auseinandersetzungen die Ruhe zu bewahren.

Ein auf jeden Fall völlig unerwarteter Rechtsstreit, für den ich jedoch gefühlsmäßig und juristisch gerüstet war, hing mit dem Namen Avis zusammen. Als ich Avis Rent-A-Car verkaufte, da veräußerte ich den Namen Avis ausschließlich für das Mietwagengeschäft. So stand es eindeutig im Vertrag. Dann aber geriet ich ins Gewühl der Guerillakämpfe zwischen Geschäftsunternehmen. Die Probleme begannen, als ich ein Blumengeschäft mit dem Namen Avis Flowers Worldwide gründete.

Zum Geschäftskonzept gehörte die Einrichtung der Telefonnummer 800, die Kunden bei einer Blumenbestellung anrufen konnten. Das Unternehmen war noch mit einem anderen verbunden, das Teleflorist hieß und über das Blumenlieferungen für jeden Teil der Stadt und im ganzen Lande bestellt werden konnten. Diese Firma regelte dann die Lieferung durch andere Blumenhändler, die viele Meilen entfernt sein konnten. Mit anderen Worten: Wir beauftragten Blumenhändler im ganzen Lande und glichen ihre einzelnen Transaktionen durch unser landesweites Clearingsystem aus. Teleflorist war die zweitgrößte Firma dieser Art nach FDT.

Als Betreiber der Avis Flowers Aktivitäten hielten wir uns für gute Freunde von Avis Rent-A-Car, wie es in der Vergangenheit stets der Fall gewesen war. Wir luden sogar Repräsentanten von Avis Rent-A-Car zu unserem Eröffnungsempfang ein. Aber bereits am nächsten Tage erhielten wir eine gerichtliche Vorladung.

Avis Rent-A-Car gehörte damals der Norton Simon Company. Trotz der eindeutigen Vertragsklausel, nach der sie den Namen Avis nur für das Mietwagengeschäft benutzen durfte, vertrat dieses Unternehmen die Ansicht, ich dürfte meinen eigenen Namen nicht für das Einzelhandelsunternehmen verwenden. Norton Simon bediente sich dabei eines alten Tricks großer Gesellschaften: Sie überfiel einen kleinen Händler mit einer gerichtlichen Klage, die bis zu 200 000 $ kosten konnte.

Dabei spielte es gar keine Rolle, daß die große Gesellschaft vermutlich verlieren würde. Für den kleinen Unternehmer lag die Gefahr darin, daß die Gerichtskosten für ihn zu einer unüberwindlichen Hürde werden konnten, so daß er sein Geschäft aufgeben müßte. Gewöhnlich ruinieren derartige Gerichtskosten einen kleinen Geschäftsmann.

Simon hatte jedoch nicht damit gerechnet, daß meine Anwälte zumindest ebenso gut waren wie ihre. Außerdem verfügte ich über das Geld, mit ihnen während des ganzen Verfahrens mitzuhalten. Ich wurde schließlich so wütend, daß ich mich den Teufel darum scherte, was die Sache kostete – ich war fest entschlossen, die Sache durchzufechten, und wenn es nur um des Prinzips willen geschah.

Also trafen wir vor einem Bundesgericht aufeinander. Und die andere Seite verlor – obwohl sie unseren Vertrag durch Berufung auf den Lanham Act zu unterlaufen suchte. Das ist ein Bundesgesetz, das jede Konfusion zwischen Geschäftsnamen untersagt. Sie versuchten also, sich eines Bundesgesetzes zu bedienen, um einen legal abgeschlossenen Vertrag für ungültig zu erklären.

Der Richter sah sich ihre Begründung an, schrieb eine beißende Beurteilung und wies die Klage ab. Dem Sinne nach legte er dar, es sei unsinnig anzunehmen, jemand werde glauben, einen Wagen zu mieten, wenn er in Wirklichkeit Blumen kaufen wollte. Das wäre beleidigend für die Intelligenz amerikanischer Bürger.

Sofort nach Abweisung ihrer Klage klagte ich meinerseits gegen Norton Simon und forderte $ 200 Millionen. Die Angelegenheit wurde durch einen außergerichtlichen Vergleich beigelegt, der mir mehrere Millionen Dollar einbrachte.

Zwar ging ich aus diesen gerichtlichen Verfahren als Sieger hervor, wurde aber dennoch ernstlich von ihnen betroffen. Denn der erste Prozeß zog sich über anderthalb Jahre hin und brachte uns in eine Lage, in der wir nicht wußten, ob wir noch im Avis Blumenhandel waren oder nicht.

Die Angelegenheit hatte auch Nebenwirkungen auf meine anderen Geschäfte. Das Gerichtsverfahren schuf Probleme zwischen mir und meinen Partnern in der Teleflorist Company, da diese Partner, die nichts mit dem Betrieb von Avis Flowers zu tun hatten, sich ebenfalls von Klageschriften und gerichtlichen Vorladungen bedroht sahen.

Schließlich erwies es sich, daß das Avis Flowers Konzept durch diesen Prozeß in die Brüche gegangen war. Ich war den ganzen Laden so leid, daß ich meinen Anteil daran verkaufte.

Teleflorist ist heute noch ein gutgehendes Unternehmen, und wir verdienten bei seinem Verkauf Millionen. Trotz meines finanziell guten Abschneidens bei der Klage durch Norton Simon und beim Verkauf von Teleflorist hinterließ diese Erfahrung bei mir einen üblen Nachgeschmack. Prozesse sind halt keine angenehme Art, unternehmerisch aktiv zu sein.

Rein juristisch war ich gut abgesichert gewesen. Ich war für das Unerwartete gut gerüstet, und diese Vorsichtsmaßnahmen zahlten sich aus. Doch sollten Rechtsstreitigkeiten stets nur als letzter Ausweg angesehen werden. Man ist ja nicht Unternehmer geworden, um sich vor Gericht herumzuschlagen und andere zu vernichten, sondern um etwas zu schaffen. Anwälte und ihre Schutzmaßnahmen können helfen, uns vor dem Schlimmsten zu bewahren. Hat man jedoch die Wahl, dann ist es stets am besten, Rechtsstreitigkeiten und Gerichtssälen aus dem Wege zu gehen.

Die Auswirkungen eines Rechtsstreits können natürlich noch weit verheerender sein, wenn man nicht gut gerüstet ist. Vor einigen Jahren erzeugten wir in einem unserer Unternehmen ein sehr gutes Sommerprodukt, und es dauerte nicht lange, da erzielten wir bereits einen Umsatz von etwa $ 15 Millionen. Auch begann ein anderes großes Unternehmen für unser Produkt zu werben, und es sah so aus, als könnte nur der Himmel unserem Umsatz Grenzen setzen.

Es war geradezu ein Traumgeschäft – abgesehen von einem fatalen Mangel. Das Produkt war nur für das Sommergeschäft geeignet. Wollten wir es selbst produzieren, dann brauchten wir daneben auch ein Winterprodukt. Zum damaligen Zeitpunkt fanden wir jedoch nichts, was uns entsprechend interessant erschien. Daher überredeten wir eine andere Firma, die ein Winterprodukt herstellte, unser Sommerprodukt ebenfalls zu produzieren, und das erwies sich als unser Verderb.

Unser großer Fehler bestand darin, daß wir dem fremden Unternehmen gestatteten, alle Teile unserer Produktion zu montieren und außerdem das fertige Produkt an unsere Kunden zu versenden. Wir gaben sogar eine halbe Million Dollar dafür aus, dieser Firma beizubringen, wie man das Produkt herstellt und vertreibt! Demzufolge hatte sie Einblick in unsere gesamten geschäftlichen Operationen – und sie nutzte das weidlich zu ihrem Vorteil aus.

Der Gipfel ihres Verhaltens war dann noch, daß diese Firma, unser Subunternehmer, einen eigenen Betrieb aufmachte und ein ähnliches Produkt herzustellen begann. Wir brachten eine Patentklage ein, die wir jedoch wegen eines technischen Problems nicht gewinnen konnten. Die Vorbesitzer hatten es nämlich versäumt, nach dem

Erscheinen des Produkts auf dem Markt innerhalb einer bestimmten Frist ein Patent zu beantragen, wie das Gesetz es vorschreibt.

Also war ich in die Ecke gedrängt. Das beste, was wir in dieser Lage tun konnten, war der Verkauf des Rests unserer Firma an den Subunternehmer, um wenigstens einen Teil des Inventars zu retten. Das ganze war ein Desaster und kostete uns eine Menge Geld.

Immerhin habe ich daraus einige wichtige Lehren gezogen. Die erste ist, wie wichtig es ist, einen guten Patentanwalt an der Hand zu haben, wenn man ein Unternehmen gründet, das ein neues Produkt vertreibt. Befolgt man nicht alle gesetzlich vorgeschriebenen Eintragungen, kann man alles verlieren.

Außerdem lernten wir, mehr Wert auf die Ausarbeitung einer Produktstrategie zu legen, die vor juristischen Komplikationen schützt.

Insbesondere hätten wir niemals die gesamte Kontrolle über die Herstellung unseres eigenen Produkts in die Hände eines fremden Unternehmens geben dürfen. Dadurch erfahren Außenstehende zu viel über unser Produkt und unsere Aktivitäten. Wir hätten uns das Recht auf die Endmontage sowie die Kontrolle über die Kundenliste vorbehalten müssen. Die Formulierung einer entsprechenden Strategie erfordert gute juristische Beratung. Außerdem muß man sich auf gesunde Geschäftsprinzipien und ebenso gesunden Menschenverstand stützen.

Natürlich bedauere ich diese Erfahrung zutiefst. Gleichzeitig bin ich jedoch froh, daß wir uns danach entschieden, unsere Verluste gering zu halten und etwas anderes zu beginnen. Das Gefühl, von einem Unternehmerkollegen einen Dolchstoß in den Rücken zu bekommen, verdaut man nicht so leicht. Doch kann man nicht sein ganzes Geschäftsleben vor Gericht verbringen. Wird man hereingelegt, und selbst wenn man sich dabei als Opfer einer Ungerechtigkeit fühlt, ist es immer das beste, sich aufzuraffen und etwas Neues anzufangen.

Ich finde es bedauerlich, daß unsere Geschäftskultur zunehmend von Rechtsstreitigkeiten beherrscht wird. Persönlich habe ich es stets vorgezogen, Geschäfte durch Handschlag abzuschließen, auf der Grundlage verläßlicher persönlicher Kontakte. So habe ich auch meine Beziehungen zu den Fluggesellschaften gepflegt, als ich meine Mietwagenfirma aufbaute. Aber dann begannen die Verhaltensweisen sich zu ändern, und erst neulich erlebte ich zu meinem Verdruß, daß man heute keine Geschäfte mehr durch Handschlag tätigen kann.

Die Grundidee hinter meiner letzten Erfahrung war einfach: Aufgrund meiner vielen persönlichen Flugreisen kannte ich das Problem der Fluggesellschaften, fehlgeleitetes Gepäck aufzuspüren und dem verärgerten Kunden schleunigst zuzustellen. Mein Konzept war, diesen Vorgang zu vereinfachen und eine Art „Regenschirm"-System zu schaffen, das dieses Problem für *alle* Gesellschaften handhabt.

Jedes einzelne Gepäckstück sollte so deutlich wie möglich identifizierbar gemacht werden. Wir wollten das System des Aufspürens und der anschließenden Zustellung von fehlgeleitetem Gepäck revolutionieren. Wir regten an *vorzuschreiben*, daß ein genormter Gepäckanhänger mit Namen, Adresse und Telefonnummer des Passagiers an jedem Gepäckstück angebracht werden sollte. Ohne diesen Anhänger sollte kein Gepäck angenommen werden. (Zur Erinnerung: Zur Zeit, von der ich hier berichte, waren keine Namensschilder gefordert.) Unmittelbar nach dem Entladen des Gepäcks eines Fluges sollte ein Angestellter die Anhängerinformationen von allen nicht abgeholten Gepäckstücken einsammeln. Diese Informationen sollten dann unmittelbar an eine Zentrale für Gepäckkontrolle weitergeleitet werden.

Selbst wenn das irregeleitete Gepäckstück vom Passagier (der sich vielleicht noch im Transit befand) noch gar nicht als verloren gemeldet war, wollten wir das Büro oder die Wohnung des Passagiers telefonisch verständigen. In den meisten Fällen erhofften wir, das verlorengegangene Gepäckstück am Bestimmungsort ankommen zu lassen, bevor der Besitzer selbst dort eintraf. Sollte er das Gepäck schon als vermißt gemeldet haben, wollten wir es finden und mit der nächsten Maschine, gleich welcher Fluggesellschaft, an den Bestimmungsort schicken.

Unser Vorschlag sah vor: Der Passagier, der feststellt, daß sein Gepäck nicht mit seinem Flug angekommen war, brauchte nur mit einem Angestellten der Fluggesellschaft zum Büro für verlorene und gefundene Sachen zu gehen. Er brauchte weder zusätzliche Formulare auszufüllen noch stundenlang zu warten, um seine Meldung zu machen.

Unsere Studien hatten ergeben, daß die Fluggesellschaften Millionen Dollars sparen würden, die sie sonst für fehlgeleitetes oder verlorenes Gepäck ausgeben mußten. Außerdem waren wir überzeugt, daß wir auf diese Weise die Beschwerden und den Frust der Passagiere auf ein Minimum reduzieren konnten. Unser ganzes System war darauf angelegt, dem Passagier und sein Gepäck in der kürzest möglichen Zeit zusammenzuführen.

Die Fluggesellschaften, denen wir diesen Vorschlag zuleiteten, lehnten ihn ab. Dann übermittelten wir ihn dem Civil Aeronautics Board. Dort schien man ihn zu mögen und man sagte uns, man werde Kontakt mit den Fluggesellschaften aufnehmen. Das klang großartig. Schließlich jedoch beschloß der CAB, ohne uns zu unterrichten oder sich auf uns zu beziehen, den Vorschlag, der die Notierung von Namen, Adresse und Telefonnummer anregte, als eigenen zu nutzen.

Natürlich enttäuschte es mich, daß der CAB und die Fluggesellschaften nicht gewillt waren, sich an einem gemeinsamen Programm für die gesamte Flugbranche zusammenzufinden. Doppelt ärgerlich war es, daß sie meine Idee aufgriffen und benutzten, als sei es ihre eigene. Des weiteren war ich verärgert, weil einige Fluggesellschaften einfach meine Ideen aufgriffen und in ihr System einbauten, ohne uns als Urheber zu nennen oder zu entschädigen. Sie erzählten dem CAB tatsächlich, sie hätten dieses Konzept schon vorher geplant. Vielleicht hatten sie das auch, doch waren sie nicht imstande gewesen, den CAB zu überreden, es auf nationaler Ebene zu praktizieren. Um derartiges Piratentum künftig abwehren zu können, schloß ich von da an in alle meine Vorschläge folgenden Paragraphen ein:

Dieser Vorgang wird Ihnen zur Prüfung vertraulich übermittelt, mit dem gegenseitigen Einverständnis, daß die vertraulichen Gedanken zum Zwecke nachfolgender Verhandlungen vorgelegt werden. Das Avis Research Center verzichtet nicht auf seine Eigentumsinteressen an diesen Systemen.

Natürlich können Sie sich niemals vollständig vor Leuten schützen, die darauf aus sind, Ihre Ideen und Vorschläge zu stehlen und sie dann als eigene auszugeben. Man kann eben nur vorbeugende Paragraphen, juristische und vertragliche Klauseln einbauen. Lesen Sie jetzt einmal, was mit einem anderen meiner Vorschläge geschah, einer Idee, kleine Pakete auf Passagierflügen zu befördern.

Ab Anfang 1966 begannen wir, einen Beförderungsdienst für kleine Pakete auf Inlandsflügen zu entwickeln. Der Grundgedanke ähnelte dem, wie er später von Federal Express praktiziert wurde: Die Zustellung von Items wie widerrufene Schecks, juristische Dokumente, dringend benötigte Ersatzteile und wissenschaftliche Instrumente sollte beschleunigt werden. Diese Güter sollten in genormten Behältern transportiert werden, so daß sie klein und leicht genug waren, um wie normales Passagiergepäck gehandhabt zu werden.

Wir steckten eine Menge Zeit, Mühen, Forschung und Geld in die Entwicklung dieses Systems. Dann präsentierten wir es 1969 formell einer Fluggesellschaft. Wie üblich sagten wir den Gesprächspartnern der Fluggesellschaft, daß wir diesen Vorschlag vertraulich mit ihnen diskutierten. Es war unsere Absicht, die Anlaufkosten selbst zu tragen, das System dann für sie zu betreiben und die Verantwortung für das Abholen und die Zustellung der Pakete und für die Gestaltung der Preistabelle zu übernehmen. Bei Übernahme des Paketsystems wollten wir durch Gewinnbeteiligung angemessen entschädigt werden.

Während des darauffolgenden halben Jahres traf ich mich fast jeden Monat mit Beauftragten der Fluggesellschaft, um die Verwirklichung dieses Beförderungssystems für kleine Pakete zu erörtern. Im Frühjahr 1970 schließlich bat man mich, eine detaillierte schriftliche Beschreibung der vorgeschlagenen Dienstleistung anzufertigen, damit auch andere Mitarbeiter sie bewerten konnten.

Nachdem ich dieser Bitte nachgekommen war, mußte ich einen üblen Schock erleben. Bei einem späteren Treffen mit mehreren Managern informierten diese mich, für das von mir vorgeschlagene System gebe es keinen ausreichenden Markt – obwohl damals achtzig Prozent der Gepäckräume leer blieben. Man sagte tatsächlich: „Der Vorschlag ist nicht realisierbar, ist unwirtschaftlich und kann nicht funktionieren. Außerdem würden wir Probleme mit den Gewerkschaften bekommen.“

Und dann erlebte ich die große Überraschung. Im Herbst 1970 richtete die Fluggesellschaft auf nationaler Ebene ein Beförderungssystem für kleine Pakete ein, das mit dem fast identisch war, das ich vorgeschlagen hatte. Ich war natürlich alles andere als erfreut, ließ die Sache dann aber fallen.

Zugegeben – für das dadurch entstandene Problem war ich juristisch gut gerüstet. Doch hatte ich natürlich nicht damit gerechnet, in einer geschäftlichen Sache wie dieser in einen Streit verwickelt zu werden. Auch hatte ich nicht erwartet, daß ein Vorschlag, an dem ich jahrelang gearbeitet hatte, von anderen genutzt würde.

Vielmehr hatte ich die Sache wie jeder ehrgeizige Unternehmer in absolut positiver Geisteshaltung begonnen, hatte dieses Abenteuer mit großen Rosinen im Kopf begonnen. Und ich bin sicher, bei Annahme meines Vorschlags wären alle Beteiligten, auch die Fluggesellschaften, allen anderen ein Stück voraus gewesen. Genau das geschah dann auch bei Federal Express.

Der Reinfall mit diesem Projekt war also eine herbe Enttäuschung. Selbst eine Entschädigung aufgrund eines juristischen Vergleichs hätte die verlorene Chance nie wett gemacht. Ich kam schließlich zu der Schlußfolgerung, die Fluggesellschaften würden den amerikanischen Eisenbahnen immer ähnlicher – ohne Kontakt mit den Realitäten des Marktes. Der Abbau gesetzlicher Schutzbestimmungen in jüngster Zeit hat sie immerhin etwas wacher und kreativer gemacht.

So etwas geschieht nun einmal im Leben eines Unternehmers. Jemand hat eine ganz heiße Idee und entwickelt sie bis zum Punkt der praktischen Durchführung. Da besteht stets die Gefahr, daß jemand aufs Trittbrett springt und versucht, ihm die Sache wegzunehmen. Die meisten Ideen lassen sich nicht urheberrechtlich schützen, vor allem nicht, wenn sie noch im Planungsstadium sind. Demzufolge gibt es für einen rücksichtslosen Geschäftsmann zahlreiche Möglichkeiten, sich hineinzudrängen und Ihnen die Früchte ihrer Gedanken und harten Arbeit wegzuschnappen.

Es gibt dennoch Möglichkeiten, solchen „Ganoven" im Geschäftsleben zu verstehen zu geben, daß man nicht gewillt ist, sich von ihnen anrempeln zu lassen. Einige dieser „Prinzipien zur Absicherung" lassen sich wie folgt zusammenfassen:

Beraten Sie ausführlich mit Ihrem vertrauenswürdigsten Anwalt eine Strategie, sich selbst und Ihre Ideen zu schützen. Er wird die entsprechenden Briefe und Schutzklauseln formulieren, mit denen man potentielle Piraten abwehren kann.

Lassen Sie genug juristische „rote Flaggen“ wehen, wenn Sie geschäftliche Verhandlungen beginnen. Beim Schriftverkehr mit anderen Unternehmen, sollten Sie Ihre Vorschläge durch Einbau der vorher erwähnten Klausel schützen.

Dabei muß man realistisch sein. Viele Firmen werden es ablehnen, mit Ihnen zu sprechen, wenn Sie mit solch einer Klausel kommen. Vielleicht haben sie auch selbst schon über Ihre Idee nachgedacht. Zumindest wollen sie sich vielleicht nicht durch Ihre Konditionen binden lassen. Vielleicht aber sehen sie sich auch Ihren Vorschlag trotz der daran geknüpften Bedingungen gründlich an, aus Angst, eventuell eine große Chance zu verpassen. Dieses Dilemma müssen Sie mit den potentiellen Klienten von Fall zu Fall lösen.

Legen Sie eine eigene Akte über jeden Vorgang an. Bei Verhandlungen mit einem Klienten schreiben Sie ihm von Zeit zu Zeit einen Brief, der die bisherigen Gesprächsergebnisse zusammenfaßt. Ihr Anwalt sollte solche Briefe vor dem Absenden kritisch prüfen, um so viele juristische Schlupflöcher wie möglich auszuschließen. Klug wäre es auch, im Tageskalender oder einem besonderen Notizbuch kurze Notizen über Ihre persönlichen Kontakte mit verschiedenen Personen zu machen. Darin sollte festgehalten werden, was gesagt wurde und wann und wo die Gespräche stattgefunden haben.

Ein verwandtes Thema, das weniger die potentiellen Klienten als Sie selbst angeht, betrifft die große Bedeutung einer ehrlichen und offenen Geschäftsführung mit klaren und korrekten Aufzeichnungen.

Sehr viele Unternehmer glauben nämlich, es sei unmöglich voranzukommen, wenn man nicht an den Steuerbehörden vorbei auch in der Schattenwirtschaft tätig ist. Sie verbuchen bestimmte Barzahlungen nicht, um sie nicht als Einkommen versteuern zu müssen. Glauben Sie mir – es ist *nicht* erforderlich, den Fiskus zu betrügen, um erfolgreich zu sein. Im Gegenteil: Es ist viel wahrscheinlicher, daß Sie schwere Bußgelder zahlen müssen oder sogar vor Gericht landen, wenn Sie sich solcher Praktiken bedienen.

Dessen wurde ich mir eindrucksvoll bewußt, als ich vor einigen Jahren ein Boot aus meinem Privatbesitz verkaufte. Der Käufer gab mir eine Anzahlung von zehntausend Dollar, bar in einem Umschlag. Ich wiederum gab diesen Umschlag meiner Sekretärin mit der Anweisung, den Betrag zu verbuchen. Bald darauf war der Verkauf abgeschlossen, und ich dachte nicht mehr an diese Angelegenheit – bis zwei Jahre später Beauftragte der Steuerfahndung bei mir erschienen. Es hatte den Anschein, als sei der Mann, der das Boot gekauft hatte, des Betrugs angeklagt. Im Laufe seiner Vernehmung hatte er angegeben, er habe mir zehntausend Dollar in bar gegeben. Die Steuerbehörde wollte nun meine Aufzeichnungen darüber sehen.

Im Büro rief ich die Sekretärin und wies sie an: „Zeigen Sie den Herren, wo der Betrag verbucht ist." Aber sie konnte den Eintrag nicht finden.

Jetzt wurde mir die Sache langsam unangenehm, vor allem als ich bemerkte, wie die Steuerfahnder mich ansahen. Ich begann mich tatsächlich zu fragen, ob die Summe überhaupt verbucht worden war, und wußte, daß ich in erhebliche Schwierigkeiten geraten würde, wenn es nicht geschehen war.

Glücklicherweise fand man die Eintragung drei Tage später in den Büchern. Die Ironie bestand darin, daß ich ja gar nicht die Absicht gehabt hatte, den Betrag zu verheimlichen. Doch wurde wieder einmal auf eindrucksvolle Weise deutlich, wie wichtig es für *jeden* Unternehmer und jeden beliebigen Bürger ist, sich an die Spielregeln zu halten. Die erste Sicherungslinie beim Operieren auf dem amerikanischen Markt sollte sein, sich korrekt an die Gesetze zu halten.

Anfänglich werden Sie sich bei Befolgung dieser Sicherungsmaßnahmen vielleicht unsicher fühlen oder einfach glauben, das ganze sei reine Zeitverschwendung. Haben Sie sich aber erst daran gewöhnt, diesen Leitlinien zu folgen, werden sie Ihnen ganz selbstverständlich vorkommen. Und wenn Sie dann irgendeinmal vor einem juristischen Problem stehen, glauben Sie mir, Sie werden sich sehr wohl fühlen, wenn Sie an den Flanken abgesichert sind!

Wie angenehm ein voraussichtlicher Kunde oder Mitarbeiter auf den ersten Blick auch erscheinen mag, Probleme können sich immer ergeben – so wie es in den besten Ehen der Fall ist. Unternehmer sein kann viel Spaß machen; es ist aber auch ein ständiger Kampf. Es wird immer noch viele Gelegenheiten für Nettigkeiten und Spaß geben, *nachdem* sie ein Geschäft niet- und nagelfest abgeschlossen und tatsächlich ein neues Unternehmen mit einem neuen Partner in Gang gebracht haben.

Es ist einfach eine Sache der Erfahrung, das Schlimmste zu antizipieren und sich dann mit einem Anwalt für mögliche Schwierigkeiten zu rüsten. Dann erreicht man viel wahrscheinlicher eine friedliche Regelung – zumindest bringt man dann eine schlechte geschäftliche Situation mit verhältnismäßig intakten eigenen Geschäftsinteressen hinter sich.

13. Kapitel

Ich habe sagenhafte Fehler gemacht

„Erfahrung ist der Name, den jeder seinen Fehlern gibt."
Oscar Wilder
Lady Windermere's Fächer

Wer über vergangene Taten und Abenteuer berichtet, ist stets in Gefahr, in die Falle der Unbesiegbarkeit zu geraten. Mit anderen Worten, es würde mir leicht fallen, mich als den perfekten Unternehmer darzustellen, der sich nie eines Fehlers oder einer dummen Entscheidung schuldig gemacht hat.

Auf den vorstehenden Seiten haben Sie hoffentlich genug Beispiele meiner unternehmerischen Fehler und gelegentlich fast idiotischen Handlungen gefunden, um keinen falschen Eindruck zu gewinnen. Um jedoch ganz sicher zu sein, daß Sie mich richtig verstanden haben, möchte ich Sie nun eingehender mit einigen meiner schwersten unternehmerischen Schnitzer vertraut machen.

Ich gebe zu, daß die meisten meiner Fehler und Fehlschläge einen ganz besonderen Avis-Beigeschmack haben, und daß sie nicht zwangsläufig auch die Ihren sein müssen. Und umgekehrt würden die Ihren nicht ohne weiteres auch meine sein. Dennoch lassen sich einige Verallgemeinerungen ableiten, können wir auch aus dummen Handlungen und dem Mißgeschick anderer lernen.

Ganz allgemein gibt es fünf Hauptgründe, aus denen ein neues Unternehmen scheitern kann:

(1) Schlechtes Management kann die Ursache sein von (2) ernsthaften Problemen mit dem Produkt, (3) schlechten Verkaufsbemühungen und (4) Unfähigkeit. Diese Schwierigkeiten können auch noch durch (5) schlechte konjunkturelle Trends vergrößert werden.

Die schwersten unternehmerischen Fehler hängen sehr häufig mit einer oder zwei dieser fünf Kategorien zusammen. Manchmal ist es armseliges Management, das ein Schiff zum Sinken bringt. In anderen Fällen ist es die schlechte Wirtschaftslage der ganzen Nation oder einer spezifischen Branche, die den Unternehmer in den Ruin treibt. Und dennoch lassen viele große Probleme sich mit ein wenig Nachdenken und Voraussicht vermeiden.

Wenden wir uns jetzt den sagenhaften und nicht ganz so sagenhaften Fehlern zu, die ich im Laufe der Jahre gemacht habe. Und dann wollen wir in der angenehmen Rolle des Lesers, der am Montagmorgen die Sportberichte analysiert, zu entscheiden versuchen, was ich hätte anders machen sollen.

Fehler Nr. 1: **Partnerschaften 50:50**

In meiner unternehmerischen Laufbahn glaubte ich eine Zeit lang an 50:50-Partnerschaften. Das erwies sich als totales Desaster. Ich schoß in ein Unternehmen das meiste Geld ein und forderte als Gegenleistung fünfzig Prozent der Einnahmen. Der andere Partner war gewöhnlich ein Unternehmer mit einer besonderen Idee, aber wenig Bargeld, und eignete sich schließlich auch noch die restlichen fünfzig Prozent des Unternehmens an. Er war auch verantwortlich für die alltäglichen Operationen. Leider waren meine Partner häufig jung und unerfahren. Das Schlimmste war jedoch, daß sie auf keinen Rat hören wollten.

In jedem einzelnen Fall ergaben sich ausnahmslos größere Probleme, gewöhnlich infolge mangelnder Managementerfahrung. In vielen Fällen mußten die Firmen ihre Tätigkeit einstellen. Mein Fehler? Ich hätte 51 Prozent verlangen sollen! Dann hätten meine eigenen Leute im Falle von Schwierigkeiten einsteigen und die Kontrolle übernehmen können, bis die Sache wieder in Ordnung war.

Eine solche Partnerschaft ging ich unter anderem mit einem Immobilienhändler ein, der in einer wirtschaftlich blühenden Metropole im Mittleren Westen eine Firma zur Vermittlung von Grundstücken gegründet hatte. In diesem Falle hatten wir beide Kapital eingeschossen.

Während der vorbereitenden Verhandlungen war der andere Unternehmer stets einer Meinung mit mir über Auftrag, Ziele und Strategie gewesen. Das freute mich, da ich uns damit auf derselben Wellenlänge glaubte. Dann stellte sich jedoch heraus, daß er mir hauptsächlich zugestimmt hatte, weil er Geld brauchte.

Erst nach der Vertragsunterzeichnung und dem Anlaufen des Unternehmens entdeckte ich, daß wir beide die Dinge doch nicht so übereinstimmend sahen.

In dieser Situation waren wir wesentlich unterschiedlicher Meinung über die Strukturierung der Verkaufskommissionen. Er meinte, sie sollten einen relativ hohen Prozentsatz des Verkaufspreises ausmachen, während ich sie viel niedriger ansetzen wollte. Wir gerieten in eine Sackgasse, aus der es nur einen Ausweg gab, wenn einer von uns beiden vollständig nachgab. Da ich Pragmatiker bis auf die Knochen bin, entschied ich mich dafür, ihm als dem in diesem Falle geschäftsführenden Manager das letzte Wort zu lassen. Er handelte also, wie er sich die Sache gedacht hatte, und verlor dabei sein Geld und das meine. Danach machten wir den Laden zu.

Mit 51 Prozent des Unternehmens hätte ich ihm das Ultimatum stellen können, entweder seinen Anteil an mich zu verkaufen oder sich einen anderen Partner zu suchen. Da ich mir jedoch selbst die Fesseln dieses 50:50-Vertrages angelegt hatte, mit allem daraus entstehenden Streß und Frust, gab es für mich keine andere Alternative als zuzusehen, wie dieses anfänglich vielversprechende Unternehmen in die Binsen ging.

Noch eine Variante des 50:50-Themas. Ein Geschäftsmann trat an mich heran, der eine Produktserie im Do it yourself-Bereich entwikkelt hatte, die seiner Ansicht nach bei gutem Marketing viel Geld bringen würde. Ich teile seine Ansicht, und wir gründeten eine Gesellschaft, bei der wir beide mit je fünfzig Prozent beteiligt waren und gleichberechtigt im Aufsichtsrat saßen. Laut unserem Abkommen war er für die Lieferung des Produkts zuständig. Ich schoß das Kapital vor, einschließlich seines beträchtlichen Gehalts, der Ausgaben für Büromiete, Telefon, Schreibkräfte, Verkaufspersonal und sonstige Betriebskosten.

Das Projekt wurde mit einem Paukenschlag gestartet, und wir machten sehr schnell gutes Geld. Dann jedoch ergab sich ein Problem. Angesichts des großen Erfolges meinte mein Partner, ihm sollte ein größerer Anteil an der Firma gehören als mir. Er forderte, ich solle ihm einen beträchtlichen Teil meiner Interessen abtreten. Natürlich stimmte ich dem nicht zu. Das war nun einmal nicht in unserem Vertrag vorgesehen.

Welche Lösung fand mein Partner? Er gründete eine neue Gesellschaft, deren sämtliche Anteile ihm gehörten, und transferierte alle Vermögenswerte unseres Unternehmens auf sein neues. Danach gab er bekannt, *unsere* Firma sei nicht mehr im Geschäft, *seiner* jedoch gehe es bei großartigen Zukunftsaussichten sehr gut.

Natürlich ging ich vor Gericht. Das Verfahren und auch das darauf folgende Berufungsverfahren gingen zu meinen Gunsten aus. Beide Gerichte stellten fest, die neue Firma meines Partners sei Eigentum unserer ursprünglichen gemeinsamen Firma.

Dieser juristische Triumph erwies sich leider als klassicher Pyrrhussieg. Obwohl ich gewonnen hatte, verlor ich dabei. Denn wir waren immer noch gleichberechtigt im Aufsichtsrat vertreten, aber alle leitenden Manager waren seine Leute. Mit nur fünfzig Prozent der Anteile konnte ich keine Mehrheit gewinnen, um seine Leute zu verdrängen. Er jedoch war in der Lage, die Gewinne des Unternehmens durch Gehälter, Gewinnbeteiligungen, Bonusse, Optionen auf Aktien, Mitgliedschaften in Country Clubs, betriebseigene Fahrzeuge, Versicherungspolicen und tausend andere Tricks auszuhöhlen.

Auch in diesem Falle erwies sich das 50:50-Abkommen als mein Verderb. Schließlich verkaufte ich meine Anteile unter ihrem tatsächlichen Wert an meinen Partner, nur um allen weiteren Unannehmlichkeiten aus dem Wege zu gehen.

Fehler Nr. 2: **Die Gefahren gewisser Produkte**

Manchmal hingen meine schlimmen Fehler in erster Linie mit den Produkten zusammen, die meine Firmen auf den Markt brachten. Der offensichtlichste Produkt-Schnitzer ist natürlich der, wenn man etwas zu verkaufen versucht, was niemand kaufen will. So etwas geschieht oft, wenn ein Unternehmer „sich in ein Produkt verliebt“, statt es mit kühlem, hartem Blick im Lichte der Realitäten des Marktes zu sehen. Es kann aber auch vorkommen, daß ein Produkt zwar einen Markt hat, man es jedoch nicht so wirtschaftlich herstellen kann, daß es auch Gewinn abwirft.

Meine Probleme mit Produkten erwiesen sich oft als subtiler. Einmal kam jemand zu mir mit einer Idee für eine aufregende neue Maschine, die entworfen war, um eine ziemlich esoterische Funktion in gewissen herstellenden Betrieben wahrzunehmen. Da ihre Herstellung außerordentlich teuer war, wußte ich, daß alles bis ins letzte funktionieren mußte, bevor wir sie auf den Markt brachten.

Daher sagte ich dem Unternehmer, er solle sie gründlich in der Praxis testen, bevor wir versuchten, sie an einen Kunden zu verkaufen. Er schien dem zuzustimmen, und ich ging der Sache nicht weiter nach. Das war mein fataler Irrtum. Ich komplizierte das Problem noch dadurch, daß ich in dieses Unternehmen auf 50:50-Partnerschaftsbasis einstieg.

Bald nach Unterzeichnung des Vertrages bestand mein junger Partner zu meiner Bestürzung darauf, in diesem Falle sei es nicht notwendig, die Maschine vorher in der Praxis zu testen. Ich protestierte: „Das wird eine Katastrophe geben!“

Er wiegelte ab: „Bestimmt nicht. Machen Sie sich keine Sorgen. Wir wissen genau, was wir tun.“

Angesichts der gleichwertigen Partnerschaft setzte ich mich nicht durch. Ich *wußte,* wir befanden uns auf der Straße zur totalen Katastrophe, hoffte jedoch, daß mir entgegen aller Hoffnung irgendetwas entgangen war. Vielleicht hatte ich doch Unrecht und der andere Recht, dachte ich.

Da ich von Haus aus ein geduldiger Mensch bin, war ich nicht sehr scharf auf eine Auseinandersetzung. Ich wollte einfach keinen Konflikt.

So machten wir also munter weiter, ohne die Ausrüstung gründlich zu testen. Er transportierte sie direkt zu mehreren Fabriken und ließ sie dort von seinen Leuten montieren. Es dauerte nicht lange, da zeigte sich die gewaltige Größenordnung des Fehlers.

Zunächst einmal hatten die Monteure, die die Geräte in unserem Lagerhaus nur flüchtig gehandhabt hatten, keinen Schimmer, was sie bei der Montage zu tun hatten. Vor der Verladung forderten wir sie mindestens zehnmal auf, die Maschine auseinanderzunehmen und wieder zusammenzusetzen.

„Es ist vollkommen unmöglich, daß das Ding nicht funktioniert!" protestierten sie.

Diese Prophezeiung verkehrte sich ins Gegenteil. Den Todesstoß versetzten sie selbst ihrer Arbeit: Sie schlossen die Maschine an den falschen elektrischen Strom an, so daß alle Motoren verschmorten!

Für andere Unternehmen hätte dieser riesige Schnitzer zwar ernste Probleme und Rückschläge bedeutet, die aber zu überwinden gewesen wären. In unserem Falle jedoch bedeutete er wegen der hohen Herstellungskosten der Maschine den Ruin des Unternehmens und seiner Reputation.

Bei diesem besonderen „Schnitzer" waren in Wahrheit mehrere Fehler zu einem einzigen gebündelt. Bestimmt begann das Unheil schon mit der 50:50-Partnerschaft. Das größte Problem hing meines Erachtens jedoch mit dem Produkt zusammen. Es hätte vermieden werden können, wenn die Leute mehr Erfahrung besessen oder auf erfahrenere Leute gehört hätten.

Fehler Nr. 3: **An die Börse gehen**

Obwohl ich diesen Punkt als Fehler aufzähle, möchte ich betonen, daß dieser von sehr persönlicher und nicht allgemeiner Art ist. Einige Unternehmer können große Erfolge mit einer an der Börse notierten Firma erzielen und sehr glücklich und zufrieden bleiben. Ich aber nicht!

Nachdem ich jahrelang Privatfirmen gleitet hatte, begann ich andere Unternehmer zu beobachten, denen Großes zu gelingen schien, sobald sie es erreicht hatten, an der Börse notiert zu werden – mit Aktien, die vom allgemeinen Publikum gekauft und verkauft werden konnten. Das schien alles so großartig und glanzvoll, daß ich sicher war, meinerseits ebenfalls in einem solchen Umfeld gedeihen zu können. Da lag ich aber ganz falsch.

Meine Aktiengesellschaft war ein Konglomerat, dem Stahlwerke, Stahlschmieden, Firmen für Elektroschalter, Schlossereibetriebe und andere Unternehmen angehörten. Mir gehörten 51 Prozent der Aktien, so daß ich die volle Kontrolle über alle Operationen hatte.

Es war aber nicht die Frage der Kontrolle, die mir Kummer machte. Erst als ich begonnen hatte, als an der Börse notiertes Unternehmen tätig zu sein, wurde mir klar, daß ich einfach keine Geschäfte auf diese Art abwickeln mochte.

Zunächst einmal wollte ich nicht die Verantwortung tragen, für Tausende von Aktionären das Kindermädchen zu spielen, ganz gleich, wieviel zusätzliches Geld ich damit verdiente. Auch wollte ich nicht zu den Besprechungen der Analysten gehen und verschiedene Aufsichtsratsfunktionen wahrnehmen. Unproduktive Konferenzen lassen mich nämlich die Wände hochgehen. Außerdem entstanden zu dem Zeitpunkt, an dem wir vor die Öffentlichkeit traten, Regierungsvorschriften und Verordnungen in alarmierendem Tempo.

Daher kam ich schon nach kurzer Zeit zu der Erkenntnis, diese Art von Geschäften sei nichts für mich, weshalb ich meine Anteile verkaufte. Außerdem beschloß ich, nie wieder an die Börse zu gehen – vor allem, weil das nicht zu mir paßt.

Das war kein Fehler, der mich Geld gekostet hat. Bei diesem Gang an die Börse habe ich sogar noch Geld verdient. Doch verlor ich dabei das Gefühl des Wohlbefindens und die heitere Gelassenheit, die sich in dem Augenblick verflüchtigte, als ich die öffentliche Bühne betrat.

Zu den Dingen, die das Gefühl persönlichen Friedens wirklich bedrohen können, wenn man ein an der Börse notiertes Unternehmen leitet, gehören die Politik und die piratenhaften Taktiken, die manchmal in Aufsichtsräten rundum im Lande ausgeheckt werden. Das gilt besonders, wenn man nicht der Mehrheitsaktionär ist. Vielen meiner Freunde hat man das Herz gebrochen, als sie aus Unternehmen herausgeboxt wurden, die sie selbst einmal gegründet hatten.

Ebenso oft kommt die Subversion aber auch aus dem eigenen Unternehmen. Die Geschichte der großen Konzerne kennt eine Fülle von Beispielen für das, was ich den „Brutus im Vorstandssaal“ nenne. Man bildet sich vielleicht ein, ausgezeichnete Arbeit geleistet und einen Vorstand zusammengestellt zu haben, der einen durch dick und dünn unterstützt. Vielleicht glaubt man sogar, diese Personen seien nicht nur Kollegen, sondern auch Freunde. Und dann kommt irgendwann der große Showdown, bei dem die Kontrolle über das Unternehmen und viel Geld auf dem Spiele stehen – und Ihr bester Kamerad stimmt möglicherweise gegen Sie.

Angenommen, Sie besitzen statt der vollen Kontrolle über das Unternehmen nur 40 oder 45 Prozent der Aktien. In diesem Falle braucht es nur einige wenige dieser früheren „Freunde“, um Sie auf die Straße zu setzen.

Natürlich gibt es viele hervorragende Unternehmer, die den Übergang von der privaten zur öffentlichen Arena problemlos geschafft haben. Andererseits kenne ich ziemlich viele, die heute wünschen, sie wären diesen Weg nie gegangen.

Gewöhnlich will man an der Aktienbörse notiert werden, um sehr viel mehr Kapital anzulocken – durch öffentliche Angebote an die Aktionäre im Lande über Börsenmakler. Was man dabei an Zusatzfinanzierung gewinnt, kann sehr wohl an Privatsphäre und Seelenfrieden verlorengehen. Meines Erachtens lohnen die firmeneigenen Jets und die sonstigen zusätzlichen Sozialaufwendungen nicht die zusätzlichen Kopfschmerzen. Mein Stil ist, kleiner zu bleiben und weiterhin alles oder den größten Teil eines Unternehmens persönlich zu besitzen.

Fehler Nr. 4:
Mangelnde Härte bei den Vertragsverhandlungen

Im Vertrag mit einem angehenden Geschäftspartner – vor allem, wenn man nur eine Minderheits- oder fünfzigprozentige Beteiligung hat – sollte man eine eindeutige Rückzugsklausel oder Vorkehrung einbauen, die Ihnen das Recht auf Mitsprache beim Management geben. Das soll Ihnen ermöglichen, das Unternehmen selbst zu übernehmen oder zu veräußern, falls Ihr Partner gewisse vorher vereinbarte Gewinnprojektionen nicht erreicht.

In einer Angelegenheit, die ich selbst als meine „kanadische Kapriole“ bezeichne, habe ich diese Vorsichtsmaßnahme versäumt. Sie können mir glauben, daß ich diesen Fehler nie wiederholen werde.

Einige junge Geschäftsleute traten mit einem Projekt an mich heran, das wie ein totsicheres Geschäft aussah. Für den Erwerb einer Firma in Kanada sollte ich 75 und sie 25 Prozent des Kapitals aufbringen. Außerdem sollten sie für eventuelle Bankkredite persönlich bürgen.

Man lernt andere jedoch erst richtig kennen, wenn man mit ihnen eine ganze Weile Geschäfte getätigt hat. Die jungen Leute waren mir zunächst durchaus kompetent erschienen. In vielen geschäftlichen Aspekten waren sie sogar sehr kompetent. Von den Subtilitäten der internationalen Hochfinanz verstanden sie jedoch wenig. Und leider drehte sich das große Problem dieser Firma um einige der schwierigsten Finanzfragen, die man sich nur denken kann. Meine jungen Partner wußten bald nicht mehr, wo ihnen der Kopf stand.

Kurz gesagt ging es darum, ob sie eine Finanzierung durch eine kanadische Bank erhalten konnten oder nicht. Die Devisengesetze schrieben dafür eine kanadische Bank vor. Doch konnte man in diesem Fall nicht einfach in die Bank gehen, dort den Geschäftsplan vorlegen und dann die Quittung unterschreiben. Wir mußten vielmehr auch die Zustimmung der kanadischen Regierung vorweisen. Außerdem wollten die Eigentümer der anzukaufenden Firma nicht ohne Einwilligung der Regierung verkaufen, weil sie befürchteten, auf der Fabrik sitzenzubleiben, falls diese Genehmigung verweigert würde.

Anders ausgedrückt: Wir gerieten in eine typische 08/15-Sackgasse. Die kanadische Regierung wollte nicht zustimmen, bevor das Unternehmen uns gehörte, die Bank aber ohne Einwilligung der Regierung nicht den dazu erforderlichen Kredit gewähren. Das Projekt wurde für meine Partner bald zu groß und zu kompliziert – dabei hatten sie mir versichert, die Bankkredite seien schon genehmigt. Die Sache wurde noch dadurch verschlimmert, daß sie Angst bekamen und in Panik verfielen, weil so viel Geld auf dem Spiel stand.

Der Gipfel des ganzen war dann, daß die Zustimmung der Regierung nie erteilt wurde und die gesamten Verkaufsverhandlungen dadurch auf Grund liefen. Bald gelang es anderen interessierten Käufern, uns diese Firma vor der Nase wegzuschnappen.

Während ich so an der Seitenlinie stand und zusah, wie das Szenario sich entwickelte, war ich wirklich frustriert. Mir waren inzwischen mehrere alternative Finanzierungsmethoden eingefallen; doch konnte ich nichts unternehmen, da meine Partner mich nicht eingreifen lassen wollten. Schließlich gelang es uns, eine ziemlich kreative Finanzierung zusammenzustellen, die zweifellos funktioniert hätte. Dann jedoch wurde das Unternehmen vor unserer Nase an eine konkurrierende kanadische Gesellschaft verkauft. Heute erzielt es monatlich einen Umsatz von einer Million Dollar!

Über den Ausgang dieser Angelegenheit war ich wütend, mußte jedoch zugleich zugeben, daß das Ergebnis einzig und allein meine

Schuld war. Mein Fehler reichte zurück bis zum grundlegenden Vertrag mit meinen jungen Partnern.

Ich wäre gewillt gewesen, ihnen in der Anfangsphase alle Freiheit zu lassen, die sie wünschten. Dann aber, als sie auf die ersten Hindernisse stießen, hätte ich in der Lage sein müssen, die Verhandlungen in die Hand zu nehmen und auf meine Art zu beenden. Die Partner hätten in diesem Falle dabei bleiben oder ausscheren können, was immer sie wollten. Ein solches Arrangement wäre ja auch durchaus vernünftig gewesen – immerhin brachte ich 75 Prozent des Bargeldes auf. Da die Partner mir jedoch sagten, sie hätten den Handel praktisch unter Dach und Fach gebracht, habe ich nicht weiter auf Kontrollen gedrungen – und das war mein großer Fehler.

Rückblickend sehe ich, daß es klug gewesen wäre, in den Grundvertrag eine Klausel einzubauen, die es mir erlaubt hätte, unter gewissen Bedingungen geschäftlichen Versagens das Management zu übernehmen. Diese Lektion habe ich mir seither zu Herzen genommen. In allen künftigen Verträgen bestand ich auf dem Recht, innerhalb einer gewissen Periode das Management zu übernehmen, wenn es dem Partner nicht gelang, die festgesetzten Projektionen und Ziele einigermaßen zu erreichen.

Diese Methode befolgen heute die meisten Anleger von Risikokapital. Denn solche Projekte *müssen* funktionieren, soll nicht die daran verwendete Menge an Geld und Zeit verloren sein. In das grundlegende Abkommen müssen also stets einige Möglichkeiten zur Rettung eines gefährdeten Unternehmens eingebaut werden.

Fehler Nr. 5: **Bürokratische Schnitzer**

Bei meinen Reise in Europa fiel mir vor einigen Jahren auf, daß dort ein unerhörter Aufschwung beim Bau vorgefertigter Häuser und Büroräume in Gange war. Da dieses Produkt in Europa so großen

Anklang fand, meinte ich, es müsse in den USA eine geradezu explosive Verbreitung finden.

Mit welcher Begründung? Zunächst einmal konnten die Preise für Fertighäuser im Vergleich zu denen für normale Häuser ziemlich niedrig gehalten werden. War außerdem die Nachfrage so groß, wie ich es erwartete, dann müßte der Markt für solche Bauteile phänomenal sein.

Ich war ganz vernarrt in dieses Projekt. Nach meiner Rückkehr in die USA machte ich mich sofort daran, ein Unternehmen zur Herstellung vorgefertigter Bauteile zu gründen. Alles schien auf dem besten Wege – bis ich es mit den lokalen Grundstücksbehörden zu tun bekam.

Mein Hauptfehler war, daß ich diese Idee mit den Augen eines puristischen Unternehmers betrachtet hatte. Selbstverständlich hatte ich vorher Schätzungen über das Produkt vorgenommen, hatte über die Managementerfordernisse und die zu erwartende öffentliche Nachfrage gründlich nachgedacht. Doch fand mein Denken in einem Vakuum statt. Ich hatte völlig den gewaltigen bürokratischen Papierkrieg vergessen, der bei Bauprojekten zu bewältigen ist.

Zunächst einmal hatte ich übersehen, daß man vor jeder Errichtung eines Fertighauses eine Baugenehmigung beantragen mußte. Angesichts der häufig endlosen Wartezeiten konnten diese Verzögerungen sämtliche Produktionspläne durcheinander bringen. Am Ende stapelten wir riesige Lager an Fertigbauteilen, die wir nicht verkaufen konnten, weil die Baugenehmigungen nicht eintrafen.

Dazu kam noch ein gewisser Widerstand aus den Gemeinden. Nachbarn fürchteten, Fertighäuser würden die Wohnqualität in der Gegend verringern. Also kam es zu weiteren Sitzungen mit zuständigen Ämtern, um deren Zustimmung und schriftliche Genehmigung zu erlangen.

Schließlich noch ein kulturelles Problem: Amerikaner mögen keine Fertighäuser, sondern bevorzugen ihren individuellen Stil.

Bald wurde mir klar, daß mein Projekt sich nicht verwirklichen ließ. Die vielen von der Regierung aufgebauten Hindernisse und der zu ihrer Überwindung erforderliche Papierkram waren nicht mit einem gewinnbringenden Verkaufsplan zu koordinieren. Also ließen wir die Sache fallen und beschäftigten uns mit etwas anderem.

Ich will nicht behaupten, in diesem Immobilienbereich seien keine gewinnbringenden Geschäfte möglich. Viele Unternehmer kommen auf diesem Gebiet ganz gut zurecht. Doch tun sie etwas, was ich *nicht* getan habe: Sie berücksichtigen alle amtlichen Vorschriften und sorgen dafür, daß der Papierkrieg ihr Unternehmen nicht stranguliert – und zwar bevor sie das Projekt wirklich in Gang bringen.

Fehler Nr. 6: **Habgier**

Vor einigen Jahren vermeinte ich, über das perfekteste unternehmerische Projekt gestolpert zu sein. Doch ließ ich es zu, daß mein Verlangen, die Sache schnell zum Abschluß zu bringen – anders ausgedrückt, meine Habgier – meine Urteilskraft beeinträchtigte. Dadurch vergaß ich einige klare Grundsätze für Investitionen, die ich sonst stets befolgte.

Die Sache spielte sich in einem anderen Land ab, wo ein Millionär einen Klub für $ 35 Millionen bauen wollte. Das Projekt galt als das luxuriöseste seiner Zeit. Es umfaßte u. a. 200 Zimmer, zwei Golfplätze mit achtzehn Löchern und einen unglaublich großen Speisebereich, der für ein Hotel mit tausend Zimmern ausgereicht hätte.

Außerdem erfuhr ich, daß eine Investmentgesellschaft, die in den sechziger Jahren und zu Beginn der siebziger einen kometenhaften

Aufstieg genommen hatte, für das Projekt einen Kredit von $ 5 Millionen bewilligt und Anschlußkredite zugesagt hatte.

Als ich von der Sache Wind bekam, erkundete ich sofort die Gegend und fand unmittelbar an das Grundstück des Riesenprojekts grenzend ein zum Verkauf anstehendes größeres Stück Land. Ich dachte mir: „Wenn ich das nicht kaufe, werde ich mich bis an mein Lebensende über mich selbst ärgern! Da steckt vermutlich ein Profit von fünf Millionen Dollar drin."

Ich war totsicher, daß dies der perfekte Grundstückserweb war und der Preis unweigerlich steil ansteigen müsse. Womit ich jedoch nicht gerechnet hatte, das war die vollkommene Managementunfähigkeit des Millionäres und seine mangelnde Urteilskraft beim Aufbau eines solchen Projektes. Auch die in dem Gebäude eingerichteten 200 Suiten reichten nicht aus, seine Einkünfte gewinnbringend zu machen. Genau genommen reichte es nicht einmal für ein gutes Motel!

Endergebnis: Innerhalb von anderthalb Jahren nach meinem Erwerb des angrenzenden Grundstücks ging das Luxusprojekt pleite. Die finanziellen Hintermänner des Millionärs gerieten in Schwierigkeiten und ich saß auf meiner unproduktiven Investition fest.

Dieses Land gehört mir noch heute, und ich habe sogar versucht, es ein wenig zu erschließen. Das Wachstum verlief jedoch in ganz andere Richtungen, und ich gestehe ganz offen, daß ich in allen Punkten der Verlierer war.

Rückblickend erkenne ich, daß ich meiner Phantasie wegen der Fata Morgana schnell zu verdienender Millionen erlaubt hatte, mein Urteil über Investitionen in ausländischen Immobilien zu vernebeln. Die Gier, eine Menge Geld auf leichte Weise zu verdienen, ließ mich ein Grundprinzip vergessen, das ich sonst stets befolgt hatte. Ich habe mir fest vorgenommen, in ausländischen Immobilien *niemals* des Profits wegen zu investieren. Einigen Leuten mag es gelingen, sich mit Gewinn an ausländischen Immobilientransaktionen zu beteiligen. Mir nicht.

Mir gehörte auch ein Hotel auf einer Insel. Die dahinterstehende Idee war, eine Luxusherberge zu leiten, die den Gipfel an Urlaubserlebnis für Amerikaner auf einer Trauminsel in der Karibik darstellen sollte. Das funktionierte jedoch nicht. Wir bekamen Probleme mit den lokalen Gesetzen und mit der Integration eines Urlaubsparadieses in die Inselkultur. Jedesmal, wenn ich so etwas in einem fremden Land versuchte, habe ich mein letztes Hemd verloren.

Bei allen solchen Dingen kommt es letztlich auf Disziplin an. Jeder von uns besitzt ganz bestimmte persönliche Eigenschaften, die kein anderer hat. Und er sollte sich nur auf sie stützen, wenn er ein geschäftliches Wagnis eingeht. Einiges wird zu Ihren Gunsten ausgehen, anderes nicht. Sobald Sie sich über Ihre Stärken als Unternehmer wirklich klar sind, formulieren Sie eine Unternehmensstrategie, die zu Ihnen als dem Individuum paßt, das Sie nun einmal sind – und dann *bleiben* Sie dabei. Lassen Sie sich nicht durch Habgier, Launen oder etwas anderes dazu verleiten, außerhalb Ihres ganz persönlichen unternehmerischen Charakters tätig zu werden.

Fehler Nr. 7: **Mangelnde Voraussicht der allgemeinen wirtschaftlichen Entwicklung**

Jeder, aber auch wirklich *jeder* macht seine Fehler. Ich bin nicht einmal sicher, ob man sie als Fehler bezeichnen soll. Vielleicht ist es nur Pech, wenn man eine bestimmte unternehmerische Strategie plant und es sich dann herausstellt, daß sie aufgrund äußerer Wirtschaftsfaktoren nicht funktioniert.

Mir gehört immer noch etwas, von dem ich einst fest überzeugt war, es sei eines der besten Grundstücke aller Zeiten. Ich spreche von 75

Morgen hervorragendem Industriegelände nahe einer der größten Städte des Landes. Und das besitze ich seit nunmehr zwanzig Jahren, ohne daß ein Käufer in Sicht ist.

Inzwischen ist rund um dieses Gelände alles Land erschlossen und verkauft. Aus irgendeinem Grunde war der Kauf dieses Geländes ein Reinfall. Ich hatte stets geglaubt, es sei mehr wert, als wir je von einem Käufer dafür bekommen würden; doch *nichts* ist mehr wert, als jemand dafür zahlen will.

Ich gehöre zu den Leuten, die glauben, alles habe einen Grund. Sagt jemand, für dies oder jenes gebe es einfach keinen Grund, dann ist das eine Ausrede. Deshalb analysiere ich stets hin und her, um herauszufinden, was bei einem bestimmten Projekt schief gelaufen ist. Ich muß jedoch ehrlich eingestehen, daß es sich in diesem Falle um einen Fehler handelt, dem ich noch nicht auf die Schliche gekommen bin.

Man hat unter anderem gemeint, das Gelände liege zu nahe am Ende der Startbahn eines Flugplatzes. Doch handelt es sich nicht um einen großen Zivilflughafen, sondern um eine militärische Einrichtung mit relativ wenig Aktivitäten. Das hätte nicht einmal Unternehmen abhalten können, die einen zu hohen Lärmpegel vermeiden wollen. Denn im selben Gebiet wurden mehrere Industrieanlagen gebaut.

Daher muß ich diese Sache wohl einer Besonderheit der lokalen Wirtschaftssituation oder einem anderen unkontrollierbaren Zufall anlasten. Es ist ein Fehler, mit dem ich leben muß, jedoch keiner, von dem ich meine, ich hätte ihn seinerzeit vermeiden können. Es gab einfach keine Möglichkeit zu wissen, was da schief gehen könnte.

Es laufen also manchmal Dinge falsch, die man nicht vorhersehen kann. Selbst bei rückblickender Betrachtung ist man oft nicht in der Lage, die Ursache eines Problems zu erkennen.

Ebensowenig kann man oft begreifen, was geschieht, wenn gute Investitionsaussichten sich plötzlich ins Gegenteil verkehren. Vielleicht halte ich an diesem Gelände noch fünf oder zehn Jahre fest, und plötzlich kommt es in dieser Gegend zu einer eruptiven wirtschaftlichen Expansion. Da könnte sich sogar herausstellen, daß ich eine meiner großartigsten Grundstücksinvestitionen in Händen habe. Doch wissen Sie genauso gut wie ich, daß ein solches Ergebnis nicht beweisen würde, daß ich besonders clever bin. Erziele ich da einen hohen Gewinn, dann nicht wegen meiner Voraussicht, daß dieses Abenteuer Jahrzehnte später siegreich ausgehen würde. Ich würde erfolgreich sein, weil ich nichts weiter als Glück hatte.

Wäre ich nämlich wirklich clever, dann hätte ich das Gelände schon vor Jahren verkauft, für was immer jemand dafür gezahlt hätte. Der erste Verlust ist stets der billigste. Lassen Sie sich also nicht entmutigen und seien Sie nicht gleich frustriert, wenn etwas Unerwartetes und Unerklärliches geschieht. Jedem läuft irgendwann einmal etwas aus dem Ruder. In einem solchen Fall sollte man ein verlustbringendes oder enttäuschendes Unternehmen zu dem Preis verkaufen, den man dafür erzielen kann. Hören Sie auf, über Verluste zu jammern, und nutzen Sie statt dessen die nächste gewinnbringende Chance. (Wenn ich doch immer meinen eigenen Ratschlägen folgen würde!)

Fehler Nr. 8: **Nicht mit beiden Füßen auf dem Boden bleiben**

Bis zu einem gewissen Grad leben alle Unternehmer in einer Traumwelt. Es ist ihre ausschweifende Phantasie, die sie zu großartigen Leistungen ansporn.

Manchmal jedoch, wenn die Phantasie die Realität des Marktes vollständig verdrängt, ergeben sich Probleme. Ich kenne viele Unternehmer, die der festen Überzeugung sind, sie verfügten über ein Produkt, das einen gewissen Preis erzwingt. Offensichtlich wenig vertraut mit den Grundlagen des Testens von Preisen, halten sie stur am höchsten Preis fest. Und dabei verdrängen sie sich häufig über den Preis selbst aus dem Geschäft.

Denken Sie daran: Jedes Produkt ist nur das wert, was jemand dafür zu zahlen bereit ist. Daher testen die führenden Marketingexperten, etwa die im Versandhandel, zunächst einmal mehrere Preise, bevor sie sich bei ihrer entscheidenden Marktoffensive für den besten entscheiden. Sie wollen sicher sein, daß sie zu einem Preis verkaufen, der den maximalen Profit einbringt.

Im Gegensatz dazu steckt vielleicht ein unerfahrener Unternehmer sein ganzes Kapital in den Verkauf des besten Rückenkratzers der Welt für dreißig Dollar. Es mag sogar eine riesigen Markt für Rükkenkratzer geben. Das Problem entsteht jedoch, wenn die meisten Leute nicht mehr als $ 19,95 für einen Rückenkratzer ausgeben wollen und absolut niemand bereit ist, dreißig Dollar dafür zu bezahlen. Allzu oft verliebt ein Hersteller sich in sein Produkt und setzt den Preis für den Konsumenten zu hoch an.

Das Unternehmen scheitert, weil der Unternehmer daran festhält, in seiner Traumwelt zu leben, in der die Preise nicht von den Kräften des Marktes bestimmt werden. Dennoch wäre der Erfolg möglich gewesen, hätte er verschiedene Preise getestet, bevor er seine gesamten Ressourcen in die falsche Richtung lenkte.

Dieses Beispiel mit dem Rückenkratzer ist gar nicht so weit hergeholt. Mein höchstpersönlicher Rückenkratzerirrtum hatte die Gestalt eines Grundstücksanteils in San Antonio, wo mir ein Eigentumswohnungsprojekt mit 220 Appartements gehörte. Ich verkaufte alle mit einer einzigen Ausnahme, einer Wohneinheit, die mir besonders gut gefiel. Als ich später beschloß, auch diese zu veräußern, schuf das Probleme.

Das Objekt liegt in einer hübschen Wohngegend, und ich war fest davon überzeugt, es sei neunzigtausend Dollar wert und nicht einen Penny weniger. Das war mein großer Fehler.

Ich wartete ein Jahr, dann zwei und schließlich drei Jahre. Kein Abnehmer weit und breit. Also kam mir eine glänzende Idee. Ich fertigte einen detaillierten Computerausdruck an, um einmal festzustellen, was das Appartement mich im Jahr kostete. Einschließlich Steuern, Renovierung und Unterhaltung beliefen die jährlichen Kosten sich auf $ 9000.

Dann rechnete ich weiter. Hätte ich das Appartement für erheblich weniger verkauft, sagen wir für 80000 oder 75000 Dollar, dann hätte ich inzwischen achttausend Dollar Zinsen für den Verkaufserlös verbuchen können. Mit anderen Worten: Während ich auf den perfekten Preis wartete, kostete es mich jährlich mindestens siebzehntausend Dollar, das Appartement zu behalten.

Am Ende dieser kühlen und gefühlsfreien Analyse war ich meiner selbst nicht mehr so sicher. Also entschied ich, die Wohnung für 80000 anzubieten. Notfalls wollte ich auf 75000 heruntergehen, was ungefähr der Betrag war, den Käufer zu zahlen bereit waren. Sie sehen: Selbst bei einem Verkauf zu $ 75000, also mit einem Nachlaß von 15000 Dollar von meinem „perfekten Preis“, stand ich mich erheblich besser im Vergleich mit den $ 17000, die ich jährlich verlor, wenn ich 90000 Dollar verlangte.

Und die Lehre daraus? In Geschäftsangelegenheiten darf man keine Gefühle walten lassen. Man will doch einen Profit erzielen und sich nicht in ein Stück Eigentum oder ein Lieblingsprodukt verlieben. Ist kein Profit möglich, dann nehmen Sie den Verlust hin und suchen sich schnell etwas anderes.

Wer als Unternehmer erfolgreich sein will, muß unbedingt lernen, seine Fehler wissenschaftlich zu analysieren. Auf jeden Fall muß man erkennen, was man falsch gemacht hat, um künftig nicht denselben Fehler zu wiederholen.

Und doch geraten die meisten Geschäftsleute zu irgendeinem Zeitpunkt ihrer geschäftlichen Laufbahn in den alten Trott. Sie steigen zwar bis zu einer gewissen Ebene auf. Dann aber fangen sie an, bestimmte Fehler zu wiederholen, die sie ihr ganzes Leben lang gemacht haben.

Viele Verkäufer tun das. Sie stellen dieselben falschen Fragen oder kommen immer wieder auf dieselben falschen Themen zu sprechen. Und das bringt das Geschäft immer wieder zum Scheitern.

Der Leser wird vermutlich viele Fehler vermeiden, die ich gemacht habe, einfach weil er eine andere Persönlichkeit besitzt. Andererseits kann er sicher sein, zahlreiche Fehler zu machen, die mir nie in den Sinn gekommen wären. Aber denken Sie daran: Die Hindernisse, über die Sie heute stolpern, können bei ein wenig Nachdenken und Voraussicht die Meilensteine Ihres Erfolgs von morgen sein. Wenn es eine Ermutigung für den Leser sein kann, so möchte ich ihm folgendes sagen: Gemessen an der großen Zahl von Unternehmen und Besitztümern, die mir in den vergangenen dreißig Jahren gehörten, war die Zahl der Fehler gering und waren die Verluste geringfügig – zumindest im Vergleich zu dem, was ich dabei gewonnen habe.

14. Kapitel

Regeln für Unternehmer

„Weisheit, von der diejenigen, die nie in ihre Schule gegangen sind, behaupten, sie sei schwer zu erlernen, lehrt uns im Grunde nur, eine allgemein bekannte Maxime auf andere Bereiche auszuweiten."
Henry Fielding
Tom Jones. Die Geschichte eines Findlings

Halten wir einen Augenblick mit dem Versuch inne, die entscheidenden Thesen und Prinzipien für den Aufbau erfolgreicher geschäftlicher Handlungen zusammenzufassen. Es gibt einige universale Regeln des Marktes, die nicht außer Mode kommen. Sie sind absolut.

Nachfolgend einige meiner „Regeln für Unternehmer":

Nichtwissen kann ein Segen sein. Ein Unternehmer, der über alle Fallgruben Bescheid weiß, in die er stolpern könnte, würde gar nicht erst starten.

Ein erfolgreiches geschäftliches Unternehmen erfordert, daß man sich ihm drei bis fünf Jahre intensiv widmet. Auch wenn wir den Erfolg immer schon für morgen erwarten, geschieht das nie. Große Leistungen dauern immer länger als erwartet.

Tief in seinem Inneren strebt jeder nach seinem eigenen Unternehmen. Denn wer für andere arbeitet, wird stets gehemmt. Jedes Menschenwesen will jedoch frei sein.

Belohnung wird für Leistung gewährt – woran man bei der Festsetzung von Gehältern und Bonussen denken sollte.

Die Freiheit der Auswahl ist ein fundamentales Recht. Je freier kompetente Mitarbeiter bei Managemententscheidungen sind, desto zufriedener und leistungsfähiger werden sie sein.

Jeder erfolgreiche Unternehmer muß einen guten Anwalt und einen guten Buchhalter haben – der gute Anwalt ist am schwersten zu finden.

Jedes Unternehmen braucht junge Leute und Menschen mit ‚grauem Haar', sprich Erfahrung. Besonderes Geschick in Produktions- und Finanzmanagement erwirbt man nur durch Erfahrung.

Um Erfolg zu haben, braucht ein Unternehmer genug Kapital, Zivilcourage und sehr viel Unterstützung seitens des Ehepartners.

Jedes erfolgreiche geschäftliche Unternehmen basiert auf einem gut geplanten und ausgeführten Konzept von Auftrag, Verwirklichung und nachfolgender ständiger Überprüfung.

Der wirksamste Managementstil beruht bei etwa 80 bis 90 Prozent der Unternehmensentscheidungen auf Beschlüssen im Konsensverfahren. Für die verbleibenden zehn bis zwanzig Prozent der Entscheidungen müssen Sie der „Kapitän" bleiben.

Man sollte voraussetzen, daß jedes neue Unternehmen zweimal so viel kosten wird wie erwartet.

Für die meisten erfolgreichen Unternehmer steht das Geschäft an erster Stelle, die Familie an zweiter und alles andere an dritter.

Versuchen Sie stets, 51 Prozent der Anteile jedes neuen Unternehmens in die Hand zu bekommen, das sie in Gang setzen – zumindest ist das meine persönliche Ansicht aufgrund meines Persönlichkeitstyps und meiner Erfahrung.

Können Sie keine 51 Prozent bekommen, behalten Sie sich im Vertrag die Möglichkeit vor, das Unternehmen selbst zu leiten, wenn die Partner bestimmte Ziele und Projektionen nicht erfüllen. (Natürlich setzt diese Lösung voraus, daß Sie selbst genug Erfahrung besitzen, die Dinge besser zu handhaben, oder aber einen Manager einzustellen, der es besser macht. Andernfalls sollte die Vertragsklausel Ihnen nur die Möglichkeit geben, das Unternehmen an Außenstehende zu verkaufen.)

Jedes große Unternehmen gedeiht als Reaktion auf einen umfassenden öffentlichen Bedarf.

Jeder erfolgreiche Geschäftsmann hat seine tiefsten Antriebe und Motive identifiziert und gelernt, sie nutzbar zu machen.

Bewerten Sie alle in Aussicht genommenen Partner, Mitarbeiter und Geschäftskollegen auf der Grundlage ihrer Erfahrung, Persönlichkeit, Integrität, Status, Intelligenz und äußeren Erscheinung.

Ein gutes Urteil beruht zu 80 Prozent auf Wissen und Erfahrung und zu 20 Prozent auf Intuition (wovon 10 Prozent unbewußtes Wissen und Erfahrung sind).

Solange Sie jung sind und nichts zu verlieren haben, werden Sie für Ihre geschäftlichen Unternehmungen persönlich bürgen müssen. Werden Sie älter, und besteht die Gefahr, den erarbeiteten Wohlstand zu verlieren, dann bürgen Sie *niemals* persönlich für einen Kredit oder eine andere Verpflichtung. In diesem Lebensstadium sollten Sie nicht in die Lage kommen, mehr zu verlieren, als Sie sich leisten können.

Verteilen Sie Ihre Kreditverpflichtungen auf mehrere Banken, so daß man Sie nicht aus Ihrem Unternehmen verdrängen kann.

Tragen Sie stets ein Notizbuch für Ideen bei sich.

Die besten geschäftlichen Ideen hängen mit menschlichem Bedarf zusammen.

Gehen Sie bei der Prüfung der Betriebskosten wissenschaftlich vor.

Anleger von Risikokapital müssen überzeugt werden, daß (1) Ihr Produkt anderen überlegen ist, (2) Ihre Managementkenntnisse hervorragend sind, (3) alle Partner des Projekts zuverlässig sind.

Rüsten Sie sich lange im voraus für die Überschreitung der Markierung zwischen der halben und der ganzen Umsatzmillion, die Ihr Unternehmen vom ‚Großen Geld' trennt.

Die erste Million wird stets schwerer verdient als die zweite.

Die Produktkosten sollen niemals 50 bis 60 Prozent des Verkaufspreises übersteigen. Zum Vergleich sollte man eine detaillierte Aufstellung typischer Herstellungskosten in der eigenen Branche verfügbar haben.

Unter gewissen Umständen wird praktisch jeder Kapitalgeber einige Kontrollen über Ihr Unternehmen fordern. Das kann im Grunde nur gut sein.

Die besten Geschäfte tätigt man auf der Grundlage von gutem Service, Qualität, Einfallsreichtum und Leistung.

Sachkundige Mitarbeiter aus dem unteren Management können für den Unternehmer oft mehr leisten als leitende Manager.

Ein ineffizienter Manager will stets mehr Mitarbeiter haben als ein effizienter.

Rüsten Sie sich psychologisch für juristische Probleme. Analysieren Sie jeden Fehler.

Überlegen Sie zweimal, bevor Sie Ihr Unternehmen an der Börse notieren lassen; es sei denn, Sie wollen mit den hohen Gewinnen, die sich beim öffentlichen Angebot ergeben können, „aussteigen".

Schützen Sie Ihr außerhalb des eigenen Betriebes gelegenes Produktionssystem vor Piraten durch (1) Verteilung auf mehrere Zulieferer; (2) Vorbehalt der Kontrolle über die Endmontage des Produkts, wenn außenstehende Zulieferer für die praktische Montage eingesetz werden.

Die meisten Fehlschläge sind auf schlechtes Management zurückzuführen, auf ein schlechtes Produkt oder eine schlechte allgemeine Wirschaftslage.

Essen Sie gut und treiben Sie regelmäßig Sport.

15. Kapitel

Der schnellste Colt im Westen

„Was gut ist für Amerika, ist auch gut für Dich. Denn Du bist Amerika“.
Warren Avis

Auf irgendeiner Ebene möchte jeder der beste sein. In jedem von uns steckt etwas, was uns sagt: „Auf diesem Gebiet möchte ich der führende Mann sein . . . bei diesem Projekt . . . bei dieser Idee.“

Und doch lassen wir es oft zu, daß dieser tiefsitzende Siegeswille verdrängt oder unterdrückt wird. Schon der erste Fehlschlag, eine mittelmäßige Leistung oder Ablenkung verschiedenster Art können uns geneigt machen, uns mit weniger als dem Besten zufrieden zu geben. Trotz aller Widrigkeiten des Lebens als erster anzukommen, hängt von zwei persönlichen Eigenschaften ab: (1) der Befähigung, schwierige Umstände und Rückschläge von einer höheren Warte aus zu beurteilen; (2) der Bereitschaft, sich selbst mit Haut und Haaren dem Erreichen bestimmter Ziele zu verschreiben, ohne Rücksicht auf Hindernisse und Risiken.

Ich glaube nicht, daß ich mich in dieser Hinsicht von den meisten Unternehmern unterscheide. Als ich in sehr jugendlichem Alter erstmals meinen unternehmerischen Impulsen nachgab und ein Fahrrad kaufte, um es sofort wieder zu verkaufen, da wollte ich ganz sicher bei dem, was ich tat, der beste sein. Außerdem glaube ich, eine besondere Begabung für Geschäfte zu haben. Eine Weile fuhr ich gut damit und diversifizierte sogar meine Aktivitäten, indem ich gleichzeitig Gebrauchtwagen an- und verkaufte. Auf diese Weise machte ich schon als Teenager viel Geld.

Dann schlug jedoch die Große Depression zu, und ich war arbeitslos, so wie viele andere auch. Zwar hatte ich ein paar Fahrräder an der Hand, aber niemand wollte kaufen, und zunächst hatte ich wirklich nicht die geringste Ahnung, was da vor sich ging. Ich fragte mich sogar, ob ich etwa meine besonderen Fähigkeiten als Verkäufer verloren hätte. Kurzum, ich erkannte nicht, daß das Problem nicht bei mir persönlich lag, sondern beim Zustand der Volkswirtschaft insgesamt.

Ein solches Szenario erleben Unternehmer immer wieder, und man kann dabei leicht den Mut verlieren. Ich beschloß jedoch, es erneut zu versuchen, obwohl ich quasi mein letztes Hemd verloren hatte. Mit siebzehn Jahren gründete ich im nahen Erholungsgebiet einen Fahrradverleih im Rahmen eines großen Warenhauses, das die Fahrräder für mich verlieh. Ich überredete sogar einen Großhändler, mir Fahrräder auf Kredit zu verkaufen. Da die Wirtschaftslage sich langsam erholte, gelang es mir, bei diesem zweiten geschäftlichen Unternehmen ganz gut zu verdienen.

Natürlich begriff ich nicht, warum die allgemeinen wirtschaftlichen Verhältnisse mein erstes Geschäft ruiniert hatten. Erst später begann ich einzusehen, daß meine persönlichen Wirtschaftsinteressen mehr oder weniger vom Auf und Ab der gesamten Volkswirtschaft abhingen. Dieses gewachsene Verständnis erlaubte mir, Geschäftserweiterungen zu planen und mich dabei auch auf unvermeidliche Rückschläge vorzubereiten.

Wir alle starten ja von einer ziemlich gleichen Ausgangsposition. Der Hauptunterschied zwischen dem Sieger und jemandem aus der Gruppe „ferner liefen“ liegt in der persönlichen Hingabe an die selbstgesetzte Aufgabe. Bei keinem Bemühen kann man so etwas wie die Nummer Eins sein, ohne sich mit aller erdenkbaren Kraft der Aufgabe zu widmen, das große, in ferner Zukunft gelegene Ziel zu erreichen.

Wer also ein neues Unternehmen in Gang bringen will, sollte wissen, daß er dafür sehr viel Zeit aufwenden muß – mindestens zehn bis zwölf Stunden täglich, schon alleine um die grundlegenden Fertigkeiten zu erlernen und das Ganze von der Startbahn abheben zu lassen. Wer auf heutigen Märkten in führende Positionen vorrücken will, braucht die Mentalität, alles von der Pike auf machen zu wollen.

Selbst bei angestrengtem Bemühen kann man beim ersten Anlauf auf die Nase fallen, auch beim zweiten und dritten. Wer jedoch beharrlich lernt und bewährte Geschäftsprinzipien befolgt, dessen Anstrengungen werden auch Früchte tragen. Das *muß* einfach so sein! Das ist ein in jedes Gewebe des Universums eingebautes Prinzip. Haben Sie ein wenig Intelligenz, befolgen Sie den Grundsatz, aus Fehlern zu lernen, und erarbeiten Sie für sich einen gesunden Geschäftsplan, dann *müssen* Sie einfach Erfolg haben.

In diesem Zusammenhang kann ich auf viele Unternehmen verweisen, die diszipliniert genug waren, „durch dick und dünn" zu gehen, und bei einem Rückblick auf etwa zehn Jahre harten, gut geplanten Bemühens erkannt haben, daß sie jetzt viel besser dran sind als zu Beginn ihrer Laufbahn.

Bei richtigem Nachdenken scheint dieser Fortschritt unvermeidlich. Nach zehn Jahren besitzen Sie mehr Erfahrung und größeres Wissen und reagieren auf grundlegende Intuitionen und Instinkte flexibler als zu der Zeit, in der Sie jünger und im Geschäftsleben weniger klug waren.

Nun sind Sie mehr als nur ein einsamer Draufgänger. Sie haben Schlachten und Verwundungen überstanden und in großartigem Stil überlebt. Zuversicht ist an die Stelle von Ungewißheit getreten. Sie haben die Chance genutzt, erster zu sein, und ständig die grundlegendste aller geschäftlicher Erfolgsregeln im Kopf gehabt: „Ganz oben an der Spitze ist immer noch Platz."

Anhang

Die verschiedenartigen Kosten und Ausgaben in einem spezifischen Unternehmen erkundet man am besten durch das Studium mehrerer Firmen derselben Branche. Danach entwirft man dann ein als Modell dienendes Formular einer Ausgabenanalyse. Anleger von Risikokapital können dann besser beurteilen, ob sie in ein bestimmtes Unternehmen Geld investieren sollen. Vor allem kann der Kapitalgeber die Modellanalyse mit dem Geschäftsplan eines bereits existierenden Unternehmens vergleichen, um zu sehen, ob die von dem neuen Unternehmer vorgeplanten Ausgaben der Realität entsprechen.

Eine solche Modellanalyse kann unter anderem einem Unternehmer bei der Gründung einer neuen Firma oder der Leitung einer älteren als Richtschnur dienen und ihm signalisieren, ob bestimmte Kosten ausgelassen oder unterschätzt wurden.

Zum besseren Verständnis meiner Vorstellungen werfen Sie bitte einen Blick auf die nachfolgende Kostenanalyse einer herstellenden Firma aus der Metallindustrie. Die Spalte ganz links führt gewisse Kosten namentlich auf. Die Spalte ganz rechts nennt den Prozentanteil des Bruttoumsatzes für jedes Kostenitem in einer typischen, einigermaßen erfolgreichen Firma dieser Branche. Die mittlere Spalte enthält die idealen Prozentsätze, nach denen die *erfolgreichsten* Unternehmen streben sollten.

Art der Ausgaben (Bruttoumsatz = 100%)	Optimale % am Bruttoumsatz für jede Ausgabe	Branchentypische % am Bruttoumsatz für jede Ausgabe
Umsatzsteuer	4.00	4.00
Einkünfte aus Kapitalvermögen und Vergütungen	.20	.25
berichtigte Bruttoumsätze	95.80	95.75
Verkaufskosten		
Rabatte	2.00	2.00
Kommissionen	5.00	5.00
Garantiekosten	1.00	2.00
uneinbringliche Forderungen	.50	1.00
Lizenzgebühren	–	–
Gehälter – Verkauf	4.00	4.25
Gehälter – Marketing	1.00	1.50
Gehälter – Werbung	–	–
Aufwandsentschädigungen		
FICA	.36	.39
Arbeitslosenversicherung	.18	.19
Unfallentschädig. für Arbeitnehmer	.09	.10
Versicherungen	.30	.90
Pensionen	.30	.50
Bonusse	2.00	1.00
Werbekosten	1.00	1.00
Reisen	3.00	2.75
Repräsentationskosten	.40	.50
Anzeigen	4.00	3.00
Verschiedenes	.40	.50
Gesamte Verkaufskosten	25.03	25.58
Kosten für gelieferte Waren		
Material	20.00	19.00
Arbeitskosten	8.00	9.00
direkte Herst.kosten	2.00	2.20
Gesamtkosten d. gel. Waren	30.00	30.20
Betriebskosten		
Miete	2.00	1.75
gemietete Ausrüstung	.20	–
Instandhaltung u. Reparaturen	.60	.75
Telefon	.40	.35
Gas	.75	.75
elektr. Strom	1.25	1.40
Wasser u. Abwässer	.15	.20

Art der Ausgaben (Bruttoumsatz = 100%)	Optimale % am Bruttoumsatz für jede Ausgabe	Branchentypische % am Bruttoumsatz für jede Ausgabe
Hilfsmaterial	.20	.15
ankommende Fracht	.20	.20
abgehende Fracht	1.60	1.70
Kfz.kosten	.60	.70
Abschreibungen	1.00	1.00
Außendienste	.36	.30
Gehälter	1.20	1.50
Aufwandsentschädigungen		
FICA	.16	.20
Arb.losenversicherung	.10	.10
Unfallentschäd. f. Arb.nehmer	.10	.10
Versicherungen	.24	.26
Verpackungsmaterial	.20	.40
Verschiedenes	.40	.60
gesamte Betriebskosten	10.71	12.41
Allgem. u. administrative Ausgaben		
Zinsen	2.00	2.50
Miete	–	.80
Telefon	.40	.30
Gas	.20	.21
elektr. Strom	.20	.18
Wasser u. Abwässer	.10	.10
Gehälter	6.00	5.00
Aufwandsentschädigungen		
FICA	.40	.40
Arb.losenversicherung	.20	.20
Unfallentschäd. f. Arb.nehmer	.10	.08
Versicherungen	.24	.30
Reisen	.50	.50
Repräsentationskosten	.50	.40
Post	.24	.20
bundesstaatl. Eink.steuer	.80	.50
Abschreibungen	.20	.20
Amortisation	–	1.00
Beiträge u. Abonnements	.06	.08
Verbandsbeiträge	.50	.80
Kosten f. Bankservice	–	–
Spenden	–	–
Büromaterial	.20	.22
Kfz.ausgaben	.60	.50

Art der Ausgaben (Bruttoumsatz = 100%)	Optimale % am Bruttoumsatz für jede Ausgabe	Branchentypische % am Bruttoumsatz für jede Ausgabe
Versicherungen	.40	.65
Bonusse	1.20	–
Verschiedenes	.20	.40
Gesamte allgemeine und administrative Ausgaben	15.14	15.52
Nettoeinkünfte vor Einkommensteuer	19.92	12.04

Einige dieser Ausgaben können die Aufmerksamkeit eines Bankiers oder Anlegers von Risikokapital erwecken und Ihre Möglichkeiten beeinflussen, Ihr geplantes Unternehmen zu finanzieren. Um Ihnen eine Idee davon zu vermitteln, welche möglichen „roten Warnleuchten“ Ihnen eine Geldquelle verstopfen könnten, führe ich nun einige Warnzeichen, größere Fehler oder Unterlassungen im Geschäftsplan auf.

Warnleuchte 1: Die vorgesehenen Herstellungskosten des Produkts betragen mehr als 50 bis 60 Prozent des Verkaufspreises.

Ein Unternehmer legte einen Geschäftsplan vor, der einen Jahresumsatz von mehreren hunderttausend Dollar vorsah. Aus der Art, wie die Zahlen zusammengebastelt worden waren, ergab sich jedoch eindeutig, daß das Management in den vorangegangenen Jahren die gesteckten Ziele nicht erreicht hatte. Zu dem Zeitpunkt, zu dem es Kontakt mit uns aufnahm, hatte es einen Umsatz von etwa einer Million erwartet, jedoch einen weit geringeren erzielt.

Das alleine wäre noch nicht so schlimm gewesen, wäre nicht das Verhältnis zwischen Verkaufspreis und Herstellungskosten aus den Fugen gewesen. Grundsätzlich sollten die Herstellungskosten eines Produkts 50 bis 60 Prozent des Verkaufspreises nicht übersteigen, andernfalls befindet die Firma sich auf geradem Wege ins Unheil. (Die Produktkosten schließen die Materialkosten, die Arbeitskosten und die allgemeinen Unkosten der Herstellung ein.)

Die Firma, von der hier die Rede ist, hatte diese Regel deutlich mißachtet, selbst bei den von ihr selbst gelieferten zukünftigen Umsatzprojektionen. Ihrem Plan nach sollten die totalen Produktkosten im nächsten Jahr $ 700 000 betragen, während der Preis, zu dem sie zu verkaufen gedachte, eine Million bringen sollte. Das heißt, das Produkt sollte 70 Prozent des veranschlagten Verkaufspreises kosten. Diese Leute waren pleite, bevor sie überhaupt anfingen. Die hohen administrativen und Umsatzkosten plus allgemeine Kosten, die normalerweise zwischen 30 und 40 Prozent des Umsatzes betragen, ließen überhaupt keinen Raum für Gewinne.

Warum ist eine so genaue Prozentkalkulation so wichtig? Weil ein Unternehmer von Glück reden kann, wenn er nach vollem Anlaufen seiner Aktivitäten einen Profit von 15 Prozent des Umsatzes erzielt. Eine erfolgreiche Herstellerfirma erzielt oft zwischen zehn und zwanzig Prozent Gewinn vor Steuern. Zu hohe Herstellungskosten beschneiden automatisch das Gewinnpotential und legen bereits das Fundament für Verluste. Schon Schwankungen zwischen fünf bis zehn Prozent bei den Herstellungskosten eines Produkts können den Unterschied zwischen Erfolg und Mißerfolg ausmachen.

Für die oben erwähnte Firma wären die hohen Produktkosten ein absolutes Desaster geworden. Da bestand überhaupt keine Chance für Gewinne.

Natürlich gelten für unterschiedliche Unternehmen auch unterschiedliche Prozentsätze. Ganz allgemein jedoch sollten 60 Prozent vom Verkaufspreis die absolute Höchstgrenze für die Kosten eines Produkts sein. Bei anderen Unternehmenstypen – vor allem im Hightech-Bereich mit Computern und sonstiger hochwertiger elektronischer Ausrüstung – rechnet man mit einem viel kleineren Anteil der Produktkosten am Verkaufspreis. Da ein gutes Hightech-Produkt einen guten Kalkulationsaufschlag haben muß, bevor es einen Markt wirklich durchdringen kann, gelten 25 bis 35 Prozent für solche Unternehmen als Faustregel.

Läßt sich dieser günstige Prozentanteil der Produktkosten am Preis mit gutem Management und einem Produkt mit echtem Marktpotential kombinieren, dann sind alle Chancen gegeben, daß die geplante neue Firma zu den Gewinnern gehören wird.

Ihr Geschäftsplan sollte also sehr auf das prozentuale Verhältnis zwischen Produktkosten und Großhandelspreis achten. Tut er das nicht, werden Sie vermutlich scheitern.

Warnleuchte 2: Uneinbringliche Forderungen sind im Geschäftsplan nicht berücksichtigt.

Uneinbringliche Außenstände belaufen sich vielleicht auf ein bis zwei Prozent Ihres Bruttoumsatzes. Das mag nicht viel scheinen, doch ist eines zu beachten: Diese Prozentsätze beschneiden unmittelbar Ihre künftigen Gewinne. Also nehmen Sie in Ihren Geschäftsplan einen Eintrag über uneinbringliche Forderungen auf. Zwar tut das selten jemand, doch können die ein bis zwei Prozent sich erheblich auf den Gewinn auswirken.

Wer solche Außenstände einkalkuliert, beweist, daß er seine Geschäftsaussichten realistisch beurteilt. Außerdem erweist er sich damit als gereifter Managementexperte mit praktischen Erfahrungen – oder ein solcher Experte hat ihn gut beraten.

Schließlich verrät ein solcher Eintrag: Dieser Mann beachtet Einzelheiten und begreift ihre Wichtigkeit. Bei einem jungen Unternehmen können Einzelheiten aber den Unterschied zwischen Gewinn und Verlust ausmachen.

Warnleuchte 3: Das Versäumnis, einen gewissen Prozentsatz für Forschung und Entwicklung auszuweisen.

Unternehmen aus dem Hightech-Bereich, die an der „vordersten Front" einer innovativen Branche stehen wollen, verwenden normalerweise fünf oder mehr Prozent des Einkommens aus dem Bruttoumsatz für Forschung und Entwicklung. Andernfalls könnten sie sich überhaupt nicht auf dem Markt halten.

Beteiligen Sie sich an einer Firma dieses Typs, sollten Sie diese Kosten einkalkulieren, wenn Sie als ein Mann gelten wollen, der weiß, was er tut. Auch in einem ganz neu gegründeten Unternehmen sollten Sie dafür fünf oder mehr Prozent vorsehen, weil dies der Betrag ist, den Sie sehr bald in Ihr Budget aufnehmen müssen, sobald Ihr Unternehmen zu wachsen beginnt.

Betreiben Sie die Forschung zunächst *persönlich* und wollen Sie das Unternehmen nicht mit den Kosten für die von Ihnen persönlich aufgewendete Zeit belasten, dann planen Sie vielleicht vorübergehend einen relativ kleinen Betrag für Forschung und Entwicklung ein. Später werden Sie jedoch jemanden für diese Tätigkeit einstellen, und es ist wichtig, die entsprechenden Kosten schon vorwegzunehmen.

In einer uns gehörenden Hightech-Firma haben wir 0,5 Prozent unseres Bruttoeinkommens für Forschung und Entwicklung bestimmt, obwohl wir nicht so viel ausgeben. Beim Aufstellen eines Geschäftsplanes für eine innovations-orientierte Firma ist es wichtig, *irgendeinen* Betrag für diesen Zweck auszuweisen.

Warnleuchte 4: In den Geschäftsplan gehören auch Kosten für den Verkauf – auch wenn man keine Verkäufer hat.

Das mag unsinnig erscheinen. Nehmen wir einmal an, Sie planen Ausrüstungen oder Produkte für eine bestimmte andere Firma aufgrund der Absprache herzustellen, daß diese andere Firma Ihnen die Produkte abnimmt. Sie haben also Ihre Firma gegründet, um den besonderen Bedürfnissen eines anderen Unternehmens zu entsprechen.

Dann könnten Sie vielleicht sagen: „Ich verkaufe meine ganze Produktion an die Firma XYZ; also habe ich keine Verkaufskosten." Das wäre jedoch ein Fehler.

Denn sehen Sie: *Irgend jemand* muß doch die Kontakte mit der Firma XYZ pflegen. Außerdem muß auch jemand da sein, der von ihr notwendige Informationen hereinholt: Wie groß ist der jeweilige Bedarf an Ihren Produkten? Wann sollen sie geliefert werden? Sollten Sie vielleicht Verbesserungen am Produkt vornehmen?

In der Praxis heißt dies, daß Sie einen Fabrikvertreter einstellen oder einen Verkaufsexperten im eigenen Hause haben müssen. Der wird Sie vermutlich drei bis fünf Prozent Ihres Bruttoumsatzes kosten. Diese Bilanzposition gewinnt erheblich an Bedeutung, sobald Ihr Unternehmen wächst und Sie die genauen Kosten vorher berechnen wollen.

Als Gründer und Chef des Unternehmens könnten Sie sich natürlich auf den Standpunkt stellen: „*Ich selbst* werde diese Kontakte übernehmen und pflegen."

Anfänglich mögen Sie wirklich dazu in der Lage sein. Aber addieren Sie einmal alles zusammen, was Sie dabei aus der eigenen Tasche zahlen, dazu den Wert Ihrer Zeit und ähnliche Faktoren. Höchstwahrscheinlich wird sich dann herausstellen, daß die Kosten der Wahrnehmung aller mit dem Verkauf zusammenhängenden Funktionen durch Sie selbst ebenfalls drei bis fünf Prozent des Bruttoumsatzes ausmachen. Bei weiterer Zunahme Ihrer Geschäfte werden Sie gar nicht mehr die Zeit für die notwendigen Telefonate und persönlichen Besuche haben. Sie *müssen* einfach einen Fabrikvertreter haben oder Verkaufspersonal im Hause selbst einstellen.

Diese Warnleuchten, wie ich sie genannt habe, sind nur einige Posten der Bilanz und mögliche Unterlassungen, für die sich ein erfahrender Anleger von Risikokapital interessiert. Und die können Sie in ein günstiges oder ungünstiges Licht rücken, je nachdem, wie Sie sie handhaben.

In der Branche, in der Sie sich betätigen, gibt es gewisse Standardkosten, und es ist wichtig, sie zu kennen. Wächst Ihre Firma, können Sie erwarten, daß die Kosten sich ähnlich verändern werden wie bei vergleichbaren anderen Firmen. Sie sollten Ihre unternehmerische Idee stets bis in die geringsten Kleinigkeiten durchdenken. Das erfordert auf jeden Fall mehr, als im Verlauf weniger Abendstunden einen Geschäftsplan zusammenzuschustern. Wer das tut, wird bestimmt keine Chance haben, von einem erfahrenen Anleger von Risikokapital finanzielle Unterstützung zu erhalten.